中国工程院院士

是国家设立的工程科学技术方面的最高学术称号，为终身荣誉。

中国工程院院士传记

于润沧自传

于润沧 著

冶金工业出版社

人民出版社

图书在版编目（CIP）数据

于润沧自传／于润沧著 . —北京：冶金工业
出版社，2021.6

（中国工程院院士传记）

ISBN 978-7-5024-8728-7

Ⅰ.①于… Ⅱ.①于… Ⅲ.①于润沧—自传
Ⅳ.①K826.16

中国版本图书馆 CIP 数据核字（2021）第 019619 号

出 版 人　苏长永

地　　址　北京市东城区嵩祝院北巷39号　邮编　100009　电话　(010)64027926

网　　址　www.cnmip.com.cn　电子信箱　yjcbs@cnmip.com.cn

责任编辑　夏小雪　美术编辑　彭子赫　版式设计　禹　蕊

责任校对　李　娜　责任印制　李玉山

ISBN 978-7-5024-8728-7

冶金工业出版社出版发行；各地新华书店经销；北京捷迅佳彩印刷有限公司印刷

2021年6月第1版，2021年6月第1次印刷

169mm×239mm；18印张；6彩页；260千字；271页

146.00元

冶金工业出版社　投稿电话　(010)64027932　投稿信箱　tougao@cnmip.com.cn

冶金工业出版社营销中心　电话　(010)64044283　传真　(010)64027893

冶金工业出版社天猫旗舰店　yjgycbs.tmall.com

（本书如有印装质量问题，本社营销中心负责退换）

于润沧　中国工程院院士

在办公室（2000 年）

出席世界采矿大会国际组委会会议（1998 年，右二为我）

在中国恩菲建院 60 周年庆典会上发言
（2013 年）

查阅资料（2015 年）

在学术会议上发言（2014 年）

在工程项目现场选择厂址（2005 年）

在南非一矿山准备下矿井（2003 年，左一为我）

访南非一开采结束的露天矿（2003 年）

与中国恩菲董事长陆志芳（左二）一起陪同中国五矿集团总经理国文清（右二）
参观中国矿业信息化协同创新中心（2017年，左三为我）

在瑞典考察期间跨越北极圈时的合影（1985年，右三为我）

与妻子合影（2001 年）

钻石婚纪念照（2016 年）

家庭两代人合影（2016 年）

祖孙三代家庭合影（2001 年）

中国工程院院士传记系列丛书

领导小组

顾　问：宋　健　徐匡迪　周　济

组　长：李晓红

副组长：陈左宁　蒋茂凝　邓秀新　辛广伟

成　员：陈建峰　陈永平　徐　进　唐海英　梁晓捷
　　　　黄海涛

编审委员会

主　任：陈左宁　蒋茂凝　邓秀新

副主任：陈鹏鸣　徐　进　陈永平

成　员：葛能全　唐海英　吴晓东　黎青山　赵　千
　　　　陈姝婷　侯　春

编撰出版办公室

主　任：赵　千

成　员：侯　春　徐　晖　张　健　方鹤婷　姬　学
　　　　高　祥　王爱红　宗玉生　张　松　王小文
　　　　张秉瑜　张文韬　聂淑琴

本书编辑工作组

成　员：左家和　唐海英　赵　千　郑召霞　方鹤婷
　　　　葛艳芳　任静波　夏小雪

总　序

20 世纪是中华民族千载难逢的伟大时代。千百万先烈前贤用鲜血和生命争得了百年巨变、民族复兴，推翻了帝制，肇始了共和，击败了外侮，建立了新中国，独立于世界，赢得了尊严，不再受辱。改革开放，经济腾飞，科教兴国，生产力大发展，告别了饥寒，实现了小康。工业化雷鸣电掣，现代化指日可待。巨潮洪流，不容阻抑。

忆百年前之清末，从慈禧太后到满朝文武开始感到科学技术的重要，办"洋务"，派留学，改教育。但时机瞬逝，清廷被辛亥革命推翻。五四运动，民情激昂，吁求"德、赛"升堂，民主治国，科教兴邦。接踵而来的，是18年内战、14年抗日和3年解放战争。恃科学救国的青年学子，负笈留学或寒窗苦读，多数未遇机会，辜负了碧血丹心。

1928 年 6 月 9 日，蔡元培主持建立了中国近代第一个国立综合科研机构——中央研究院，设理化实业研究所、地质研究所、社会科学研究所和观象台四个研究机构，标志着国家建制科研机构的诞生。20年后，1948 年 3 月 26 日遴选出 81 位院士（理工 53 位，人文 28 位），几乎都是20世纪初留学海外、卓有成就的科学家。

中国科技事业的大发展是在新中国成立以后。1949 年 11 月 1 日成立了中国科学院，郭沫若任院长。1950~1960 年有 2500 多名留学海外的科学家、工程师回到祖国，成为大规模发展中国科技事业的第一批领导骨干。国家按计划向苏联、东欧各国派遣1.8万名各类科技人员留学，全都按期回国，成为建立科研和现代工业的骨干力量。高等学校从新中国成立初期的200所增加到600多所，年招生增至28万人。到21世纪初，高等学校2263所，年招生600多万人，科技人力总资源量超过5000万人，具有大学本科以上学历的科技人才达1600万人，已接近最发达国家水平。

新中国成立60多年来，从一穷二白成长为科技大国。年产钢铁从1949年的15万吨增加到2011年的粗钢6.8亿吨、钢材8.8亿吨，几乎是8个最发达国家（G8）总年产量的2倍。20世纪50年代钢铁超英赶美的梦想终于成真。水泥年产20亿吨，超过全世界其他国家总产量。中国已是粮、棉、肉、蛋、水产、化肥等世界第一生产大国，保障了13亿人口的食品和穿衣安全。制造业、土木、水利、电力、交通、运输、电子通信、超级计算机等领域正迅速逼近世界前沿。"两弹一星"、高峡平湖、南水北调、高公高铁、航空航天等伟大工程的成功实施，无可争议地表明了中国科技事业的进步。

党的十一届三中全会以后，实行改革开放，全国工作转向以经济建设为中心。加速实现工业化是当务之急。大规模社会性基础建设、大科学工程、国防工程等是工业化社会的命脉，是数十年、上百年才能完成的任务。中国科学院张光斗、王大珩、师昌绪、张维、侯祥麟、罗沛霖等学部委员（院士）认为，为了顺利完成中华民族这项历史性任务，必须提高工程科学的地位，加速培养更多的工程科技人才。中国科学院原设的技术科学部已不能满足工程科学发展的时代需要。他们于1992年致书党中央、国务院，建议建立"中国工程科学技术院"，选举那些在工程科学中做出重大的、创造性成就和贡献、热爱祖国、学风正派的科学家和工程师为院士，授予终身荣誉，赋予科研和建设任务，请他们指导学科发展，培养人才，对国家重大工程科学问题提出咨询建议。中央接受了他们的建议，于 1993 年决定建立中国工程院，聘请 30 名中国科学院院士和遴选 66 名院士共 96 名为中国工程院首批院士。于 1994 年 6 月 3 日，召开了中国工程院成立大会，选举朱光亚院士为首任院长。中国工程院成立后，全体院士紧密团结全国工程科技界共同奋斗，在各条战线上都发挥了重要作用，做出了新的贡献。

中国的现代科技事业比欧美落后了 200 年。虽然在 20 世纪有了巨大进步，但与发达国家相比，还有较大差距。祖国的工业化、现代化建设，任重道远，还需要有数代人的持续奋斗才能完成。况且，世界在进步，科学无止境，社会无终态。欲把中国建设成科技强国，屹立于世界，必须持续培养造就数代以千万计的优秀科学家和工程师，服膺接力，担当使命，开拓创新，更立新功。

中国工程院决定组织出版"中国工程院院士传记"丛书，以记录他们对祖国和社会的丰功伟绩，传承他们治学为人的高尚品德、开拓创新的科学精神。他们是科技战线的功臣，民族振兴的脊梁。我们相信，这套传记的出版，能为史书增添新章，成为史乘中宝贵的科学财富，俾后人传承前贤筚路蓝缕的创业勇气、魄力和为国家、人民舍身奋斗的奉献精神。这就是中国前进的路。

宋健

前　　言

2013 年 3 月 6 日，在中国共产党第十八次全国代表大会之后不久，中国工程院通过电邮发来通知，称"决定组织出版'中国工程院院士传记'系列丛书，以记录院士们对祖国和社会做出的丰功伟绩，传承院士们治学为人的高尚品德，弘扬院士们开拓创新的科学精神，并期望院士传记的出版能为史书增添新章，成为史乘中的科学财富"。

我曾经有过篇幅不大的《传略》和《自述》，大抵皆为应命之作，从来没有想过要撰写大部头的传记。原因之一是自问有"丰功伟绩"吗？我作为一介"布衣院士"，即便有一点成就，恐怕都很难构成沧海一粟；况且我所从事的矿业工程设计与科研工作基本上都属于集体创作，仅仅在某些方面我发挥了一点引领和指导作用，而且矿业是传统行业，会有很多人关注吗？原因之二是记忆力不佳，又没有记日记的习惯，尤其是现在已进入耄耋之年，想回忆一点历史细节，也是力不从心。说到记忆力不佳，最典型的例子就是有时候拿起电话，竟然从脑海里想不出对方的姓名，自己也觉得好笑，可也无能为力。我非常羡慕记忆力强的人，我常对别人讲，记忆力好是半个天才，像钱锺书先生那样，具有"照相机般的记忆力"，非常人也。再则，我又不属于那种富有传奇经历的人，能写出绘声绘色吸引读者的篇章吗？"传记"也好，"回忆录"也好，没有细节的描述，干巴巴的，还会有人愿意读吗？然而，面对工程院的通知，赐予的机遇，我该如何对待呢？

幸好不久前浏览了法国著名作家和政治家安德烈·马尔罗的《反回忆录》，获得了一点新的启示。

马尔罗用了一个"反"字，非同凡响。他认为，"回忆录"自从卢梭开始，就蜕变成为"忏悔""自省"（我想也许还应包括"自诩"）的代名词，面对20世纪人类经历的巨大苦难和变迁，那些只与他一己相关的事情，还那么重要吗？因此，马尔罗抛开别人津津乐道的小我，站在历史的高度，以自己全部的过往经历，思考人生，探究生活本质之谜。

我想试着学习马尔罗的"反"字，成不成功，还很难说。

回想我的人生轨迹，似乎可以抒出这样两条线索：一是我经历了大半个20世纪，且已跨入了21世纪，从民国初期军阀混战时期，到日本侵华引发抗日战争，到解放战争，到中华人民共和国建立；从一次接一次的政治运动，到使中国陷入灾难深重的"文化大革命"，再到改革开放，追求中华民族的伟大复兴，一直走到了现在。另一条线索是从小学、中学、大学的学习到投入祖国的矿业建设，遵循着"工作上争创新，生活上随大流"的理念，历经十二个五年计划（规划），先后参加、主持、指导了60多项矿山工程设计和科研项目，亲眼目睹，亲身经历，亲自参与了中国非煤矿业的发展、变化历程。这样看来，是否可以从我这样一个多少亿分之一的很狭小的角度，而非像马尔罗那样"站在历史的高度"，追索上述两条线索，回顾伴我一生的祖国的命运，浓缩时代一个角落的影像；追述我在祖国矿业发展过程中的经历，反映中国由矿业弱国发展为矿业大国进程的一个侧面，梳理中国金属矿业发展的脉络，并尽可能勾勒出向矿业强国发展的战略思路，留给后人一点可资回看和传承的记忆。若能如愿以偿，就算没有辜负工程院赐予的机遇。

　　下面就是我这个"布衣院士"的"反回忆录"。应当说明，在撰写的过程中会采用一些反映当时情况的历史资料，我无法在此——说明，只能一并对相关作者致以谢意。

　　这个"反回忆录"分为两部分：第一部分是"奠定基石，学会怎样做人"，主要写我的成长——学习知识，学会做人；第二部分是"服务人民，献身矿产资源开发事业"，主要写我一生的工作，献身矿产资源开发事业。由于我的生活基本是融入工作中的，而具体工作又与当时的社会、政策环境密切相关，因此大体上采用了国家五年计划（规划）的时间顺序进行叙述。有些工作，考虑到科技类别、科技发展特点等因素，也没有完全遵守此时间顺序。回过头看来，这种写法也是有利有弊。无奈事物都是一分为二的，就由它去吧。老舍先生说过"自传难写"，确也如此。

2021 年 1 月

目　　录

第一部分　奠定基石，学会怎样做人

第一章　战乱中度过童年 …………………………………… 003

　　"荣生"出世 …………………………………………………… 003

　　我的母亲 ………………………………………………………… 005

　　抗日烽火 ………………………………………………………… 009

　　举家逃难 ………………………………………………………… 011

　　璧山岁月 ………………………………………………………… 014

第二章　哺育我成长的进山中学 …………………………… 019

　　跳班进入进山中学 …………………………………………… 019

　　进山中学简史 ………………………………………………… 020

　　进山情结 ………………………………………………………… 050

第三章　北平和平解放 ……………………………………… 055

　　初抵北平的观感 ……………………………………………… 055

　　欢庆北平和平解放 …………………………………………… 057

　　接受任务——促大同和平解放 …………………………… 059

第四章　到东北继续求学 …………………………………… 065

　　考入哈尔滨工业大学 ………………………………………… 065

转入东北工学院 $\cdots\cdots\cdots\cdots\cdots\cdots\cdots\cdots\cdots\cdots\cdots\cdots\cdots\cdots\cdots$ 069

第二部分　服务人民，献身矿产资源开发事业

第五章　大学毕业后落脚北京 $\cdots\cdots\cdots\cdots\cdots\cdots$ 075

第六章　开始立足我国的矿业 $\cdots\cdots\cdots\cdots\cdots\cdots$ 078

砂锡矿开采的创新 $\cdots\cdots\cdots\cdots\cdots\cdots\cdots\cdots\cdots$ 078

两个难忘的印象 $\cdots\cdots\cdots\cdots\cdots\cdots\cdots\cdots\cdots\cdots$ 082

标志性的 1956 年 $\cdots\cdots\cdots\cdots\cdots\cdots\cdots\cdots\cdots$ 083

奋战在锡矿山——缓倾斜矿体开采的技术创新 $\cdots\cdots\cdots$ 085

第七章　干部下放劳动 $\cdots\cdots\cdots\cdots\cdots\cdots\cdots\cdots$ 088

担任农业社副社长 $\cdots\cdots\cdots\cdots\cdots\cdots\cdots\cdots\cdots$ 088

大炼钢铁 $\cdots\cdots\cdots\cdots\cdots\cdots\cdots\cdots\cdots\cdots\cdots\cdots$ 089

困难时期的生活 $\cdots\cdots\cdots\cdots\cdots\cdots\cdots\cdots\cdots\cdots$ 090

荒诞的"文革" $\cdots\cdots\cdots\cdots\cdots\cdots\cdots\cdots\cdots\cdots$ 093

下放军垦农场 $\cdots\cdots\cdots\cdots\cdots\cdots\cdots\cdots\cdots\cdots\cdots$ 094

第八章　"下楼出院"扎根现场 $\cdots\cdots\cdots\cdots\cdots$ 096

金川会战促成设计院机构改革 $\cdots\cdots\cdots\cdots\cdots\cdots$ 096

小型机械化样板矿山会战 $\cdots\cdots\cdots\cdots\cdots\cdots\cdots\cdots$ 098

第九章　为扩大矿山产能奋战 $\cdots\cdots\cdots\cdots\cdots\cdots$ 101

强充电专题考察 $\cdots\cdots\cdots\cdots\cdots\cdots\cdots\cdots\cdots\cdots$ 101

战斗在金川的戈壁滩上 $\cdots\cdots\cdots\cdots\cdots\cdots\cdots\cdots$ 104

去加拿大、美国考察采矿方法 $\cdots\cdots\cdots\cdots\cdots\cdots$ 108

在北欧矿业先进技术基础上再创新 $\cdots\cdots\cdots\cdots\cdots$ 118

第十章 发展胶结充填工艺 126

高浓度胶结充填工艺技术的诞生 126

国内充填系统首次采用立式砂仓的工业试验 130

发展膏体充填工艺 132

编写《全尾砂高浓度（膏体）料浆充填新技术》 136

第十一章 矿业工程设计单位的历史性变革 139

工程设计单位逐步实现企业化 139

矿业工程设计单位的科研工作 140

在工程设计单位建立岩石力学研究组 142

第十二章 引进、发展自然崩落采矿法技术 145

中条山铜矿采用自然崩落法扭亏为盈 145

赴智利特尼恩特矿考察矿块崩落法 147

自然崩落法的改进 153

第十三章 构建生态矿业工程与新模式办矿 157

在风景区创建第一座无废矿山 157

白象山铁矿工程的生态化尝试 159

安庆铜矿新模式办矿 164

铜绿山古矿冶遗址 166

第十四章 第三类型深井开采的探索 171

冬瓜山铜矿开启金属矿第三类型深井开采的先例 171

赴南非考察学习 176

冬瓜山工程设计回访 182

第十五章　中国工程科技中长期发展战略 ················ 185

　　我国矿产资源可持续发展战略研究 ················ 185

　　关于实施全球矿产资源战略 ················ 187

　　紧缺有色金属矿产资源可持续供应评价体系研究 ················ 191

　　中国工程科技中长期发展战略研究 ················ 192

第十六章　参加世界采矿大会国际组委会的活动 ················ 196

第十七章　走出国门的矿山项目 ················ 199

　　巴基斯坦山达克铜金矿项目的谈判 ················ 199

　　中非矿业合作的标志性项目——谦比希铜矿 ················ 203

　　与中国有色进出口公司的"一面之交" ················ 206

　　巴布亚新几内亚的"技术旅游" ················ 210

　　关于矿业企业"走出去"之再议 ················ 214

　　矿业企业"走出去"的可喜成果 ················ 215

第十八章　复杂地形长距离的矿浆管道输送 ················ 218

第十九章　从三山岛金矿发展到海下采矿 ················ 221

　　三山岛的海边采矿 ················ 221

　　新立矿区的海下采矿 ················ 223

　　探索海下超深井采矿方案 ················ 225

第二十章　一份述职报告 ················ 231

第二十一章　创建智能矿山示范工程的前前后后 ················ 235

第二十二章　再次来到智利 ················ 241

第二十三章　创建中国矿业信息化协同创新中心 …………… 251

第二十四章　明天的矿山 ………………………………… 257

附　　录

附录一　于润沧大事年表 ………………………………… 263

附录二　于润沧主要论文作品目录 ……………………… 266

后记 ……………………………………………………… 270

第一部分

奠定基石，
学会怎样做人

● 第一章　战乱中度过童年

● 第二章　哺育我成长的进山中学

● 第三章　北平和平解放

● 第四章　到东北继续求学

第一章　战乱中度过童年

"荣生"出世

1930年3月20日，在军阀混战的战乱中，我出生于当时的察哈尔省张家口。

1929～1930年，中国经历了一场最大规模的军阀混战，史称"中原大战"，亦称"蒋、冯、阎战争"。双方投入兵力之多，战区之广，战祸之烈，为民国时期军阀混战之最。我的父亲于镇河（字疏九）当时正是阎锡山手下的一名军官。

这里简单介绍一下我的父亲，他生于1898年（清光绪二十四年），山西浑源县城西贾庄（村）人。我的爷爷于建章系清末秀才，民国初期入山西育才馆读书，后回乡作私塾先生。我的父亲弟兄五人，父亲和五叔是双胞胎，父亲被送到一于氏族人家中哺育，及至入学年龄，先后在浑源县宝峰寺小学、浑源县中学学习。19岁时，中学尚未毕业，便离家出走，到太原考入阎锡山创办的山西学兵干部训练团（简称学兵团），从此开始了戎马生涯。由于他在训练团勤学苦练，四年毕业后留在训练团，先后任班长、排长。1926年开始随军，历任连长、营长、团长、旅长。

1927年，蒋介石发动"四一二"（1927年4月12日）政变，破坏了第一次国共合作。之后，又逐步解决了国民党内部日益激化的权力角逐，统一了国民党。1928年改编军队，成立四个集团军：第一集团军由蒋介石兼任总司令；冯玉祥的国民军改编为第二集团军，由冯玉祥任总司令；阎锡山的北方国民革命军改编为第三集团军，由阎锡山任总司令；李宗仁的"两湖"军改编为第四集团军，由李宗仁任总司令。随即进行第二次北伐，在消灭了山东的张宗昌及"直系的"孙传芳势力后，"奉系的"张学良发表易帜通电，服从国民政府，国民政府在形式上完成了统一。蒋介石于是决定实行削藩政策，统一缩编全国军队，以剥夺各地方实力派军权。这种政策激化了冯玉祥、阎锡山、李宗仁等地方势力与蒋介石之间的矛盾。

1929年初，桂系已踞有两湖、河北与天津等地盘，又得到广州李济深的支持。同年3月，蒋桂战争爆发。蒋介石指挥三路大军向武汉进攻，通过诱骗拘捕李济深，破坏粤、桂同盟；迫使湖南省主席何键脱离桂系；促使桂系两师长阵前倒戈，导致桂军全线溃退，败逃广西。蒋介石又调动湘、粤、滇三省军队围攻广西，桂军不敌，白崇禧和李宗仁于6月逃往中国香港，蒋桂战争遂告结束。

在蒋桂战争即将结束之际，冯玉祥见势不妙，以"护党救国军"西北路军总司令名义，通电反蒋。但蒋介石早已收买了冯玉祥部韩复榘、石友三，又策动刘镇华、杨虎城等部叛变，使西北路军发生剧烈分化。冯玉祥随即联络阎锡山形成联盟。1929年10月，西北路军将领宋哲元等27人在西安发出通电，拥戴冯、阎联盟，讨伐蒋介石。冯、阎约定，先由西北路军发动，晋军随后跟进。但当时阎锡山认为反蒋的时机还不成熟，战争打响后，他不仅未发兵，而且实际上软禁了冯玉祥，意在控制西北路军，增强自己的力量。直到冯玉祥密令天津的鹿钟麟回陕，负责指挥西北路军，阎锡山迫于自身利害，决心反蒋。1930年3月，阎、冯公开发出倒蒋通电，全国各地反蒋军阀陆续起而响应。我父亲在这场大战中，因阎锡山的扩军升为师长，故给我取名"荣生"。

这场"中原大战"历时8个月，双方投入兵力130万人，死伤总数在30万人以上，战区之广，战祸之烈，民国以来尚无先例。由于反蒋联军各怀异志，指挥又极不统一，加之拥有重兵30万的张学良又一反常态，没有就任反蒋联军的陆海空军副总司令之职，而是通电拥蒋，派兵大举进入山海关，抄断阎、冯军的后路。最后，"中原大战"以阎、冯等人倒蒋派的失败告终。阎锡山下野之后避居大连。1931 年 1 月，太原"军缩会议"决定将晋军由原 12 个军减缩为 4 个军、8 个师，我父亲被缩编下来进入军官教导团。我就是出生在这样一个战乱时期。

1935 年，当父亲再次驻防山西省隰县时，一日他与该县县长相聚聊天，县长兴之所致，给我批八字，说我五行缺水，故而建议将我的名字"荣生"改为"润沧"，一下子添加了六滴水，不会干旱了，这就是我的学名。70 多年后，我中学的一位老同学孔庆邦，对我的这个名字很感兴趣，作了一番趣解："春风化雨润无声"，"'于'乃雨之同音，'润'自然就是润化之意，'沧'嘛，沧海桑田，可容纳万物，'于润沧'即如春雨润化万物，功何其大，但无声无息。真所谓天何言哉，地何言哉，四时行焉，万物生焉。好名，好名。"可是小时候学的是繁体字，总觉得"潤滄"这两个字和笔画简单的"于"字书写在一起，形体既不谐调，也缺乏整体美感。但不管怎样，它作为我的符号已经伴我度过了 90 载，倒是没有遇到过特大的"干旱"。

我的母亲

我的母亲

我的母亲王玉珏生于 1902 年，缠过足，不识字，话不多，为人正直，持家极为节俭。

记得我 6 岁在太原上小学时，一次为了要买一个小笔记本，围着她磨了好半天才把钱给了我。20 世纪 70 年代，我从太原把她接到北京，买的是火车硬卧的下铺。夜已经很深了，她还坐着没有躺下。我便问怎么还不睡？母亲回答我的却是"怎么买这么贵的票啊！"我听后心里一阵紧缩，真想哭出来。据我在太原的表妹王培兰讲，"文化大革命"红卫兵抄家时，抄出来的竟是几个布包袱皮包着的叠得整整齐齐的日常缝纫时剪裁下的布头，这令红卫兵们大失所望。

1933年的冬天，姐姐、我和三个妹妹全都染上了猩红热，这是一种由乙型溶血型链球菌引起的传染性非常强的疾病，而且还很容易引起其他并发症。由于当时五个孩子都得了这种病，只好请大夫来家里诊治，并肌肉注射抗菌素。直到现在，我脑海中仍留有那幅惊恐的画面，只要一看到大夫进家，我便哭喊着"不扎屁股！不扎屁股！"。不幸的是，当时的医疗条件未能保住我三个幼小妹妹的生命，几天之内她们相继离世。我依偎在母亲的怀抱里，院子里钉棺材的敲击声留存脑际，至今每当忆及音犹在耳。我想我的母亲当时已经是欲哭无泪了。

母亲一生生育了十个子女，七女三男，一辈子仅为抚育子女操劳之累，便可想而知。更不幸的是当猩红热夺走了我三个幼小妹妹的生命之后，1949年和1950年，大脑炎、脑膜炎又使我另外两个妹妹夭折。二妹（锺德）病逝时已经是初中二年级的学生了。这一连串的打击，使母亲身心受到极大的摧残。

我们姊妹兄弟五人（后排左一为我）

新中国成立后，父亲被安排到山西省参事室工作，我们兄弟姊妹或读书、或工作，也都踏上了人生的征途。经历了大半辈子操劳，母亲这时才算过上了她一生中最安稳的生活。

1962 年春节母亲抱着我的女儿和儿孙们的合影（后排右一为我）

可惜好景不长，"文化大革命"爆发了，红卫兵抄家，母亲随父亲下放到晋南临猗县，远离子女后便少有音信。一辈子的操劳，精神的压力，再加上"文化大革命"，母亲的身体亮起了红灯，常常便血，经当地医院检查诊断，恐系肠癌，建议速到大城市就医。父亲急电告知我们，当时我正在外地出差，妻子和二弟炯生迅速赶往临猗，将母亲接到北京。有幸由北京肿瘤医院院长徐光伟这样的名医为她做了直肠癌手术治疗，母亲回到家中后便卧床休息，精神尚好。

但不幸的是半年后，母亲癌细胞转移，病情又突然加重，我和妻子急忙用毛毯缝合后，穿两根竹竿作为担架，借了一辆平板三轮车匆忙将她送往医院（当时北京的救护车离平民百姓的距离似乎还很远），经检查母亲属于癌症晚期，只好暂时安排在急诊室留院观察，由家人轮流守护。但诊治终未能保住她的性命，母亲不幸于1975 年 7 月 12 日永远地离开了我们。母亲去世时我正好守在她身

街道组织参观十三陵水库（前排右二为我母亲）

边，我立刻懵了，不知应该怎么办。姐姐赶来后，急忙去找大夫，但终因癌症晚期癌细胞转移，已回天无力了。我们听从医务人员的指点，为母亲清洁身体后，穿上我们准备好的衣服（都是她日常穿的衣物），将母亲送往了太平间。后来在八宝山与母亲遗体告别时，父亲老泪纵横。这时我才深切地意识到，我再也见不到为我们兄弟姐妹操劳一生的母亲了！

忆及父母，联想到了我的故乡。人们谈到故乡，很自然地都是用最高级别的赞美、眷恋之词来形容，犹如梦中的天堂。可惜我好像没有故乡，也缺乏故乡情培育出来的那种炽热的情感。山西省浑源县贾庄（村）是我的老家，或者叫做故乡，可惜我从未到过那里，只是 1992 年从大同前往悬空寺、北岳恒山的旅游途中，在浑源县城吃了一顿午餐。2011 年，又特地回浑源县城拜访了两位多年未曾谋面的远房亲戚，待了一两个时辰。这便是我和故乡仅有的接触，至于贾庄是什么样子，至今我也一无所知。

抗日烽火

这个题目很大，但此处仅涉及平型关和忻口战役，因为我父亲参与了这场战役，我们家也是在这场战役最终失利之后踏上了逃难的旅途。中国伟大的抗日战争有诸多非常重要的战役，如淞沪会战、南京保卫战、徐州会战、兰封会战、常德会战、武汉会战、长沙会战、桂南会战、百团大战、缅北滇西战役、芷江会战等，平型关和忻口战役也是极有名的重要战役，同时也是中央军、地方军和八路军共同抵抗日军的一次典型战役。

1936 年 9 月我开始进入小学学习。1937 年 7 月 7 日夜，日军挑起卢沟桥事变，开始了全面侵华战争。日本帝国主义侵占平津之后，又制造事端进犯上海，爆发了"八一三"淞沪会战。8 月 22 日，国民政府军事委员会宣布，在陕甘宁边区的红军主力部队改编为国民革命军第八路军，中共中央洛川政治局扩大会议决定接受第八路军的番号，国共合作进入了联合抗日的新阶段。

1937 年 9 月，抗日战火烧到山西，第二战区部署了平型关和忻口战役。我父亲当时是晋绥军新编独立第 4 旅旅长，奉命率部作为主力之一参加了这场战役。

据我父亲讲述，侵犯华北西线的日军，攻陷张家口、南口之后，没有如阎锡山判断的那样，沿平绥路进犯大同，而是于 9 月上旬，先以东条英机察哈尔派遣兵团攻陷山西的天镇、阳高，日军主力坂垣师团则从察哈尔南蔚县进攻山西广灵、灵丘，直扑平型关而去。阎锡山被迫放弃"大同会战"的部署，尽撤雁北各作战部队于雁门山以南，策划平型关会战。平型关是山西东北内长城的一个咽喉要道，具有重要的战略地位。由于正面作战的晋绥军指挥屡屡失误，兵力部署失当，再加上"准中央军"第 17 军军长高桂滋为保存实力擅自放弃团城口、鹞子尖、东西泡池，虽然陈长捷所率第 61军奉命急援平型关，进行反攻，由我父亲的新编独立第 4 旅与吕瑞英的第 208 旅奋力夺回了西泡池，然而东泡池经多次激烈战斗，造成重大伤亡，始终未能攻克；此时八路军 115 师伏击了日军第五师团第 21 旅 100 余辆汽车、200 余辆辎重车的后续部队，经激烈战斗全歼敌军，大获全胜，打破了日军不可战胜的神话，可惜总的战局未能改观，阎锡山于 9 月 30 日下达了平型关总撤退的命令，并着手部署保卫太原的忻口战役。

1937 年 10 月 10 日开始了忻口防御战。山西忻口地势险要，它位于忻定盆地的北缘，盆地入口处有东西宽 3~4 千米，南北长 10 千米的孤山，将其分割为东西两个通道。东通道的东侧为五台山余脉灵山主峰，两山之间有铁路、公路和滹沱河通过；西通道的西侧为云中山，有云中河横跨其间，不通车辆。忻口是东通道上的一个小镇，南怀化是西通道上的一个小村。从此两处可以监视两边通道的所有动静。南怀化村南的 1300 高地是忻口地区的最高峰。

忻口战役的阵地争夺战以南怀化大战为开端。鉴于日军已楔入南怀化之形势，我军反攻便以夺回南怀化为最大的关键。南怀化及周边高地的争夺战异常激烈。首先是第 9 军军长郝梦龄指挥刘家麒的第 54 师迎敌，敌我轮番进退，反复拉锯伤亡惨重。10 月 13 日零时，第 21 师李仙洲师长亲率 63 旅 125 团跑步赶到南怀化以东高地增援，争夺 1300 高地，一昼夜之内，该高地易手多次，战况惨烈。14日凌晨两点，刚刚赶到的于镇河旅奉命率部增援李仙洲师，布防在李仙洲师的左翼。敌军接连三次进攻，均被击退，缴获大量武器，阵地外敌尸累累。郝梦龄通令全线，表扬于镇河旅有进无退之精神。

15 日黄昏，南怀化终被敌军突破，突破口已扩至 400 多米。15 日夜，郝梦龄命令于镇河旅拂晓前攻占南怀化及村东北高地，李仙洲师则攻占 204 高地。这场战役直至拂晓，郝梦龄、刘家麒不幸被敌弹击中为国捐躯，时 1937 年 10 月 16 日。南怀化一战，三位将军为国捐躯，我父亲肩部也负重伤，六千官兵战死沙场，真足以惊天地而泣鬼神！

我的父亲

郝军长牺牲后，第 61 军陈长捷军长接替郝军长担任总指挥，组织了红沟血战，历时两旬，终将企图突贯忻口楔入红沟之敌压迫后退，形成对峙状态。10 月 30 日，陈长捷令我父亲撤至忻口村休整，准备全面反攻。这时平汉线日军沿正太线击溃黄绍竑指挥的部队，攻入娘子关，太原告急，阎锡山遂急令忻口战线大军向太原撤退，以免被日军分割包围。

当时我们家正在太原，形势逼迫我们只好离开山西，更远离父亲，踏上逃难的旅途。

举家逃难

由于战火逼近太原，父亲又在前线，我们只能举家外出逃难。大约在 1937 年 10 月中旬，由我的三舅王寅瑞带着我母亲、九岁的姐姐、七岁的我、三岁的妹妹、未满周岁的弟弟，以及一直帮我们家做饭和照料家务的崔儒等一行七口人，搭乘南同蒲路火车由太原出发奔向风陵渡。此时，传来前线有官兵重大伤亡的传闻，母亲极为焦虑，可又该怎么办呢？她也只能怀着焦虑、忧伤、不安的心境离开山西。而三舅面对的是父母妻子儿女都在老家浑源，且老家已深陷日寇铁蹄之下，他能放心吗？可就是因为我父亲在前线抗击日本侵略者，三舅毅然担负起带着我们全家逃难的重担，远走他乡。在艰难的抗日战争时期，三舅一直精心地关注、指导着我和姐姐的学习，使我们即使在战乱年代也打下了良好的学习基础，并受益终身，这就是我最亲的三舅，永远怀念的三舅。

我们是一大早乘车离开太原的，列车走走停停，大约经过 10 来个小时后，到达地处晋、陕、豫三省交界处的风陵渡，天色已近傍晚，渡口处仍是人山人海，其中还有伤兵。过黄河要靠木船摆渡，只能耐心等待。等我们渡过黄河到达潼关已经很晚了，出来逃难的第一天便是夜宿潼关的小店。潼关素有"鸡鸣一声听三省"的美誉，也是战略要地（1938 年国共两军 3 万多人曾与日军在这里发生过激烈的战斗，毙敌 8000 多人，我方也牺牲了 16000 多人）。一天的疲劳，大家都很累了。我们最终要到哪里去，我那时还是个孩子，并不知晓。第二天继续出发，乘陇海铁路线的快车，当时习惯叫"绿钢皮特别快"，经郑州转车到达汉口。当时汉口的交通还不够发达，有一句流行语叫做"汉口起身住汉口"，既形容汉口之大，也说明交通之不便。我们在汉口住下休整了两天后，再次启程改乘轮船沿湘江向长沙进发。

为什么要去长沙，至今我也不清楚。船驶入洞庭湖后已是夜晚了，不知何故船停了下来。过了很长时间，通知说轮船发生故障，无法继续行驶，需要换乘另一艘轮船。夜半换船可不是一件小事，需要扛着行李，抱着小孩下到一只小船上，然后由船工将它划到另一艘轮船边，再登上那艘轮船。惊险的是有人扛着箱子差一点掉入湖中，有的小孩吓得不停地哭叫。大人们说我是在睡梦中被母亲拉

我的三舅

着上了那艘轮船的。一手抱着我不满周岁的弟弟、一手拎着包袱的崔儒，在换船时由于船身突然剧烈摇晃，只抱住了弟弟，包袱却落入了江中。

1992年我去大同时看望崔儒（右为我）

到达长沙后，我们住在城北湘江边，有时还可到江边玩耍。在长沙我第一次吃到凉薯和橘子，也是第一次目睹和遭遇日本鬼子的飞机狂轰乱炸。1937年11月24日下午，4架日寇的飞机呼啸着掠过长沙上空，扔下了炸弹、燃烧弹，接着是爆炸声，我看着紧张的家人，感到恐惧。警报解除之后，我跟随三舅来到火车北站附近的街上，到处墙倒屋塌，燃烧的灰烬，残肢断臂，满目疮痍。这一幅幅悲惨的情景，把对日寇的仇恨深深镌刻在我幼小的心灵中。长大后才知道，从1937年11月到1943年2月，日寇对长沙发动了58次大轰炸，炸死1685人，伤残2241人，炸毁房屋2855栋。1944年6月18日长沙沦陷后，日寇又进行了3天大屠杀，4500余人惨死在日寇的屠刀之下。再后来更了解到尤为令人发指的重庆大轰炸、南京大屠杀，这是人们不应该忘记，也永远不会忘记的日本侵略者的滔天罪行。

长沙遭日寇轰炸后，此处已非安全之地，于是我们家再度举家迁徙，去往大后方陪都重庆。船行旅途辗转多日，终于在 1938 年初抵达重庆朝天门码头。重庆遭受大轰炸之前，市民的生活还是井然有序的。我们住在了凤凰台一幢筒子楼二层边角的两间房子里，过道里架着一个炉子用来烧饭。这幢筒子楼前面是一个很大的院落，不时有重伤员被人们用担架抬进院中，就临时放在地上。尽管我还是一个七八岁的孩子，但目睹伤兵的种种惨状，说不出是一种什么感觉，记得就是吃不下饭。

这里看来也不是可以久留之地，最后我们家决定再次西迁，搬到重庆西边不远的璧山县，算是定居了下来。

璧山岁月

璧山是一个古老的城市，东汉时已开始建县，名为常安县，几经沿革，于 1983 年成为重庆市的一个区。璧山县也是一座美丽的城市，由多条支流汇聚的璧南河穿城而过，几处公园各具特色。我常带着三岁的弟弟去公园玩耍，有一次我扶着他从小山上往下走，路很窄，也有点陡，一不小心二人双双从山上滚了下来，还好落在了一块特大的石头上。没想到那里正好坐着一男一女两个青年，他们并没有关心地扶我们一下，而是瞪了我们一眼，不知道嘟囔了一句什么，转身走开了。好在我们伤得并不厉害，拍拍土，揉揉碰伤之处，便回家了，但也不敢对母亲说实情。行笔至此，思绪万千，我的这个弟弟 1956 年从北京石油地质学校毕业，先后转战在青海、大庆、大港油田，不幸因脑癌于 2016 年先我而西去了！

璧山的集市非常热闹，尤其在秋天。马路两侧分别摆满了花生、水果、粮食、衣服和各类用具等摊位，商品极为丰富，真不愧是天府之国。举个小例子，如果你沿着马路穿行集市，每家尝一两颗花生，等你到达马路那头，差不多就吃饱了，这毫不夸张。

1939 年母亲带着四个子女摄于四川璧山县（左二为我）

四川的茶馆文化在璧山也很发达。在不跑警报的时候，那些茶馆里一般都会坐满摆龙门阵的人。

我和二弟炯生（右为我）

我们在璧山定居之后，家长便开始考虑姐姐和我的上学问题。1938 年秋季开学，我们进入璧山县城镇中心小学学习，姐姐插班三年级，我又从一年级开始。当时，同学们好像还有点排外情绪，管我们叫"下江人"。什么意思？我不明白。好在我们属于老实不闹矛盾的孩子，并无大碍，只是需要很快学会四川话，这样我们才能完全听懂老师讲课，也才敢和同学们交流，一起玩耍也不再觉得别扭。

三舅对我们的学习十分关注，要求也非常严格。比如习字，由描红模开始，天天必须完成规定的作业，开始是把着手教，等我们能够自己写的时候，每天都要看我们的作业，给我们指出哪里写得好，哪里写得不对，笔画应该怎么写。对学校的作业也都要天天进行细致的检查。这样几年的严格要求，使我终身受益。第一学年年末考试结束，学校发榜，我在班上名列第一，随后几年我基本上都能保持这个名次。记得只有一次名列第三，我回家大哭了一场。不知道是不是因为学习好的原因，同学们对我这个"下江人"的态度也逐渐发生了变化，我开始有了好朋友。我是个记忆力很差的人，特别是对于人名，但现在我还记得几个要好的同学的名字，如：巫仁模、杨华义。教语文的王老师很喜欢我，我也愿意同他接近，有一次我们家包了饺子，得到母亲同意，我给王老师送去一盘，他特别高兴，这也是存留在我脑海中儿时的美好记忆。

璧山终归也非太平盛世，我们得三天两头跑警报。日寇的飞机一旦临近重庆，璧山县也要拉响警报，我们便急忙往郊区竹林里跑。在竹林里躲空袭一来是空气好，二来还可以观看重庆上空的空战。当看到敌机冒着黑烟栽下去的时候，人们都兴高采烈地鼓掌，真解气！后来据说，日寇在重庆也报销了 43 名飞行员，然而这样的战报并不很多。更多的还是不断传来的重庆大轰炸造成的令人发指的惨景，日寇对重庆的狂轰乱炸简直到了疯狂的程度，一日之内出动 140 多架次飞机轮番轰炸，能扔下 50~100 吨炸弹，使重庆燃烧。这些都铭刻在我幼小的心灵中，铸成了一种更深的仇恨。

2010 年国庆期间，我和老伴去四川驻京办事处拜访重庆大学李校长，闲聊之间谈及抗日战争初期我曾在重庆和璧山县逃难四年的经历，同时还提及至今仍记得两个小学同学的名字——巫仁模和杨华义。谁知这位热心的校长后来通过有关部门帮我查询了他们的下落：巫仁模没有查到，杨华义已经过世，他的儿子现在在天津，并邀请我去重庆、璧山故地一游。至此，我除了诚心感激热心的李校长外，就剩下对时光飞逝的感慨了！

2010 年 11 月下旬，我和老伴飞往重庆并重访璧山。车子停下来时，我四下望去，惊诧地想，这就是璧山？记忆中的房子不见了，警报拉响后飞奔出教室观看敌机的小树林呢？同学们嬉戏、打斗甚至打群架的河滩呢？都不见了！眼前是河水依块石砌成的河道静静地流淌，两岸高楼林立，霓虹闪烁，熙熙攘攘的行人，拥挤的车辆，好像是到了另外一个完全陌生的地方，儿时印象中的璧山踪迹全无，既感失望，又觉得兴奋。存留在脑海里的景象只有从记忆里去追寻了，而眼前的这一切，不正是祖国几十年来蓬勃发展的一幅缩影嘛！

璧山毕竟是我这个"下江人"度过自己懂事的童年的地方。可惜我还是没有欢乐的童年。

1942 年夏天，我读完了四年初小，姐姐小学六年毕业。可能由于家庭经济拮据，三舅决定我们必须返回山西。当时山西大部分地区已被日寇占领，除了晋西北和晋东南有八路军的根据地外，阎锡山只控制着吕梁山上的七个县，我父亲当时正驻防隰县。

从璧山县要回到山西隰县，可是长途跋涉。根据当时战局，日军未能进入四川和陕西，我们必须绕行成都，向北经广元穿过剑门关，进入陕西，然后经汉中、西安、三原、宜川，跨过黄河，到达山西的吉县，再向隰县进发，行程达 1600 多千米。当时的交通并不发达，虽然大多数旅途都靠长途公交车，但那时的公交车完全不同于现在的豪华大巴，那时的道路也完全不同于当今的高速公路，相当于如今县级公路者已属高级别的道路了。就这样走走停停，日行夜宿，大概花了近一个月的时间，完成了此次长途跋涉的"壮举"，也算是一次特殊的"旅游"了。

这次长途"旅游"热点之一，就是穿越了唐代诗仙李白所称"难于上青天"的蜀道剑门关，即古代从成都经德阳、绵阳，过剑门关至昭化，渡过嘉陵江，到达陕西宁强县的金牛道。民国期间，用爆破法凿穿古明月峡栈道上方的石壁，修建了川陕公路，广元至宁强段的道路确实十分险峻，景色之美令人惊叹叫绝。可惜后来没有机会再去观光这个如今已成为 AAAAA 级景区的旅游景点了。

这次长途"旅游"热点之二是穿过黄河壶口附近的铁索桥。从宜川出发我们便改乘"架窝子"，它是由两头骡子一前一后地驮着一乘驮轿，驮轿是用两根很粗的长竹竿，绑上横木形成驮轿底部的框架，在上面等距离镶几根半圆形木棍，作为支架，上箍席子，再蒙上毡子，棚内铺上行李，可睡可坐，成为一种适合走山路的交通工具。我们正是乘坐这样的"架窝子"离开宜川，下山的路又窄又陡，还没下到山底，没见到黄河的瀑布，就听到了它咆哮的怒吼。及至下到山底，那气势磅礴的瀑布映入眼帘，景色真是壮观！

下到山底后，壶口瀑布下游不远处就是有名的黄河铁索桥。过铁索桥，人必须从"架窝子"上下来，大人拉着小孩，徒步过桥；牲口须带上眼罩，由脚夫牵着走。行走在铁索桥上，因为桥是活动的，左右摇摆，你会感到既新奇又害怕（据说这个桥后来在战争中被炸毁了）。过了黄河，又是一段很陡的上山的路。到达吉县后，父亲派人把我们接到隰县，住进吕家沟冬暖夏凉的土窑洞里。全家终于又团聚了。

第二章　哺育我成长的进山中学

跳班进入进山中学

1942 年秋，我们从四川回到山西隰县后，已经过了秋季入学的时间，经联系、申请，我姐姐因已小学毕业，顺利插班进入进山中学初中一年级读书，我这个刚读完初小的学生，也随着姐姐稀里糊涂地跳班上了中学。我们俩分别被编入初 28 班和初 29 班。当时进山中学地处偏僻的吕梁山区，周围都是敌占区，学校没有课本，上课时老师讲，同学们记笔记。为了赶进度，三舅帮着我们抄写从同学那里借来的已经讲过的各科笔记。课后抓紧时间自己补学。跳班，别的功课我倒还能跟得上，数学就惨了，第一次考试得了 20 分，第二次 40 分，第三次才及格 60 分。总算跟上来了，但我已不再是像在小学那样学习最好的学生了，而且数学这个弱项对我以后的学习和工作埋下了不利的隐患。

多年以后回想此事，我想大概由于刚刚回到山西，我和姐姐能一起入学，并且还能住校，一下子解决了两个孩子上学的问题，对家长而言，是解决了一个大问题，至于跳班的后果，在那个战争年代，家长是想不到的。几十年后，中学同学聚会谈及当年的学习时才知道，有不少同学，正是因为战争只断断续续上过两三年小学，一旦有了机会，年岁已长，只得跳班，多大的困难也必须克服，只要能上学，就谢天谢地了。

我在进山中学度过了完整的六年中学时光：1942 年秋到 1945 年

秋的初中阶段，在山西隰县度过，时值抗日战争时期。抗日战争胜利后，进山中学迁校回到太原，1945 年秋到 1948 年夏的高中阶段，在太原度过，时值解放战争时期。这两个阶段是延续的，但由于时局的变迁，学校在各个方面都发生了很大的变化。

进山中学简史

进山中学是一所很特殊的学校，它于 1922 年由阎锡山创立，始名"山西省私立进山学校"，意在将来条件成熟时还要设立大学部，1931 年改名为"山西省私立进山中学"。学校创办之初，因系私立，设有学校董事会，阎锡山任校董会总董，同时兼任校长。下设校务主任一人，副主任一人，由他们在校主持日常校务。

进山中学成立不久，赶上第一次国共合作时期，共产党员何雁秋、谢赞尧，进步教师邓初民、马天启、张暂成等就受聘在学校任教。在他们的启发教育下，学生中出现了一批共产党员，1925 年冬在学校正式建立了党支部。

1931 年发生"九一八事变"，东北军奉行蒋介石的不抵抗主义，"恭恭敬敬地让出了沈阳城"，这种丧权辱国的行为，燃起了广大青年也包括进山中学师生的怒火。12 月初的一天，早期的共产党员张磐石应太原基督教青年会邀请，作"日本侵华形势"的演讲，进山中学的学生踊跃前往听讲。张磐石在演讲的最后动情地问大家："诸位，在此生死存亡的紧急关头，是当亡国奴，任人宰割，还是奋起抵抗，救亡图存？这是每一个炎黄子孙，尤其是青年一代不能不回答的考题"，听众报以经久不息的掌声。不久，张磐石又到进山中学作了"揭露日寇侵略阴谋与罪行"的演讲，青年学子们的抗敌救亡激情再次被点燃。12 月 18 日进山中学的学生会同太原市大中学校的学生，一起到国民党山西省党部请愿，声讨日本帝国主义屠杀中国人民的罪行，要求动员全国人民抵抗日寇侵略，收复失地，结果与纠察队发生冲突，国民党右派苗培成、韩克温竟下令向群众开枪，打死了进山中学初一班的学生穆光政，造成震惊省城的"一二·一八"惨案，也激起了更大规模的学生运动。次日，太原市工人罢工，商人罢市，学生罢课，太原市学联主持为穆光政举行了追悼会，抬棺游行，树立了"穆光政烈士纪念碑"，要求南京政府惩办凶手。当时蒋介石与阎锡山之间的矛盾正日趋尖锐，经过斗争，阎锡山乘机查封了国民党山西省党部，把苗培成、韩克温驱逐出山西。1932年，进山中学成立了抗日救国学生会，宣传抗日活动，宣传进步思想，一直到1937年"七七事变"后学校停办。

一、抗日战争时期的进山中学

抗日战争爆发之后不久，太原、临汾等大城市先后沦陷，整个阎锡山的部队都陆续退缩到吕梁山上的七个县中。1941年10月，进山中学在抗日战争中复校，校址就选在吕梁山上的隰县。

说到进山中学复校，必须从复校时的校务主任（后改任校长）赵宗复说起。

赵宗复系民国元老赵戴文之子，赵戴文曾任山西省政府主席、山西国民师范的第一任校长。赵戴文与阎锡山相处数十年之久，凡民国期间山西所发生的军政大事、历史事件，离开他们中的任何一人，皆不能成章。

1926年秋，十一岁的赵宗复考入进山学校，在那里立即呼吸到了国共合作时期的新鲜空气。1927年大革命失败后，又有一些流亡到山西的共产党员来到进山学校任教，如宋日昌、王冶秋、张伊林、李舜卿等，他们经

赵宗复校长

常向同学们介绍进步的文学作品。赵宗复在课堂上得到老师们的启迪，又从课外博览进步书刊，吸取丰富的精神营养，之后又直接接触了从日本回国的共产党员张磐石，并以学生代表的身份亲身经历了太原"一二·一八"惨案的全过程。此后一段时间，他废寝忘食地写文章揭露当局残酷镇压学生爱国运动的罪行，利用课余时间和同学们上街散发传单，张贴标语，坚持不懈的进行抗日救亡宣传。1932年秋，十七岁的赵宗复考入北平燕京大学，受张磐石的引导，参加了党的外围组织"反帝大同盟"，后来担任了"反帝大同盟"燕大支部书记。1933年春，赵宗复加入共产主义青年团，冬季转为共产党员，赵宗复的好友宋劭文（燕大社联党团书记）为他主持了宣誓仪式，告诉他党组织考虑到他父亲是国民党元老，在国民政府、山西省政府都任有要职，且与阎锡山的关系非同一般，他又是通晓英语的共产党员，因此安排他去执行新的任务——到共产国际东方部从事情报工作。这是一项非常重要的工作，北平情报小组的负责人是柳忆遥。随后，赵宗复利用自己的特殊身份，又积极审慎地介绍当时蒙藏委员会副委员长赵丕廉之子赵中枢等几人参加此情报组织，布设网站，建立起北平、天津、太原、绥远以及日本的网站，拓展了收集军事情报的渠道。柳忆遥还通过他在南开中学的同班同学张永兴，发展了时在东北军司令部作秘书工作的于毅夫。这样，共产国际东方部就在中国北方两大地区具有军事实力的单位建立了情报据点，监视日军动向，监视阎锡山、张学良的动向，为苏联对日军事战略提供情报支持，为日后的世界反法西斯斗争贡献力量。1936年赵宗复从燕京大学毕业，按照情报组织安排，回到山西开展工作。

　　1937年7月7日抗日战争全面爆发，7月底平津失陷，之后国民政府军事委员会调整部署，将全国划分为五个战区，开启了第二次国共合作，阎锡山出任第二战区司令长官。1937年9月，由山西、绥远、察哈尔三省政府和共产党以及各抗日团体派代表组成统一战线组织——"第二战区民族革命战争战地总动员委员会"（简称"战动总会"），国民党方面任命续范亭为主任，共产党方面派南汉宸担任组织部长，程子华任武装部长。赵宗复被派往"战动总会"任宣传科长，后因宣传部长李公朴未能到任，赵宗复遂被任命为代宣传部长，于是他拥有了更有利的工作阵地。

共产国际东方部有着极为严格的纪律，不准与地方党发生组织联系，不准与其他情报组织发生横向联系，以免相互影响，各项工作只能单线联系。但赵宗复考虑到山西的特殊情况，还是向南汉宸和程子华作了说明，工作上得到了他们的支持。

1937年11月太原失守后，赵宗复和赵中枢离开了"战动总会"，转到临汾由梁化之和刘岱峰领导的第二战区政治部和由牛荫冠领导的牺牲救国同盟会工作。1938年3月临汾沦陷，赵宗复又转移到汾西山云镇。当时日寇已占领了山西的主要交通线，山西被分割为互不联系的若干区域，致使第二战区政治部与山西新军各部之间、牺盟会总会与各分会之间、第二战区总部与各军之间、省政府与各专员公署之间都失去了正常联系。为了解决这种由于地域分割联络困难的问题，赵宗复利用父亲赵戴文的关系，得到各方支持，在政治部下设立了政治交通局，赵宗复被任命为局长。政治交通局下设28个分局，遍布第二战区各抗日根据地，政治交通员冒着生命危险，日夜跋涉，穿过日军封锁线，传递文件，沟通联系，保证统一指挥，还通过打扫战场，获得日军在山西的兵力部署、兵员情况等信息和资料，同时也扩大了交通局的地下情报网，取得了很大成绩，在政治交通局成立一周年纪念大会上，获第二战区奖予"政治命脉"锦旗。

1939年3~4月间，阎锡山在陕西省宜川县秋林镇召开了100多名军、政、民的高级干部会议（史称"秋林会议"），历时29天，核心内容是取消由共产党领导发展起来的新军中的政治委员制度，以削弱其发展。1940年12月，阎锡山与共产党发生了军事冲突，史称"晋西事变"。在事变中赵宗复曾向各分局发出过"背离阎锡山，随同各所在地新军行动"的通电。这一通电激怒了阎锡山，他下令撤销了政治交通局，并要查办赵宗复。后来碍于与赵戴文的关系，只是撤销了赵宗复的职务，但没有查办他。

政治交通局被撤销后，诸多问题困扰着赵宗复。与上级领导的联系中断了，今后工作如何进行？又该往何处去？在如此紧急的情况下，他一方面派赵中枢、肖希明速赴西安、兰州等地设法与原上级联系请示，同时他果断地突破了上级党组织关于"不准和地方党组织发生关系"的纪律约束，直接找到了八路军驻第二战区办事处处长王世英说明情况，请示以后如何工作。王世英向党中央请示后，给赵宗复的指示是：一方面积极联系听候原情报机构新的指示，另一方面将那些有旧社会关系但没有暴露的人留下来，长期隐蔽，积蓄力量，在广大群众中发展进步势力，争取中间势力，孤立顽固势力。当时被决定留下来的是赵宗复、阴纫斋、赵中枢、梁维书、肖希明五人，由赵宗复负责，归中共中央社会部领导，与王世英直接联系。肖希明稍后因情况变化，他缺乏社会基础，只好撤回延安。

按照中共中央社会部关于逐步向阎锡山集团内部深入潜伏的计划，1940年5月赵宗复与阎锡山的一批干部集体加入了国民党。同年9月，他又抓住阎锡山为恢复蒋介石的信任，派心腹梁化之到重庆的机会，得以同行，一起到国民党中央训练团接受考察训练，年底返晋。那时适值阎锡山在民族革命同志会中设立"同志会基干"的干部组织，赵宗复基于1938年2月阎锡山成立"民族革命同志会"时，已以发起人身份进入了这个组织，于是又趁机打入，取得"基干"身份，并担任干部委员。之后又加入梁化之等人的宗派组织"最后同志"（意即与阎锡山同生死，共患难）。赵中枢、梁维书也通过二战区的特殊关系进入"基干"行列。这一系列活动为在阎锡山组织核心从事情报工作创造了有利条件和宽广的斗争舞台，在阎锡山统治集团上层进行了有声有色而又鲜为人知的大量活动。他的成就受到中共中央高度重视。

1944 年，国民政府组织了中外记者访问团，到国共两方地区参观访问。第二战区派赵宗复和徐士琪随西北团到访延安。期间，毛泽东和周恩来秘密接见了赵宗复，他有机会直接聆听他们的鼓励和指示，这也成为他此行最大的收获。

1941 年春，赵宗复、阴纫斋、梁维书等在晋西克难坡谈论抗战形势发展前途时，都认识到战争不论延长多久，中国终将战胜日本，那时百废待兴，国家需要很多建设人才，而现在的战争又造成广大青年失学，因此兴学育人应是刻不容缓的当务之急，培养有觉悟的知识青年，也是理想的合法斗争形式。考虑到战前太原的进山中学是一所很有影响的学校，于是他们以挽救战时失学青年，为国家和山西培养建设人才为由，上书阎锡山，并请赵戴文转交，恳请恢复进山中学，并请阎锡山兼任校长。这一建议很快得到了阎锡山的认可。1941 年 10 月底，进山中学在隰县正式复校，阎锡山兼任校长，赵宗复任校务主任，在校主持工作。1941 年复校当年招收了 250 名新生，编为 5 个初中班，编号仍按停办时继续，为初 22～26 班。1942 年又招收了 5 个初中班、1 个补习班。

赵宗复在进山复校开学典礼上，为大家铿锵有力地朗诵了他的诗作：

我们是青年猛士，我们是青年猛士！

敢看惨淡的人生，敢见淋漓的鲜血。

敢说、敢笑、敢怒、敢叫、敢打、敢骂！

对内团结驯如羊，对外抗战猛如虎。

我们誓不做俘虏，大敌当前不低头。

让暴风雨来得更厉害些吧，那钢铁的声音为青年进步响彻宇宙！

多高的山，多远的路，有腿，有脚就能走。

耻不若人的志气，要把世界进步精神一齐来吸收。

这首诗后来由国民政府军事委员会政治部所属抗敌戏剧宣传第

二队（简称"剧宣二队"）的刘晨喧老师谱曲，很自然地在同学中传唱，并且实际上成为了当时进山中学的校歌。多少年后，进山中学同学聚会，大家虽已进入耄耋之年，仍会满怀激情地唱起这首歌。

进山中学之所以特殊，不仅在于它前期的光荣传统，更由于复校之后的校务主任（后来的校长）赵宗复他那受人们尊敬和爱戴的高尚人品、循循善诱的教育和宣传才能，以及在那样复杂的条件下，他那机智巧妙的斗争艺术，给进山中学带来的无形动力。我想教育战线党的地下工作虽然不见刀光剑影，也缺乏电影里那种惊险场面，但是你无法估量它有多大的威力，能产生多么深远的影响！

1. 名师荟萃

教师是办学的基础，进山中学复校后，赵宗复花大力气千方百计想方设法地聘请名师来校任教。如复校伊始，赵宗复派人通过日军封锁线前往敌占区五台县城，聘请北平大学毕业回乡执教的马培云。此后马老师在进山中学执教长达二十余载，解放后又担任了进山中学校长，是一位深受学生爱戴的老师，深受全校教职员工爱戴的长者。总的来说，在当时战乱的条件下聘请名师是很困难的。然而在进山中学的教师队伍中，有燕京大学毕业的赵宗复、阴纫斋、邢炳南，北京大学毕业的李茂堂、索国栋、崔䓖、刘育恩，北京师范大学毕业和肄业的梁祥厚、刘锡毅，辅仁大学毕业的李维唐、张文炳，日本早稻田大学毕业的张养田，武昌高等师范学校毕业的丁伯功，苏联东方大学毕业的李叔荫等。在当时那样的环境条件下，能聚集这样阵容强大的优秀教师队伍，实属难得。抗日战争胜利进山中学迁校回到太原后，教师的基本阵容也无多大变化。中华人民共和国成立后，其中有的老师如索国栋、李维唐均被山西大学聘为教授。

从当时的教学条件、学习条件来看，都是非常艰难的。由于没有教科书，有的课程如国文（语文），是由老师编印讲义发给同学。赵宗复特别重视语文教学的思想性，他亲自参与选编语文讲义，既选入了中国文学史上有代表性的作品，还选入了辛亥革命时期章太炎、秋瑾、林觉民等人的作品以及新文化运动以来的优秀作品，如鲁迅的《药》《纪念刘和珍君》《藤野先生》《秋夜》等和李大钊、茅盾、叶圣陶、郭沫若、朱自清等人的作品，同时也选入外国名篇，如都德的《最后一课》等。这些讲义既重视思想性，又照顾到不同体裁、不同风格，极受同学们喜爱。

更多的课程则是老师讲课，同学们记笔记。为我们讲生物课的丁伯功老师，已年近半百，每堂课都在黑板上整板整板地又写又画，非常认真，植物图像再复杂，也都会一笔不差地在黑板上画出，令同学们十分钦佩，下课后值日生都舍不得从黑板上把它们擦掉。为我们讲历史课的李维唐老师，上课就带两根粉笔，无论讲中国史，还是世界史，对事件、对年代记得非常娴熟，讲得那么生动，我们真是感到既惊奇又由衷地敬佩。教我们班语文的刘晨暄老师因病去世后，替代他的是从东北来的罗君老师，他给我们讲了许多日寇在东北的暴行，东北同胞们的苦难，还为此写了长篇文章在我们出刊的油印小报《海啸》上连载。

说到老师，不能不涉及国民政府军事委员会政治部所属抗敌戏剧宣传第二队，简称"剧宣二队"。1942年"剧宣二队"调入二战区，该队驻地在隰县小西天，与进山中学隔河相望。"剧宣二队"实际上是中国共产党领导的革命文艺团体，许多队员皆为地下共产党员，并建有地下党支部。赵宗复借口学校师资不足，请求他们支援。"剧宣二队"首先派共产党员刘晨暄来校任语文和音乐老师。我们班初二年级的语文便是刘晨暄老师教授，但他于1943年因伤寒不幸病逝，同学们都无比悲痛。后来"剧宣二队"又派高来（二队党支部书记）、周力（共产党员）来校任教。"剧宣二队"不仅派他们的骨干力量为进山中学的同学授课，而且还派多人辅导同学们的课外文娱活动，帮助组织进山合唱团、进山话剧团，宣传抗日救国、民主进步的思想，王负图（二队的队长）、兰光、胡志涛、胡宗温、田冲等都是进山中学的"常客"，进山中学的良师益友。"剧宣二队"与进山中学的合作，与赵宗复的配合，对提高同学们的思想觉悟，培养同学们文娱活动的才干发挥了重要的作用。

刘晨暄老师逝世后，"剧宣二队"谱写了一首名为《进啊，进山的同学们!》的歌曲，赠送给进山中学的师生。

进啊，进啊，进啊，进啊，
进山的同学们!
向着正义，向着光明。
进啊，进啊，进啊，进啊，
进山的同学们!
不怕艰难，勇敢向前进。
向前进，进山的同学们!
向前进，进山的同学们!
时代的浪潮，卷走了黑暗;
祖国的苦难，带来了新生。
哪怕那荆棘布满了大地，
青年的火力燃烧着我们的心。
接受人类新知识，
努力劳动，强健身心，
新的社会要我们来创造，
复兴国家也靠着我们。
进啊，进啊，进啊，进啊，
进山的同学们!
不怕艰难，勇敢向前进。
向前进，进山的同学们!
向前进，进山的同学们!
一切希望在我们前头。
前进吧，前进吧，进山的同学们!

多么雄壮的歌声，多么强烈的战斗精神！它永远激励着我们战胜一切困难，勇往直前。六七十年后，在同学们进入耄耋之年聚会时，还曾一再高唱这首战歌。

当时的学习环境也非常艰苦。在我们的教室里，学生既没有课桌，也没有座椅，每人一块 30 厘米×40 厘米的小木板和一个小板凳。坐在小板凳上，把木板放在大腿上，就可以记笔记了。那时没有钢笔，只有铅笔和自己用子弹壳做的"蘸水钢笔"，记得有一年冬天特别冷，不少同学只好围着被子上课。那时学校里没有电，晚自习就在寝室的炕上点一盏煤油灯，大家以煤油灯为中心，放射形地趴在炕上做作业。同学们以学习的刻苦抵御了环境的艰苦。尽管限于战时条件，当时进山中学没有理、化、生物实验室，但那时培养出来的学生，解放后不乏考上清华、北大的学子。

2. 生源特色

进山中学复校后，学生主要来自三个方面，一是二战区（山西省）各级干部及高级干部的子弟，二是山西境内农村的学生，三是附近省份（如河南、陕西等）渴望继续求学的青年。复校后的进山中学实行战时供给制，学生按军队士兵待遇，供给衣、食、住，不收取任何费用。这种公费制办学一经传开，影响极为深远，不仅山西境内的青年，特别是穷苦失学青年纷纷前来报考，就连河南、陕西等临近省份的不少失学青年也千里迢迢奔赴山西报考，甚至还有沦陷区的青年，冒着风险穿过封锁线来到进山中学求学。进山中学也在一些地方设立了招收失学、失业青年的招生办，为他们提供帮助，但他们都得历尽千辛万苦徒步从家乡走到山西隰县。

这里记述一个很有代表性的例子。河南同学孔庆邦，他出生在洛阳的一个乡村，曾就读于本村小学，抗日战争爆发，时局动荡，因而辍学。后来他虽考上了洛阳省立八中，但终因交不起学费而辍学返乡。他有一个在山西二战区服役的堂兄，从他那里得知，到山西可以公费读书。他堂兄所在部队正好要到河南西平、遂平一带接兵，于是他便含泪泣别双亲，跟随堂兄介绍的两个接兵人，离开洛阳，踏上西行之路。在当时抗日战争时期，从河南到山西，必须绕道陕西。经过长途跋涉，翻山越岭，跨越黄河铁索桥，在山西中阳县苏家庄见到了他的堂兄。接下来要生活，就在他堂兄的兵营中补了一名传达兵，实际是每天赶上七只羊，满山放牧，晚上复习从家里带出来的初中课本。就这样过了大约半年多时光，当他随堂兄的部队换防到山西石楼时，在那里遇到了两个曾在进山中学读过书的青年人，从他们那里了解了进山中学的概况，他仿佛看到了上学的希望。但当时正值春节过后，不是招生季节，他们又住在深山老林之中，他殚精竭虑，不知该怎么办，最后他鼓足勇气，悄悄寄出了一封给阎锡山的首脑机关——民族革命同志会执行部要求上学念书的长信。一两个月过去了，石沉大海，杳无音信。三月底四月初，他又随堂兄的队伍去到了隰县，仍然照旧放羊。一天，他把羊赶到一个山坳里吃草，便径直跑到进山中学门口瞭望，想进去又不敢进去。就在这时，从校门出来一辆马车，他不顾一切，拦住马车说明来意，正巧车上坐着的赵宗复随即问他："给会长的信是你写的吗？"他连忙说是。接着赵宗复指着车下一个人对他说，你跟王老师去考一下吧。大约两个多小时，作了语文、数学、英语三张试卷，交卷后，那位老师说，明天来吧。他出了校门，赶上羊群，走在路上，只觉得麦苗在向他点头，树枝在为他舞蹈，气候多么温暖！1944年，他又走上了梦寐以求的可以继续读书的康庄大道了！

进山中学还有另一类学生，阎锡山的高级干部和干部的子女。进山中学是一所负有盛名的学校，自然也是他们云集之处。他们和其他同学一样，穿同样的衣服，吃同样的伙食，挤住同样的炕头。在进山中学这样的熔炉里，在赵宗复循循善诱的教育下，他们得到了难能可贵的锻炼。他们中的绝大多数，无论在学习上，在课外活动中，还是在学生运动中，同样积极向前，许多人后来都深情地回忆说："是宗复校长把我们带上了革命的道路"。

这里我也可以举一个很具有代表性的实例：阎锡山第13集团军总司令、太原解放前第十兵团司令兼太原守备司令王靖国的女儿王瑞书，她在进山中学只读了初中，抗日战争胜利后的1946年秋，她转往天津南开中学读高中。离开进山中学后她才意识到，进山中学不仅仅教你如何读书，更重要的是教你如何做人。她很怀念在进山中学所受到的教育，特地给宗复校长写了一封长信，感谢宗复校长给她的教诲，宗复校长在周会上给同学们读了那封信。1949年北平和平解放后，根据原解放军太行军区太原情报总站（代号909）的策反计划，副站长张常仅找到我姐姐，让她去天津把王瑞书找来北平，希望王瑞书去太原将徐向前司令员的亲笔信送交她父亲，劝他走和平解放太原之路。王瑞书深知此行前景很难估计，但她没有犹豫，毅然接受了任务。进入太原前，909在榆次为她详细分析了敌情，周密研究了护送她通过封锁线的计划，她顺利进入了太原城。让她没有料到的是，她父亲不但不接受劝告，反而强行把她经上海送往中国台湾。那里有前期到达的她的母亲和兄嫂。但她向往的是解放区，思念的是北平、天津的老同学和好朋友。三个月后，她找机会躲过家人，设法到了中国香港，又从中国香港辗转回到北平。之后，她在北京农业大学读完了本科，被分配到保定工作。让她又没有料到的是从此她便背上了"特嫌（特务嫌疑）"身份，几十年间，在一次次政治风雨中，特别是"文化大革命"期间，受到了极不公正的待遇。工作20多年的她，没有提过一次级，"文革"中丈夫家人怕受到牵连，更不允许她与儿女见面。就连改革开放之后，她仍因"另类"而受到孤立。尽管在这样的处境下，有进山中学那几年的哺育垫底，她无怨无悔，始终认为自己选择的道路是正确的。"四人帮"垮台后，909的负责人为给她落实政策，洗刷不白之冤，进行了不懈的努力，终于使她获得了政治上的彻底平反，并得以第二次组织家庭，也能舒畅地为党为人民继续工作了一段时间。离休后，她参加老年大学书法绘画班，踢毽子比赛获最佳奖，生活充满阳光。

这就是宗复校长播种在他的学生心田中的革命火种迸发出的威力。

3. 艰苦生活的磨炼

进山中学虽然实行战时供给制，但生活十分艰苦。学校位于隰县后寺，宿舍不论窑洞还是平房，都是一个过道和一条炕，每个人在通铺上占有约两块砖那么宽的位置，如果晚上起夜，要挤回去睡觉得费点力气。有的宿舍还发生过半夜有狼从窗户窜进来的险情。当时没有洗澡的条件，衣服缝里长虱子已是普遍的现象。由于吕梁山上一时集中了那么多人，粮食供应也是很大的问题，有一段时间，我们吃的是谷面（谷子不去皮磨成面）窝窝，缺油少菜，很多同学严重便秘。还有一段时间吃的是长了虫子的小米，同学们只好用开水往碗里一冲再一搅，虫子漂到上面，把它扒拉掉再吃。学校也曾在每周设有两节劳作课，组织同学们按班轮流种菜，自己动手，改善生活。夏秋农忙时，还组织同学们帮助农民收割庄稼。记得是1944年秋收时节，必需停课由学生自己把分到的口粮从很远的外地背回学校。艰苦生活的磨炼，成为同学们终生得益的无形财富，对于非劳动人民家庭出身的学生，影响尤为深刻。赵宗复在他亲自编选的语文讲义中，特地选用了《孟子·告子下》中的一段话："天将降大任于斯人也，必先苦其心志，劳其筋骨，饿其体肤，空乏其身，形拂乱其所为，所以动心忍性，增益其所不能"，给我们鼓励，给我们期望，给我们力量。

由于是抗日战争时期，进山中学在隰县的阶段实行军事化管理。赵宗复对军事训练非常重视，从教官配备到训练内容要求都相当严格。他让进山中学老校友、当过营长、懂军事的王家模任军训处主任，原政治交通局的刘鑫、李锡典、牺盟会组织部副部长吕调元介绍来的刘天德（刘展）任军训队长。每周4小时的军训课，从各个教练到班、排、连、营教练，从《内务条例》《步兵操典》到《野外勤务》，三年要全部学完。早出操，晚点名，内务整洁。居住虽然简陋，但被子都要求叠得有棱有角，还进行过几次紧急集合和野外训练。1940年"晋西事变"后，政治交通局被撤销时，赵宗复有计划地保存了一部分武器。进山中学复校后，他将交通局撤销时交给隰县北区专署政卫营的六七十支步枪要回，又陆续弄来几挺轻机枪、冲锋枪和一挺重机枪。组织我们每学期进行一次实弹射击训练。这样的军事化生活，非常有效地培养了学生的组织性、纪律性，也形成了良好的校风。

4. 社团活动兴起

复校后的图书馆成为一块宝地，也是赵宗复校务主任特别关注的阵地，他想了各种办法筹集经费，购置图书。托在大后方的朋友购买，通过八路军办事处秘密从根据地的书店定购，在战争年代困难重重的情况下，进山中学图书馆的藏书可以说是很丰富的。图书馆由吉伟负责，他过去也是政治交通局的工作人员（地下共产党员）。他负责将当时一些属于革命的书报如《解放日报》《群众》《整风文献》等秘密在少数同学中流传。公开出借的进步书刊就更多了，如鲁迅、矛盾、郭沫若、巴金等人的书籍，苏联高尔基、肖洛霍夫、法捷耶夫等名家的文艺作品等。这个图书馆对许多师生发挥了启蒙作用，也使一些同学奠定了革命的思想基础。

在这种气氛的催生下，诞生了社团活动。社团活动是进山中学的又一特色。社团的兴起是同学们接受民主、进步、抗日、爱国思想的结果。1943年初，初22班的女生张明邀集几个爱好文艺的女同学，创办了油印小报《春雷》，得到了赵宗复校务主任的赞许和支持。之后，初22班的李成泉、白钟祥创办了《晨光》，高22班的《北风》也相继创刊。1944年暑假之后，1941和1942年入学的几个班都从隰县北门外天宁寺（后寺）迁往南关新校址。开学不久，初26班的乔新象、杨盛钦、曹豫立、丰荣森、赵旷（田远）、刘勉修（王承光）、朱葆晋组织了"投枪社"，出版油印小报《投枪》。1944年底，我和徐光瑞（何文）、历同贵（胡力生）、卓存仁（郭一夫）等人创办了"海啸社"，出版油印小报《海啸》。我也用家里给我的钱，从中国香港订购了《群众》《文萃》《希望》和《读书与生活》等杂志，并在"海啸社"内部传阅。

1946 年"海啸社"在山西太原文庙合影（后排右四为我）

在此期间，后寺初 31 班的卫兴华、贾旭、李凯明等同学主编出版了油印小报《三一园地》。大麦郊西校初 38 班的王哲人（王进）、武缙鑫（石力）、王麟庆等人创办了"流火社"，编辑出版油印小报《流火》。赵宗复对社团的兴起和活动热情鼓励，大力支持，出版所需蜡纸、油墨、油印机、纸张等全部由学校供给。这个时期小报的内容主要集中在宣传爱国抗日、揭露社会的黑暗、歌颂民主进步，多以杂文、诗歌的形式出现，很受广大同学的欢迎。社团活动不但促进了大家如饥似渴的读书热情，更重要的是使大家接受了革命思想启蒙的洗礼，逐步形成了民主进步的校风。

进山中学毕竟是阎锡山创办的学校，他为了有效控制，规定全校师生都必须集体参加他组建的"民族革命同志会"（1949 年解放后定性为反动组织），在学校设校分会，每周还设有一节政训课，主要讲阎锡山的"物产证券""按劳分配""兵农合一""中的哲学"等。赵宗复则采取将校分会控制在自己掌控之中的策略，他亲自任校分会主任特派员，副主任特派员先后由进步的或共产党地下工作同志担任。因而"民族革命同志会"在进山中学未能发挥阎锡山希望它发挥的作用。

进山中学有一个十分受同学们欢迎的周会制度，每周一次，把全校学生集合到操场，由宗复校长讲话。他每次讲话都有新内容，讲得生动活泼，幽默风趣，寓意深刻，这也成为他直接启迪青年、教育青年、发动青年的重要战场。他讲国内外形势，讲社会剖析，讲人生哲理，他结合各种事例宣扬"五四"革命精神，他利用战争实例强化学生的爱国抗日思想，他引用生活中的具体事件教育学生敢于同不良倾向作斗争。它借助传达当局的要求，巧妙地揭露反动统治的罪行。1944年5月，他被派随同中外记者西北参观团赴延安访问，回来后，他在周会上详细地介绍了延安艰苦奋斗的生活作风，颂扬了延安军民学生开展大生产运动的情况。总之，我们在周会上呼吸到的是别样清新的空气。

这里还需加叙一笔，1944年下半年，征召青年远征军的消息传到山西，进山中学有一部分同学热情报名，其中有我们年级的韩效愈、续亮、鱼仿雄等。他们参加集训后还没有来得及出国，日寇就战败投降了。

在隰县进山中学三年的学习，我读完了初中。这三年艰苦生活的磨炼，成为我终身享受不尽的财富；这三年在宗复老师的悉心教诲下和从课外进步书刊的阅读中获得的大量精神滋养，使我逐渐懂得了应当怎样做人。

二、解放战争时期的进山中学

1945年8月6日和9日，美国在日本广岛、长崎上空投下两颗原子弹。15日，日本裕仁天皇通过广播发表《终战诏书》，宣布无条件投降。消息传来后，进山中学师生欣喜若狂，整个校园沸腾了！人们唱啊，跳啊，不少同学兴奋地流出了眼泪。是啊，八年啦，中国人民付出了多少生命，中国人民抛洒了多少鲜血，中国人民遭受了多少苦难，终于盼来了今天的胜利！

抗日战争胜利了，摆在校领导面前的第一要务就是尽快迁校回太原，尽量减少延误秋季开学的日子。遂决定学生按班级编成行军队列，并抽调部分同学成立军事队、文艺队，分别负责沿途的保卫和宣传工作。开始集体徒步行军，途经兑九峪、大麦郊、孝义，四天后到达介休，从这里就可以集体乘火车直达太原了。

进山中学迁回太原后，赵宗复担任了校长（阎锡山不再兼任校长）。

进山中学原来在太原城郊兰村的校址，因被占用，暂时无法使用。回到太原的进山中学师生被安排在城里原商专的校址——新城西街19号。这个校址荒芜已久，院子里杂草丛生，师生们只能暂时分散食宿。赵校长号召大家发扬抗战精神，自己动手改造一切。很快经过全体师生的辛勤劳动，院子收拾得干干净净，教室里的桌椅修整后，摆放整齐就可以上课了。宿舍里学生们的被子仍然要求叠放得有棱有角，如同晋西军事化管理时那样。11月初正式上课，学校的一切很快步入正轨。1946年初，又在上官巷1号开辟了进山中学二院。

学生的任务是学习，学习知识，学习怎样做人。进山中学迁回太原后，教学环境得到了很大改善，在抗战胜利的热情激励下，同学们的学习更加自觉，也更加刻苦了。

1. 不测风云袭来

始料不到的是，胜利的喜悦很快被一系列的事件和见闻驱散了。

回到太原后，同学们耳闻目睹的是接收大员大发国难财，追逐"五子登科"（位子、条子、房子、女子、车子）；物价的飞涨；特务的横行，鱼肉百姓；苏体仁、王骧等一些汉奸都被保护了起来；一些伪军摇身一变成为阎锡山的部队……难道这就是八年抗战的胜利？

就在这种形势下，传来了学校公费制被取消的消息。这对进山中学无疑是一个异常沉重的打击，那些因公费制才有机会投考进山中学的许多贫困同学将如何应对。学生会想号召罢课，又怕连累宗复校长，于是一边请总务主任去"同志会"的"工委会"借粮，同时联络国师、女师、工职、医校等，各派代表二人去教育厅请愿，进山中学社团联谊会也决定召开记者招待会，约请新闻界人士呼吁政府关心贫苦人家子弟。后又经宗复校长多方努力，当局怕把事情闹大，被迫改为发"米贷金"（类似助学金）。开始时享受"米贷金"的学生每个月可以领到两万一千元法币的"米贷金"，这在当时是两斗六升小米的折价。到了1947年，物价一日数涨，"米贷金"不但没有增加，而且迟迟发不下来，穷苦学生日益艰难。

1945年8月，对中国来说是一个很不平凡的月份，日寇在这个月宣布无条件投降；国共两党通过43天的谈判，签订了《双十协定》，然而《协定》墨迹未干蒋介石就派80万大军向解放区发动进攻，使抗日战争的胜利又被内战之火吞没。

在这种形势下，桩桩件件给同学们带来的是困惑、不安甚至是愤怒，犹如阴云密布暴风雨之降临。

2. 社团投入战斗

进山中学返回太原后，社团活动如雨后春笋，蓬勃发展。一方面，社团数量大幅度增加，原有的一些社团扩大了阵容；另一方面，出版的刊物，由原来的油印小报改为操场墙壁上醒目的大字壁（墙）报，战斗力大大增强了。从出现在壁报上的一些犀利的文章标题来看，如《抗战胜利后的怪现象》《汉奸一变竟成英雄》《揭开曲线救国的遮羞布》《撕毁协定的政治流氓》《逼上梁山的故事》等，不难感受到字里行间的战斗气息。《奔流》还曾刊出过一篇新华社的社论，《海啸》连载了辩证唯物论讲话。大量的壁报让同学们开阔了眼界，提高了思想觉悟。

发挥更突出作用的则是学校的图书馆，这是宗复校长非常关注的思想阵地。回太原后的图书馆先后由刘鑫、杨友多、乔亚负责，他们通过多个渠道从上海、北平、中国香港的三联书店、开明书店等购进大量进步的文艺书刊，成为社团和广大同学们的精神食粮。他们还成立了图书服务社，为社团采购书刊，大大简化了订阅手续。我把在晋西时直接从中国香港订阅改为委托服务社订阅，记得有《群众》《文萃》《希望》《读书与生活》等多种刊物，供"海啸社"同学阅读。鲁迅的著作、苏联的文艺作品成为我最常借阅的图书。记得在借到奥斯特洛夫斯基的《钢铁是怎样炼成的》时，我还给它包了书皮，在书皮上改写为"钢铁冶炼方程式"以避免敏感人物的关注。保尔·柯察金有一句名言："人最宝贵的是生命，生命对每一个人来说只有一次。人的一生应该这样度过：回首往事，他不会因为虚度年华而悔恨，也不会因为碌碌无为而羞愧；临终之际，他能够说：我的整个生命和全部精力，都献给了世界上最壮丽的事业——为解放全人类而斗争"，这好像让我一下子明白了许多道理，宗复校长的教诲，进山中学许多活动指引的就是这个方向。学校图书馆也掌握一些"禁书"，只在少部分同学中流传。我曾借阅过《论共产党员的修养》和一些《新华日报》的剪报。有了这些精神食粮，会让人感到心明眼亮，正像校歌里唱的那样，敢看惨淡的人生，敢见淋漓的鲜血，敢说，敢笑，敢怒，敢叫，敢打，敢骂！

1945年抗日战争胜利后，"三青团"在太原成立了"三青团太原市团部"，突击发展组织，控制了原在日占区的太原"川至医专"等学校的学生会和太原市学生总会。此时，"三青团"也开始进入进山中学，建立了以高25班陈秀仁为区队长的区分部，并发展了一些团员。1946年初进山中学筹建学生会（在晋西时无学生会组织），掌握学生会的领导权便成为宗复校长领导的进步势力与"三青团"的正面斗争。经宗复校长安排，各社团可在学生中公开进行提名和参加竞选活动，学生会人选最后通过全体同学投票产生。进步社团联合提出的候选人干事长（即主席）张明、理监（即副主席）周毓铎以绝对优势当选。通过这样一番较量，"三青团"在进山中学的势力便一蹶不振了。1947年春季改选，卫兴华和我分别当选为干事长和理监；1947年末换届由任秉义、朱斐（文非）当选；1948年换届由武缙鑫、刘锦媛当选。就是说，进山中学的学生会在1946年到1949年期间，一直掌握在进步学生手中。

社团的另一个重要活动是读书会。有社团内部自己举办的，也有社团联合组织的联谊会举办的，都欢迎社团外的同学参加。读书会的活动有两种形式，一种是社团内的同学自己介绍读书心得，另一种是邀请外界的名人作报告。这种活动很受同学们欢迎，大家从中可以学到很多东西，受到很大启发。有一次读书会邀请了山西大学李毓真教授介绍苏联文学，当时我们正在如饥似渴地阅读苏联的文学书籍，吸取精神食粮，李教授在报告的最后用俄语朗诵了高尔基的《海燕》，那激越的声音给我留下了非常深刻的印象，由此我暗下决心，将来一定要学习俄语。

与社团活动同样发挥着重要启蒙、教育作用的是革命歌曲。有抗战时期在晋西与剧宣二队合作并成立进山合唱团、进山剧团的基础，在进山中学开展文娱活动应该不是件难办的事，但对于1946年秋季开学，新聘到进山中学教音乐的李蕤（李尚义）老师来说，却让他走了一段弯路。他新到一个学校，比较谨慎，上课先放西方古典音乐，教同学们欣赏，再教五线谱，教唱黄自谱曲的《花非花》《踏雪寻梅》等歌曲。他发现同学们不感兴趣。随着他对学校风气的逐步了解，来校上课的路上听到同学们哼唱的革命歌曲，他便放开了胆量积极教唱革命歌曲，像"茶馆小调""古怪歌""跌倒算什么""团结就是力量"等这些充满战斗气息和具有很强感染力的革命歌曲，不但在广大同学中引起强烈的共鸣，而且给他们以巨大的鼓舞。后来进山合唱团在太原海子边的铁路俱乐部演出"黄河大合唱"，李蕤老师担任指挥，兴奋激动得把指挥棒都指挥飞了，演出非常成功，经久不息的掌声轰动了剧场！之后还应邀到山西广播电台播出。

3. 召开"进山议会"

抗日战争胜利后，宗复校长为了进一步办好学校，提高教学质量，提高师生们的思想觉悟，使同学们得到民主实践的锻炼，倡议召开"进山议会"，师生可以对学校的教学工作、行政管理工作等各个方面提出批评意见和建议。第一届进山议会于1946年9月23日即校庆纪念日召开。参加会议的代表非常广泛，除各处室的负责人必须到会外，教职员工和学生会都有代表参加，学生每班派代表2人，公开活动的社团均派代表参加，代表总数达200人左右。校长、教务主任、总务主任、军训主任等分别向大会作了报告，经代表质询，做出决议。这一届议会共提出了160多条议案，代表们逐一进行审议，做出决议。对重大疑难问题则成立专题组，进行调查处理。在这一届议会上，代表们对学生伙食办得不好很有意见，大会决定组成专案组，审查了总务处的伙食账，并决议各班选派伙食委员，参加伙食监督管理。最后，会议通过了《进山议会章程》。进山议会共召开了两届，在1947年的议会上，曾通过了一些重要的提案，如学生会的干事长和理监可列席校务会议；学校要开除学生，须得到全班三分之二的同学的同意，如全班一致要求开除某一学生，学校应将其除名。这些都成为当时与反动势力进行斗争的有力武器。

4. 开始有学生投奔解放区

如前所述，同学们回到太原后，耳闻目睹亲身感受的是社会黑暗、官场腐败、物价飞涨、生活艰难，思想上受到很大的触动。1946年1月25日，奔流社的阴寿朋（阴士先，阴纫斋老师的独生子）、冯正元（冯霞）、靳书春（靳杰）三位同学秘密出走，奔赴解放区。消息一经传出，在学校引起极大的震动。投枪社的一些同学也受到强烈的鼓舞，经过缜密、热烈地讨论，乔新象（高易）、刘勉修（王承光）、丰荣森（丰荣生）、田承瑛（姚远）、仇佩瑛（杨瑛）、杨志远（苏菲）、崔文祥（严跃）、郭俊梅（曹涌）、段冬生（段霞）等决定一起出走。他们研究过出行的路线后，分头做了准备，于1946年2月15日晨从太原火车站登上了开往北平的列车，计划到晋冀鲁豫边区最近的地方——下盘石车站，找八路军。这9名男女青年犹如出笼的小鸟，在列车上竟哼唱起了苏联的"骑兵进行曲"：

……人不犯我，我不犯人

……假如母亲问我去向那里

第二天就踏上征程

他们的这种表现，引起了车上宪兵的注意，要带他们到阳泉车站下车审查，危急中他们编造理由多方解释，拉关系，才避免了在阳泉车站下车的麻烦。他们按计划到下盘石站下了车，但车站附近既无居民，又无旅馆，两旁高山对峙，碉堡林立，仍由日本兵在把守，哪里有八路军？会讲日语的杨志远对日本兵佯称有人晕车，于是在下盘石住下，接下来该怎么办？杨志远忽然记起吉伟老师曾说过，朱进礼在阳泉接手了一个电影院，是否可以找他帮忙。乔新象也认识朱进礼，他是一个进步演员兼业余作家。大家认为不妨找他试试。于是杨志远和乔新象先返回阳泉，16日下午在同志会阳泉分会的俱乐部找到了朱进礼，说明来意，朱进礼和他的妻子郭毅非常热情，并说他们也有要去解放区的打算，但他们来到阳泉不久，情况和人员都还不熟悉。不过他们了解阳泉南面的平定县，是阎锡山占领区，和阳泉相距30里，可以正常来往，两边山上都是解放军的游击区，如在中途横插上山，就能到达解放区。乔新象、杨志远认为这个办法好。次日，乔新象先去平定探路，杨志远接同学们返回阳泉。晚上大家会合在一起，丰荣森用肥皂刻了一个图章，伪造了一封赵宗复给平定县长的信，郭毅连夜为他们准备了路上充饥的烙饼，2月18日黎明，大家辞别了朱进礼夫妇高兴地上路了。向平定方向走了10来里，按照前一日乔新象观察的地形，往西山横插，攀登上苇池、后沟间的山梁。同学们站在山梁上，远望起伏的群山，不禁朗诵起艾青的诗句：

……没有比信仰驱策的脚步更坚定

不怀疑历史的昭示

我们由黑暗走向光明

他们下山到达苇池，太行第二军分区情报分处平定站，站长黄树棠将大家先后带到平西县政府和太行第二军分区司令部，然后，受到情报分处副处长沈少星的热情接待，亲自为他们生火烧炕，详细询问了太原和进山中学的情况，并派人将他们送往涉县赤岸太行军区司令部。按军区领导的意见，9人都改用了化名，为他们安排了学习和工作。

在他们之后，又有王月夫、白正清、孙光明、徐镇川、王登云等同学先后走上了同一条道路。

进山中学这些学生奔赴解放区的行动，不但在社会上引起了很大的反响，在阎锡山统治集团内部也引起了高度警惕，特别是在出走的学生中就有当局高官的子弟。有一天父亲突然对我说，梁化之特意给他打招呼：要管好自己的孩子。

5. 大闹警察局

1946年初冬，太原市当局命令分批组织各校学生去城郊修筑城防工事。一天，进山中学学生收工回来，走到大南门城门口时，警察拦住学生检查学生证。学生们对被拉去修筑工事本来就一肚子怨气，一路回来又十分疲惫，对警察气势汹汹的架势非常反感。当查到初52班学生李金鹏时，他拿出学生证愤愤地嚷道："给你查，看你能查出什么来"，接着又嘟囔道："狗仗人势，狐假虎威"。警察一听大怒，一把撕了学生证，上前就打。李金鹏一急之下，大声喊叫："你凭什么撕我的学生证，还要打人！"这时同学们上前拉开揪扯的双方，保护着李金鹏返回学校。回到学校后消息传开，同学们对警察撕毁学生证而且打人都非常气愤，提出要找警察局讲理。班干部张瑛向乔亚说了事情的经过，乔亚也认为应该抓住这个机会教训教训他们。有同学知道那个警察是姑姑庵派出所的，于是大队人马便向姑姑庵派出所进发。到了派出所，同学们一眼就认出了那个警察，不由分说上去就打，其他警察见势不妙，纷纷躲开。张瑛见那个警察抱头躲闪的狼狈相便说："把他拉到分局去，要他们赔礼道歉"。

此时乔亚正迎着从工地陆续回来的同学，介绍了警察撕毁学生证而且打人的事件，同学们劳动了一天，又累又饿，一腔怒火正无处发泄，听乔亚一说，愤怒的烈火马上燃烧起来，个个精神抖擞，于是一行人便扛起锹、镐，向西羊市警察二分局奔去。

警察一见这伙扛着锹、镐怒气冲冲的学生涌进分局院内，就知道是因为姑姑庵的警察之事找上门来的，屋内一个警官见势不妙，正欲向外挂电话，被一学生发现，他快步上前一把夺下耳机。这时院内已聚满进山中学的学生。二分局局长刘清被学生围着，你一言我一语地要他惩办那个蛮不讲理、撕学生证的警察。刘清只是四面应付，说一定调查了解，澄清事实，但没有任何具体的答复。此时忽然听到门外有人高喊："快看，他们派武装警车镇压我们来了"。有的同学赶向门外，有的同学愤怒谴责刘清镇压学生。此时一辆满载全副武装警察的铁皮车未等停车，就被学生团团围住，高喊"不准开门！""不准下车！""下车就敲死你们！"前来镇压学生的警察躲在车内，不敢动弹。这时，忽然有个同学喊道："快看，咱们同学把那个撕毁学生证、打学生的警察押来了！"面对群情激愤的学生，刘清无可奈何地答应："我们一定查清事实，严肃处理"。刘清说话的时候，宗复校长也赶到了二分局，他对同学们说："既然刘局长已经答应严肃处理，你们就不要再闹了，快回学校去吧"。同学们听了赵校长的话，觉得已经打掉了警察局的威风，便扛起锹、镐，整队离开西羊市警察分局，嘹亮的歌声伴着整齐的步伐返回学校。

进山中学学生打警察、围警车、大闹警察分局的消息，很快传播开来，轰动了太原市。这次斗争进一步激发了同学们敢于反抗强权，敢于斗争的勇气，但也增加了阎锡山当局对进山中学的高度警惕。

6. 晴天霹雳

1945 年 8 月底，中共太行军区第二军分区情报分处为了反击国民党破坏和平谈判发动内战的企图，及时掌握阎军动向，特派军分区政治部敌工科团级干部王天庆潜入太原，在太原情报总站（909）的直接领导下从事情报工作。1946 年 1 月间，王天庆得知阎锡山特务机关正在追查中共潜入情报人员，情况危急，遂迅速撤回根据地。当时适逢进山中学投枪社乔新象等 9 名同学投奔解放区，情报部门领导在接待中，得知进山中学进步学生中有不少阎锡山军政要员的子女，有获得重要情报的条件，又利用王天庆的四弟王麟庆在进山中学读书的关系，遂决定派王天庆带着乔新象等人写给进山中学同学和赵校长的信二次进入太原，正巧利用阎锡山以收编留用日军，组建机甲车团的机会，冒名顶替不能到职的王富贵前往报道，获得合法掩护的职业。王天庆先后通过对杨盛钦、乔亚、卫兴华的接触考察，决定由他们组成三人小组，乔亚任组长，通过思想教育陆续发展地下工作成员。王天庆有时因工作关系，深夜不便出城返回住地，经杨盛钦介绍，便与正在养病的、曾在进山中学图书馆工作过的投枪社成员刘文瑞同住在"民众教育馆"（馆长张德夫是赵宗复的至交）一间非常隐蔽的小屋中。

1947 年 7~8 月间，中共太行军区党委城工部根据 909 领导的建议，分别接受乔亚、卫兴华、杨盛钦入党，在进山中学成立了地下党支部。在此期间，山西大学学生孟致中（孟华）被捕，刑讯供出刘文瑞，刘文瑞被阎锡山特种警宪指挥处扣捕，之后叛变。

8 月 27 日上午，赵宗复开完"高干会"，作为阎锡山的心腹，一手掌管政府、同志会、特务组织三大系统的梁化之对赵宗复讲："宗复，进山中学的问题，这下可以看清楚了吧。我看不是内部问题，而是外部问题了！刘文瑞供出了乔亚、王麟庆、杨盛钦、卫兴华与共产党有联系，并说与这些学生来往的是一个叫王富贵的人"。赵宗复听了颇感惊愕，深知梁化之这样指名道姓地说给他听，是在察言观色，看他的反应，看他如何应对，看他如何处置。

赵宗复从省政府出来，立即找到王纪堂，共同到府东街阴绒斋家中研究对策，最后决定：立即通知王麟庆，马上与王天庆撤回解放区；为避免危及全局，乔亚、杨盛钦、卫兴华不宜撤离，应准备口供；近日不再接触，由王天庆联络，互通信息。不幸的是在王麟庆赶到王天庆住地时，他已被捕。8月30日，乔亚、杨盛钦、卫兴华三人也先后被捕。王天庆受尽酷刑，坚贞不屈，英勇就义。乔亚、杨盛钦、卫兴华事先编好了口供，主动坦白交代，被以"思想不稳定"定案，随后被分别释放回校。为防止阎锡山特务机关对进山中学的进一步侦查和迫害，党组织采取了更加隐蔽和分散的活动方式，群众性的活动改以同志会校分会出面领导。

然而，由于以上一系列的事件，1947年12月2日《复兴日报》刊登了赵宗复调离进山中学，改任山西省政府新闻处处长的消息，阎锡山的特务机关开始下手了。这一晴天霹雳使全校师生无比震惊，顿时大哗！一场轰动全校的大事件发生了！

7. 惜别会与洪炉烈火

赵宗复校长调离的消息一经传开，同学们由震惊转而极度气愤，有的班自动罢课，有的班议论要进行请愿挽留校长。地下党组织了解到，宗复校长的调离是他与反动当局斗争的必然结果，是梁化之想要控制进山中学，因而只能是将宗复校长调离。地下党组织和宗复校长研究后认为形势不可逆转，罢课、请愿对校长和同学们都不利，因而宗复校长提出的公开托词是教员因物价飞涨，准备罢教要求加薪，他作为校长无力解决，愤而提出辞呈，并通过各方面的关系提名思想进步的李济生担任进山中学校长，从而建议学生会召集各班代表讨论，采用停课召开惜别会的方式，把斗争引向深入。遂由学生会发布通告，全校停课三天，筹办惜别会。

学生会研究确定惜别会仿照北平学生运动，采用营火会的形式，通过惜别会揭露社会的黑暗，提高学生的思想觉悟。后经赵校长提出，惜别会正式定名为洪炉烈火会。烘炉训练是阎锡山经常讲的，名正言顺。学生会还对会场设计、会议组织、安全保卫、会议朗诵诗的撰写等事项做了细致的安排，指定了相关的负责人员。在筹备的过程中，争论最大的是带"黑纱"的问题。高28班的辛家骏听到赵校长要调走的消息，怒不可遏，拿起身边的一块黑布，撕下一条，戴在胸前，哀悼民主死亡，以示悲愤和抗议。接着班里的同学也戴起了黑纱。梁化之的三弟——校务主任梁祥厚认为戴"黑纱"很不好。这话被传到了赵校长那里，赵校长说："梁主任不让戴黑纱，你们可以改用别的颜色，比如绿色，那是同志会的代表色，咱们取其象征青春、生命之意。同学们想戴，就让大家都戴，这对社会上也会有影响的"。赵宗复不但理解同学们的思想、情感和用意，而且费尽心思保护同学们的积极性与人身安全。学生会向同学们说明了黑布条改绿布条的缘由，随之将绿布条发给每一个师生，要求大家和校徽一起佩戴。同学们对这一具有重要纪念意义的饰物非常珍惜，后来我和一些同学还把它带到了北平。

惜别会定在1947年12月6日。一个冬天的傍晚，刚刚下过一场雪，操场和道路上的雪已打扫干净，屋顶、房檐上仍覆盖着皑皑白雪。在操场四周用课桌和椅子，搭起阶梯式座位，操场中央垒起高高的炭火堆，犹如一位雄伟的巨人。师生员工排着整齐的队伍进场入座，学生会干事长（主席）和几位老师陪同赵校长进入会场，大家的目光立刻聚焦在校长身上，有些同学的眼中甚至饱含着泪水。此时学生会干事长宣布惜别会开始，灯光渐灭，夜幕笼罩了会场。从会场的一角传来了笛子伴奏的女高音独唱《黄河怨》，那悲愤、哀怨的倾诉，很自然地和师生们愤怒、惜别的心情交织在一起。歌声结束时，学生会副主席朱斐面向校长开始朗诵下面这首长诗：

"宗复校长，你要走了，为什么？不，我们不能没有你，我们需要你。

我们，刚出土的幼芽，多么需要你——精心的园丁。你不能走，我们离不开你！

宗复校长，我们是一群稚嫩脆弱的年轻人，在黑暗中将要迈出人生的脚步，多么需要指路明灯；我们将要登上人生的航船，在风云变幻莫测的人生海洋中，多么需要心明眼亮的掌舵人；

我们需要你率领着冲破黑暗，迎接黎明；

我们需要你拨开浓雾，探明航向；

你不能走，我们的好校长！"

这时，操场中的炭火堆点燃了，火光冲天，照亮广场。朗诵在继续：

"看，火花在迸发，火焰在升腾，烈火在燃烧。宗复校长，你是烈火，你的火焰点燃了我们心中的灯，你的光华照亮了我们的眼睛。

看，烈火多么绚丽辉煌，这就是你，是你。

我们每一个人胸前佩戴了一块绿布条，

这是启迪、激励、鞭策、召唤，

绿，象征着勤劳、谦逊、纯朴、真诚，

正是你用这样的乳汁滋养着我们健康成长；

绿，象征着青春、活力、健康、高尚，

正是你这样的气质、节操，熏陶濡沫着我们；

我们不能没有你，但你却要走了。

为什么？黑暗与光明不会共存，

独裁与民主、反动与革命、落后与先进相对抗。

我们痛心你的离去，我们愤恨黑暗扼杀民主、摧残生命。

爱与恨充满了我们胸膛，向往与唾弃我们自会抉择。

宗复校长，我们面前永远矗立你为工作奔忙而风尘仆仆的身影；

我们的眼前，永远闪现着你关心我们成长，爱护我们身心的目光；

我们的耳畔，总在回响着你幽默而深邃的教诲，荡漾着你一语破的的启示，振聋发聩的警策；

我们的脑海里，时时映现着你挥手指方向，举斧带领我们披荆斩棘的雄姿。

敬爱的宗复校长，你为我们奉献出青春年华，你为我们日夜殚思竭虑，我们前进了，你鼓励我们，不骄不躁，再接再厉；我们落伍了，你牵着我们的手，为我们鼓励加油。"

这时，一个学生代表双手捧着一束雅洁清香的腊梅献给赵校长。朗诵在继续：

"让我们敬献给你这寒风中含苞待放的腊梅花。它傲雪凌霜的秉性是你高尚的气质，它青翠劲挺的枝叶是你的铮铮铁骨，它清香高雅的花蕾是你美好的心灵，你就像它，能抗御寒风的侵袭，更不畏惧坚冰的摧折。

宗复校长，我们多么想再听听你意味深长的教诲，苦口婆心的嘱咐，多么想再听听你熟悉的声音，再看看你亲切的身影。"

这时，校长站起来走向篝火旁，用嘹亮的声音说：让我们唱一支歌，作为我的临别赠言吧！他领着大家唱起了《青春战歌》：

——我们的青春像火焰般鲜红，燃烧在战斗的原野；我们的青春像海燕般英勇，飞翔在暴风雨的天空……

校长沿着师生座椅，和大家一一握手。顷刻间，无声的泪水，低声的抽泣，压抑后的呜咽，伴随着歌声在飞扬。朗诵仍在继续：

"不，不要用眼泪告别，不要用悲伤送行。擦干眼泪，昂首挺胸，看，火光照耀着我们，火光是力量，是光明，是胜利！让烈火燃烧得更猛烈吧，黑暗、专制、腐朽、反动将被烈火吞噬焚毁，辉煌的光焰将迎来光明，新生！让我们高唱战歌，跌倒算什么，我们骨头硬，爬起来，再前进！"

散会了，同学们恋恋不舍地离开了会场。我走在校长身旁，问他对惜别会的看法，他说情绪太低沉了，要发奋图强。

宗复校长离开了，但是他的精神并没有离开，他的影响没有离开，斗争还在继续，只是更加隐蔽，更加深入了。他亲手培养的一大批骨干力量，不久便投入了解放太原的艰苦战斗，不少师生为获取、传送军事情报，减少解放军的伤亡，促进太原早日解放，献出了他们年轻的生命。这就是宗复校长播下的革命火种，这就是宗复校长培育的伟大精神。

8. "三自传训"

宗复校长离校后，进山中学又面临着新的战斗。

1947年下半年，人民解放军发动了全国规模的大反攻，主力部队已经打到国民党统治的地区。国统区的人民，国统区的民主进步力量看到了胜利的曙光，斗志更加旺盛，反独裁、反内战、反饥饿的斗争如火如荼，革命形势的发展使蒋介石、阎锡山统治集团惊慌失措。但是黎明前更黑暗，阎锡山为了稳住他的统治，全面开展了"三自传训"，"三自"即自清、自卫、自治，要肃清所谓"伪装分子"，目的是妄图把地下党清除掉，把进步力量镇压下去。对被认为有问题又不"自白转生"的人，实行推、拉、斗、打，甚至乱棍打死，到处呈现出一派恐怖气氛。

1947年底寒假期间，太原"学生军训总指挥部"召集各中等学校政训处主任开会，部署开学后各校要开展"三自传训"，并确定进山中学为重点。1948年春开学后，特警处派特务骨干韩清溪、韩宪章坐镇进山中学，扬言要搞出点名堂来。进山中学由该校同志会校分会主任特派员、政训处主任韩健民参加本校"三自传训"领导组。他从"太原军训总指挥部"政训处副处长岚风（也是阎锡山特务机关特警处副处长）那里了解到，"阎特机关"掌握进山中学学生中的问题主要有这样几个方面：（1）从外地订购违禁书刊的，如于润沧、李凯民等；（2）与民盟成员王文光有联系的，如历同贵、任重等；（3）从解放区来的，如郭力华等；（4）有亲属到解放区的，如刘锦媛等。随后，他向乔亚通报了情况，地下党进行了研究并做出相应的部署，采取一切措施保护地下工作人员和进步同学。

"三自传训"开始后，各班同学逐个被迫坦白交代自己的经历、思想以及与共产党有什么关系。初中年级召开了"斗争"郭力华的会。高中年级，韩健民事先同我商定，鉴于我有可保护过关的家庭背景，决定召开"斗争"我的斗争会。这个会由韩宪章主持，会议一开始，韩宪章首先点名叫出高 26 班的李承靖（木青），追问与共产党的关系，大家不明底细，主要是韩宪章连连追问。事后得知，李承靖曾利用进山中学校徽，从城外引进两名为解放区贩运战略物资的商人，被特警处扣捕。韩宪章想以此表明他们掌握了学生中的很多问题，给同学们造成威胁。实际上这件事与进山中学地下组织没有联系，韩宪章没能捞到任何东西。接着轮到我在会上交代，我检查了自己订阅的进步书刊，受其影响，思想"左倾"，对现实不满，并交出一些实物，接着同学们按照部署，对我进行了批判斗争，会议开得很热闹并在特务认可的情况下收场。"三自传训"后期，领导组还找我个别谈话，劝我要改邪归正，我心想，你们明白什么叫邪，什么叫正吗？

一个多月的"三自传训"很有声势，既普遍作了"自白转生"，又进行了"重点批判斗争"，对特务们掌握的问题，也有了交代，还有特务们认为"问题不清"的数十名同学，被送往"学生军训总指挥部"的临时看守所继续审查。这些同学经审查最终也没有查出什么问题，一个多月后，都陆续释放回校。坐镇学校的特务，耳闻目睹"传训"的全过程，用尽心机，施尽计谋，无懈可击，只好撤走。

从进山中学"三自传训"的整个过程来看，之所以能比较顺利地应对当局的审查，与地下党组织的机智领导和韩健民同志在恶劣的环境中善于斗争的作为是分不开的。另外，事实也说明，白色恐怖封锁不住真理的传播，环境越恶劣，越迫使人们去思索，去追求。

进山情结

宗复校长调离进山中学后，我们当年毕业的各班分别同宗复校长全家合影，留下了最珍贵的纪念。宗复校长以"砥品砺行、敬业乐群"的题词对我们提出了殷切的期望。我们会永志不忘的！

宗复校长调离进山中学前与我们高26班同学的合影

（前排中间是宗复校长夫妇和他们的三个孩子，校长左后是我）

我经常想，进山中学的六年，我学到了什么？学到的不仅是文化知识，对我来说，更重要的是学到了怎样做人，学到了怎样为人民的事业兢兢业业地创造性地工作的思想基础。我一直为此感到自豪。进山中学八十年校庆的时候，我曾有一个发言，说的是"进山情结"，就是我们那一代人，离开母校已经半个多世纪了，且均已进入耄耋之年，对进山仍然怀着很深厚的感情。

在我们心中，进山中学是一个很特殊的学校。宗复校长以其独特的身份和地位，凭借着他对党的事业的赤胆忠心，备受人们尊敬和爱戴的高尚人品，循循善诱的教育和宣传才能，机智巧妙地斗争艺术，在那样一个特殊年代的特殊战斗舞台上，导演了多么扣人心弦、感人泪下、令人壮心激烈、终生不会忘怀的大戏。正是这种特殊性形成了"进山情结"，它在我们那一代学子心中铸就了强大的正能量，指引着我们的人生轨迹。

1942～1948届我们这一批同学后来大体兵分四路：投奔解放区参军，后来在军界服务的；北平解放后参加南下工作团，后来从政的；参加太原工作团，自北京返回太原进行接收，后转为从事地方公安、行政工作的；报考大学，毕业后从事教育和工业建设的。不论在什么样的岗位上，我们都能为国家建设、为人民的利益尽力奉献，我们做到了。

进山中学1942～1948届同学进入高中时，共86人。1998年在太原参加聚会的尚有40人。2006年，在北京聚会，已减少到31人了。根据统计，除失掉联系的，确知故去的已有40人。我们绝大多数均已进入"风烛残年"，可"进山情结"仍强烈地鼓舞着大家。当我们聚在一起，议论着进山的往事，叙谈着人生的经历，都觉得有点返老还童。可每当回忆起进山中学的那段生活，每当思念在"文化大革命"中被迫害含冤离世的宗复校长时，心情总是久久不能平静。

进山中学1948届毕业班同学2006年在北京聚会的合影

进山中学 1948 届毕业班同学 2006 年北京聚会在天安门前合影（左一为我）

　　2006 年这次聚会，也许是我们最后一次这么多人的聚会了。每个同学都收到了两件纪念品：一个是小型水晶台式纪念品，上面印有宗复校长头像和 1948 年毕业时校长给我们的题词："砥品砺行、敬业乐群"。另一个是印制了带照片的精美通信录，并在首页引用了乔羽为中央电视台《夕阳红》节目提写的片头歌词：

　　最美不过夕阳红

　　温馨又从容

　　夕阳是晚开的花

　　夕阳是陈年的酒

　　夕阳是迟到的爱

　　夕阳是未了的情

　　多少情爱化作一片夕阳红

　　聚会中大家又引用大诗人白居易《赠孟得》中的诗句互勉："为我尽一杯，与君发三愿。一愿世清平，二愿身强健。三愿临老头，数与君相见。"

2016 年与进山中学同学、挚友张瑛（左）摄于太原他家中

"久别重逢"——1976 年出差途经太原时与进山中学同学、
挚友徐光锐（左）的合影

第三章　北平和平解放

初抵北平的观感

1948 年初夏，我和姐姐同年中学毕业，我们希望去北平报考大学。5 月，晋南重镇临汾解放后，中国人民解放军很快对太原形成包围之势，从太原外出的陆路交通已经阻断。离开太原只能乘坐美国救济总署运送物资的返程飞机。家长托人顺路把我和姐姐带到北平，1948 年 6 月 10 日抵达北平后，这个人把我们安排在前门外廊坊头条的一个小旅店里，房间里有一张床、一个桌子、一把椅子和一个很旧的双人沙发。当晚，姐姐睡在床上，我睡在沙发上，我们就这样来到了北平。第二天我们开始"认识北平"：走在长安街上，发现北平市议会大楼（现国家大剧院西，已拆除改建）的招牌被涂改为土豪劣绅会，还未来得及修复。这才得知我们抵达北平的前一天，北平学生举行了反美扶日大游行。

反美扶日运动成为我抵达北平后的第一印象，抚今追昔，更觉得这一运动具有深远的历史意义。

1948 年 5 月 19 日，美国公布了"特赖伯计划"，其实质是随着冷战形势的加剧和中国国内战局的变化，要减少日本的战争赔偿，扶植其经济复苏和军事力量的恢复。这一计划激起了饱受日寇侵略者蹂躏的中国人民的极大愤慨，在上海学生反美扶日运动的影响下，5 月 30 日，平、津、唐 12 所大专院校共三千余人在北大民主广场举行"反对美国扶植日本纪念五卅大会"，成立了"华北学生反对美国扶植日本，抢救民族危机联合会"，呼吁全国人民防止"九一八"事变重演，并发表致美国麦克阿瑟的抗议电。6月1日，北平八院校学生代表为营救5月31日被捕中法大学同学，联合向政府请愿。6月4日，美国驻华大使司徒雷登发表了一个污蔑、恐吓青年学生和广大人民的声明，极力为美国扶日的政策狡辩。6月9日，华北学生联合会为抗议司徒雷登的声明，号召各院校学生罢课两天，北平九院校学生冲破国民党政府"戡乱时期不准游行"的禁令，举行了大规模的反美扶日、抗议司徒雷登声明的示威游行。当局以武装警察拦截，并两度开枪恫吓，学生数人受伤。示威游行结束后，学生集结在北大民主广场举行大会，决定以征集10万人签名、罢课等行动，继续进行斗争，并团结广大教职工开展了抗议北平当局暴行、拒绝接受美国救济的运动。

青年学生的反美扶日运动，引起了中国各地区、各阶层、各党派的高度关注，产生了积极的影响。可惜美国扶植日本军国主义的政策不但没有止步，反而一直在变本加厉，将其培育为妄图遏制中国崛起实现中华民族伟大复兴的马前卒。这笔账，历史记下了！

在长安街上，我们还巧遇了进山中学同学徐少峰，他家在北平有一处平房院，他约我们到他家去住，于是我们暂时有了落脚之处。

7月，母亲携弟妹们也到了北平，父亲托人在前门外打磨厂租了两间房子供我们暂住，我们拜别老同学和他的母亲，搬到打磨厂。由于人多地方狭小，我只得寄居在前门外一家布店的后院，和布店的小伙计睡在一条炕上。又过了两个多月，购得东四十一条一个三面有住房的小院，母亲带着我们大大小小五个孩子，暂时算安顿下来了。这个小院的主人估计是急着要离开北平，桌椅床柜等大件家具基本没动，使我们省了好多事。

在这段时间里，我匆匆忙忙报考了几所大学（解放前没有统一的高考，而是各学校分别招生），均未被录取，只好继续复习功课，等待来年。

同样在这段时间，进山中学有很多同学来到北平。由于时局的发展，山西来北平的学生与日俱增，高潮时达到3000多人。进山中学的卫兴华、李凯明和太原中学的侯福庆为了解决来北平同学的食宿问题，倡议在宣武门外山西会馆所属三晋小学召开山西流亡北平学生大会，会上决定成立"山西流平同学会"，由各校代表组成了"流平同学理事会"，卫兴华、李凯明、侯福庆均被选为理事。理事会派代表向北平市社会局交涉要求给学生发放救济粮。经过反复说理斗争，当局被迫答应发给山西流亡北平学生每人每天玉米面一斤，住的问题虽多次交涉但始终无果。于是理事会决定果断采取行动，于8月2日有组织地强行进驻天坛，基本解决了住宿问题。未几，卫兴华、李凯明离开天坛后，理事会进行了改选，太原中学的侯福庆被选为理事长，进山中学的朱斐为副理事长。新理事会通过山西驻北平办事处向阎锡山提出成立"山西临时中学"，并提出希望派赵宗复来担任校长的要求。阎锡山考虑到山西出去那么多学生，同时在舆论的压力下，只得同意成立临中，并委派李济生为校长。同学们居住、生活条件虽然非常艰苦，但个个精神饱满。我去过几次天坛山西临中拜访老同学，他们组织读书会、歌咏队，很乐观，有朝气。李校长没有辜负赵宗复的重托，积极为学生的生活奔波，大力支持他们的活动，设法保护他们的安全。山西临中的进步学生通过各种渠道，与北平地下党组织取得了联系，在中共中央华北局城工部中学委的领导下，开展工作，发展党员，建立了党支部，到1949年1月北平解放，山西临中共发展党员35人，其中进山中学的学生22人，这个支部成为了北平东城区地下党的一个工作成绩显著的先进支部。当时除山西临中外，山西大学、东北的大学都在北平建立了临时学校，并参加了北平的学生运动。

欢庆北平和平解放

1948年5月，中国共产党的政治和军事中枢从陕北经一年转战移到了河北省平山县西柏坡。10月份，身居北平的国民党华北"剿总"总司令傅作义，筹划了进攻石家庄和偷袭西柏坡的两步险棋。所谓险棋，一是部队前进要穿过解放区，寸步难行；二是地下党的情报工作使共产党对其战略战术意图了如指掌，因此傅作义的偷袭计划只能是草草收场。

1948年11月辽沈战役胜利结束，淮海战役正在推进。这个时期国共双方都在为华北战局进行着各种筹划。蒋介石希望傅作义率部从海上南撤至江南。傅作义则脚踩三只船：向西撤到绥远一带；遵命撤往江南；暂时留守平津，以观时局变化。中共鉴于当时华北双方军力对比还不利于决战，因此战略部署是拖住傅作义部，待东北野战军休整完毕后，入关将其围歼。这时北平城内的气氛是紧张的。

11月23日东北野战军80万大军浩浩荡荡向关内进发，采用"隔而不围""围而不打"的战略部署，将张家口、新保安、北平、天津、塘沽分割为相互孤立的地区。

北平被围困、封锁后，解放军逐渐缩小包围圈，市内的粮食、煤炭供应日趋紧张，通货膨胀达到了惊人的程度，国统区货币"金圆券"的贬值与时俱增，在前门外等地均可见到倒卖银元的黑市。由于南苑、西郊机场均已被解放军控制，当局只好在现东单体育场处修建临时机场，供小型飞机起降，以应紧急之需。

12月14日，傅作义第一次秘密会见了公开身份的共产党员——傅作义上任北平后创办的《平明日报》采访部主任李炳泉。之后，傅作义又委托李炳泉和《平明日报》社社长崔载之，与东北野战军司令部作战处长苏静秘密接触谈判。但与此同时，蒋介石先派国防部军令部长蒋纬国，后又动员美国西太平洋舰队司令白尔吉，专程到北平说服傅作义南撤。

22~24日，新保安、张家口相继解放，傅作义的嫡系主力部队基本丧失。25日，中共中央公布了蒋介石等43名战争罪犯，傅作义名列其中。此时，傅作义承受了巨大的压力，但他已无更多的选择。

另一方面，中共北平地下党一直在通过各种渠道做傅作义的工作，包括他的老师刘厚同和他的女儿傅冬菊。双方谈判的规格也在不断升级。1949年1月13日，傅作义派华北"剿总"副总司令、兼晋、陕、绥边区总司令邓宝珊、华北"剿总"土地处长周北峰、副官王焕文、参谋刁可成至通县五里桥，并于次日同林彪、罗荣桓、聂荣臻进行正式谈判，苏静、刁可成担任记录，16日就北平和平解放谈判达成初步协议，并决定17日由邓宝珊、王焕文、刁可成陪同苏静一起进城与傅作义面谈。19日，苏静、王克俊、崔载之等人共同起草并草签了《关于和平解决北平问题的协议》。20日，傅作义对外公开宣布北平和平解放。这一古老的历史名城终于得以完好地保留了下来，双方也避免了大量的伤亡。地下工作者在解放北平的过程中，发挥了重要的作用。同样的，在全国解放战争的三大战役中，国民党的几百万大军像秋风扫落叶似地被消灭掉，我们党地下工作者的情报工作均立下了不可磨灭的功勋，正如有人开玩笑地说：是解放军在指挥着国民党军队作战。

1949年2月3日，解放军隆重的入城仪式正式开始。大街上挤满了欢迎的人群，我随着山西大学的队伍迎接解放军入城，终于等到了这一天。

接受任务——促大同和平解放

北平解放后，山西临中的绝大部分同学积极响应党的号召，纷纷参加中国人民解放军南下工作团、太原工作团，有的报考华北大学、华北军政革命大学。

北平解放后，太原和大同已成为山西省的两座孤城。我父亲当时是国民党第十八集团军副总司令、第十九军军长、驻大同军事指挥官，我便通过原进山中学的同学、地下党员杨盛钦向组织提出愿去大同做我父亲的工作，动员他学习北平的榜样，放下武器，使大同和平解放。1949年3月初的一天，我的一个老乡张迺臣来家中找到我，说华北财政部部长戎子和要组织几个人去大同做工作，征求我的意见。这正是我所期望的，便欣然答应。随后约好时间，同他一起去到山西大学教授黄丽泉（曾是戎子和的老师）处，在那里见到了戎子和。他说他在国共合作时期的牺盟会时认识我父亲，了解他，相信他会选择一条于人民有益的光明道路，同时他也谈了当时的形势并给了我很多鼓励。几天后，当我第二次见到戎子和时，也见到了准备同去大同的几个人。这些人都是第一次接触，有些人的名字已经不记得了，现在能够回忆起来的有：大同行署主任孟祥祉的弟弟孟祥祚、阎锡山的被俘专员王达山和原应县一位秘书长刘仪亭，以及在银行工作的一位姓田的职员和我的老乡张迺臣。戎子和交给我两封亲笔信，一封是给我父亲的，一封是给察哈尔省主席张苏和军区司令员王平的，另外他还交给我一张华北军区司令部聂荣臻司令员、薄一波政委签发的通行证。于是我们一行数人按预定的时间，由北平乘火车出发了。后来我才知道，909也曾派进山中学的老同学赵旷来北平找我安排同样的任务，当时我已经离开北平去大同了。

到达张家口后，王平司令员接见了我们，给我们分析了华北战局和大同的形势，大意是目前对大同是围而不攻，但时间不会太长了，解放军完全有力量攻克大同，但为了利于革命事业，要争取和平解决，希望我们抓紧工作，争取时间，促进和平解放大同。随后便派人把我们送到前线，和负责敌工的叶修直科长建立了联系，规定好接头方法和地点，我便和张迺臣先行进入大同。

当时大同周围是平静的，没有交火，没有枪炮声。我们越过前线不久，就遇到大同方面的便衣，我说明身份，他带我们到城门附近，经过电话联系后，放我们进了城。我见到父亲说明来意后，父亲便让张迺臣将其他几位同行人员接进大同，并将孟祥祚送交他哥哥孟祥祉，其他人安排在一处比较僻静的住所，并叮咛我暂时不要和外界接触。

我把戒子和的信交给父亲，转达了戒子和的嘱托，介绍了北平解放的情况、家里的情况和母亲的盼望。父亲告诉我，他有一台高级收音机，对时局都了解，他原以为大同、绥远原来都是归傅作义指挥的，北平和平解放是否也会包括在内，后来电询傅作义的参谋长李世杰，答复是"北平和解，不包括大同、绥远在内"，这使他感到事情变得有点复杂了。父亲还告诉我，实际上1948年12月底，原来曾经在孙楚集团军中担任过军需科长的杨怀春（我的表叔），在晋中战役中被解放，已经从解放区来到大同，劝他靠近解放军，采取行动。父亲告诉表叔："事情不是那样简单，还需要慢慢考虑"，同时把表叔安排在指挥部帮着办理军需工作，避人耳目。但阎锡山的特务很多，没过多久，不知怎么竟被行署主任孟祥祉发觉，孟祥祉要求把杨怀春送往"返干队"（关押反叛人员的地方），父亲不便拒绝，只得照办，但此事令他感到非常窝火。另外，从他的谈话中，我清楚他也有顾虑，一方面他长期与解放军作战，积怨很深；另一方面，他在1947年10月调去大同接替楚溪春总司令时，并没有带他原来指挥的十九军，而是只带了近身的几名随行人员，他担心部队会不会完全听他指挥，同时也担心能不能说服比较顽固的孟祥祉和他的心腹教导总队副总队长安钦采取一致行动，而不发生意外。

后来我逐步了解到，阎锡山曾几次电告，要他修建机场，说蒋介石准备派飞机把大同驻军全部调回太原；或者按照绥远省主席董其武转去的国民党中央顾祝同的电报，趁机率部撤往绥远，对此，父亲都借故没有行动。与此同时，华北军区为争取和平解决大同，做了大量的工作，在我去到大同之前，华北军区曾经先后派在晋中战役中解放的原十九军副参谋长李又唐、原十九军副师长秦炯去大同，派遣原国民党察哈尔省保安副司令我的叔伯兄长于鸿儒去大同，规劝我父亲"认清形势，放下武器，使大同得以和平解放"。他们的工作起到了一定的促进作用。我父亲清楚孟祥祉已经知道李又唐、秦炯二人进城之事，为避免节外生枝，他便向孟祥祉说明缘由，共同给阎锡山去电称："这二人自晋中解放后，归家心切，才绕道大同，想乘机飞回太原"。可是阎锡山回电说李又唐已被共军收买，居心反叛，要我父亲派人押解到太原。父亲托词没有飞机，暂时无法遣送，随即让李又唐、秦炯二人离开了大同。正在这时，解放军又派遣被俘的原国民党三十三军军长沈瑞、原国民党隰县专员孙海承准备进入大同，阎锡山通过他的特务渠道，得悉信息，立即电令我父亲和孟祥祉："据报孙海承、沈瑞等人已到大同进行煽动工作，如进入城里，要立即拿获，就地枪毙"。父亲一面电复遵办，一面通知沈瑞、孙海承二人不要进城。我觉得，父亲的这些举动具备了和平解决大同问题的思想基础。

我带着戎子和亲笔信的到来，促进了父亲开始行动。他着令指挥部参谋长陈泮喜私下同团、营长串联，探听他们的想法，在多数人态度模棱两可，并不坚决要打、要走的情况下，父亲召集了团长以上干部会，孟祥祉也参加了会议。父亲在会上说明了大同的形势：目前粮食缺乏，后援无继，如要坚守，势难持久，终将溃败。如要西撤，突围战斗牺牲重大，能否如愿，很难预料。事已至此，效仿北平和平解放还有机会，希望大家考虑。接着他和孟祥祉二人退出会场，让陈泮喜主持会议。但会场并不活跃，不少人沉默不语，倒是极个别主张要坚决死守与大同共存亡的人发言积极。陈泮喜只好说如果大家有什么想法，也可以在会下和我谈。我父亲和孟祥祉退出会场后，他对孟祥祉说："事到如今，无路可走，看来唯有和平解放了"。孟祥祉的反应是：可以同大家商量。

没过两天，太原宣告解放。父亲第二次召集会议，也是形势所迫，会议主流终于同意与解放军和谈。父亲和孟祥祉复电戎子和，表示竭诚拥护共产党，愿意和平解放大同。戎子和当即回电让他们就近与王平司令员接洽办理。父亲随即派张迺臣送信给叶修直，转交王平司令员。经过两天洽谈，父亲接受了解放军的安排，1949 年 4 月 29 日，他正式下达命令，宣布大同和平解放，部队开出城外整编。5月1日解放军入城，大同终于迎来了和平解放。父亲交接完毕后，按有关方面安排，到张家口学习了一段时间，便回到北平家中团聚。

大同解放后父亲对我说过："阎锡山跑了，太原解放了，大同理应和平解放。我个人怎么样无所谓，但我对得起大同的老百姓，也对得起他阎锡山。"他回到北平住家后，参加街道工作，在街道卫生工作中，认真负责，积极肯干，曾获北京市政府颁发的"卫生工作奖状"。1957年山西省安排他到山西省人民政府参事室任参事，其后又在太原加入了民革。后来母亲也随父亲迁到太原。"文化大革命"期间，山西省人民政府把他们几个参事室的人安排到晋南临猗县居住，我理解这实际是将他们这一干人给保护起来了。其间，我到山西中条山铜矿出差时，曾去看望过他们。1977年底，父亲单位发电报通知家中，于镇河突发大口吐血，望家人速往。那时我正出差外地，为防不测，姐姐和妻子带着我的长子于彤连夜赶往临猗。所幸，他们到达的前一天，表弟王天绪（史书铎，我三舅的儿子）绕道临

1985年"五一"国际劳动节我的父亲摄于中国有色工程设计研究总院门前

猗探亲，正在父亲身边，父亲是胃出血，经他照料已无大碍。数日后，她们将父亲接回北京的家中。

如前所述，在抗日战争中我的父亲参加过著名的平型关战役和忻口战役，他负过伤，肩内子弹一直陪他到离世。他也曾受到郝梦龄将军的表彰。抗日战争胜利 60 周年之际，中央政府给当年抗日相关将领颁发抗日战争胜利纪念章，但不知哪个环节出了问题，他未能得到此珍贵的纪念品。1985 年，在大同和平解放 36 年之后，父亲突然收到山西省太原市政府寄来的"001 号投诚证"，他不解何意，心中异常郁闷，这使本来就患有高血压的病人，突发脑溢血，经抢救无效病逝，享年 87 岁。当时我正在瑞典参加中瑞合作进行的金川二矿区设计，妻子考虑到我的工作，没有通知我。年底归国回到家中方被告知，非常遗憾，未能见到父亲最后一面。山西省参事室派人来京主持了追悼会，戎子和亲自参加了我父亲的追悼会。父亲的骨灰按有关规定，被安放在八宝山革命公墓西内（0394 号）。

母亲于 1975 年去世，骨灰存放八宝山。按有关规定，数年后进行了深埋。2014 年，经过申请，八宝山革命公墓批准合葬，我们将母亲的遗物：一件上衣放到父亲的骨灰盒内，并重新制作了瓷像、碑文，完成了"合葬"。有些行为是人们在自我安慰，但还是需要的。

王玉珏　　于镇河
1902.12.26－1975.7.12　　1898.10.26－1985.10.7
父母亲大人之灵
子女媳婿牽孙堇　敬立

2014 年父母合葬后的墓碑

第四章　到东北继续求学

考入哈尔滨工业大学

我从大同回到北平后，拜见了戎子和，简单汇报了去大同的情况。他问我今后的打算，我说我渴望继续学习。他赞成我的想法，鼓励我加倍努力。

1949 年哈尔滨工业大学到北平招生，我了解到那是一所预科学习俄语，本科用俄语教学的学校，而且在老解放区，这都是我梦寐以求的。于是我便动员相恋女友、低我两届的进山中学同学闫淑瑜共同报考。结果我们俩均被录取，她编在预科初级班，我编在预科中级班。我们成了解放后的第一批大学生，又成为了大学同学。

被录取的同学，按规定时间携带行装，齐集前门火车站，搭乘校方为我们特别准备的专用车厢前往哈尔滨。一路上，车厢外飞驰的火车直插东北大地，车厢内兴奋的年轻人在纵情歌唱。未来、理想激励着一个个年轻人的心房。整个车厢内歌声起伏，洋溢着青春的力量。当时全国的货币尚未完全统一，火车停在山海关时，须将个人所带的关内的第一套人民币，兑换为东北的货币。1949 年 9 月 18 日，在这个具有特殊纪念意义的日子，我们抵达哈尔滨。我不由地想起进山中学合唱团演唱过的黄河大合唱："我的家在东北松花江上，那里有森林煤矿，还有那衰老的爹娘……""九一八，九一八，从那个悲惨的时候……"。那样悲惨的日子，现在一去不复返了！

哈尔滨是一座美丽的城市。松花江从道外区穿城而过。由于外国势力的介入，在道外区，一些中外合璧的巴洛克建筑到处可见，在道里和南岗区则多为欧式建筑。哈尔滨的冬天，皑皑白雪覆盖大地，街道上的积雪数月都不会融化。那时我们穿的只有家里做的棉袄棉裤以及买的一顶栽绒帽子，许是因为年轻，在最低零下40度的冬季，仍能抵御那样的严寒。有些南方来的同学，冬天甚至都不戴帽子，真经冻！

哈尔滨在中国近代史上具有特殊的地位。1896年中日甲午战争，腐败的清政府战败后，与日本签署马关条约，向日本割地赔款。清廷意欲"联俄制日"，与沙皇俄国签订了"中俄密约"，允许俄国在东北修建中东铁路。中东铁路建成后，俄国将沿线大片土地划为其附属地。中东铁路是以哈尔滨为中心，建设历时五年，随着中东铁路的建设，哈尔滨也发展成为一座现代化的城市。1905年，日本和沙皇俄国在中国的领土上、在东北进行了一场日俄战争，结果沙俄战败，哈尔滨又变成了向所有帝国列强开放的商埠。哈尔滨道里区和南岗区成为俄商、俄民集聚的地方。清政府只能在中国人聚集的道外区设立道台府，那里也就成为哈尔滨民族工商业的发源地，到1932年日本全面占领东北之前，其发展已达到鼎盛时期。

哈尔滨工业大学位于南岗区大直街，该校始建于1920年，与当时俄国在中国建设中东铁路（抗日战争胜利后改称为中长铁路）有直接关系，建校的宗旨是为中东铁路培养工程技术人才，学校按俄国的教育模式办学，校名为哈尔滨中俄工业学校。当时设有铁路建设、电气机械工程两个学科，实行学分制，学制4年，一律用俄语教学。1922年学校改名为中俄工业大学，学制改为5年，毕业生经考试委员会答辩合格后，授予工程师称号。1928年4月，学校隶属关系发生变化，改由中华民国东省特区领导，校名亦改为"东省特区工业大学"。同年10月，将法政学院和商学院并入，学校正式更名为哈尔滨工业大学，由中苏共管，张学良任校理事会主席。随着日本帝国主义入侵东北，1935年学校完全被日本人接管，改用日语教学，直至抗日战争胜利。1945 年抗日战争胜利后，哈尔滨工业大学又正式由中苏两国政府共管，具体由中长铁路局领导，学制仍为 5 年，用俄语教学。到 1949 年中华人民共和国成立时，哈尔滨工业大学设有土木建筑、电气机械、工程经济、采矿、化工、东方经济学等系及预科。建国初期，哈尔滨工业大学是全国高校学习苏联的两个样板之一（另一个是中国人民大学）。1950 年 6 月 7 日，中央给东北局关于哈尔滨工业大学办学方针的电报成为哈尔滨工业大学由中苏共管到完全回归祖国怀抱的重要标志，从此学校开始了为新中国的发展，为国民经济建设培养新型高级人才的新里程。

我们 1949 年入学的这一批学生，是首次从（山海）关内招考的学生。我们进校前，本科学生 641 人，其中苏侨 510 人；教师 146 人，其中苏侨 120 人。为了加强对学校的领导，从 1949 年起，政府派了一批重要领导干部到校任职。我们到校时的校长是当时松江省政府主席冯仲云兼任。冯仲云是 20 世纪 30 年代清华大学的高材生，后来投入抗日斗争，成为与杨靖宇、李兆麟抗日英雄齐名的抗日将领。他从 1949 年 3 月到 1950 年 6 月兼任哈尔滨工业大学校长期间，正值哈尔滨工业大学由中长铁路局管理全部移交中国政府管理的转换时期。他在这样一个过渡阶段，每周固定一天来校办公，非常守时，作风民主，平易近人，经常到我们学生中同大家谈学习、谈理想，了解情况，征求意见。他给我们作报告，不用稿子，一讲就是几个小时，内容十分精彩，特别受同学们欢迎。他的勤奋工作为学校日后的发展奠定了良好的基础。1950 年 3 月，高铁从东北人民政府工业部调到哈尔滨工业大学任副校长。由于冯仲云政务繁忙，不能经常到校，高铁实际上负责学校的常务工作。1951 年 4 月，留学德国的著名化学家陈康白接替冯仲云开始主持学校工作，高铁仍旧担任副校长。他们在任期间，从苏联聘请了多位教授来校任教。苏联教授同时也培养了大批研究生，后来他们成为我国高校教师队伍的中坚力量。

我们这批新生来到哈尔滨工业大学以后，首先进行了为期一个多月的政治学习，除学习社会发展简史之外，还增加了国际主义教育，意在如何认识苏联红军在东北期间发生的一些违法事件，同时还组织同学们参加了运动场地的扩建劳动。哈尔滨工业大学原来没有党组织，新招来学生中的党员都是地下党员，在政治学习结束后，学校实行了党组织公开，并在新生中发展团员，从而建立起了学校的党团组织。1949 年 10 月 30 日，由吴锡存同学介绍我加入了新民主主义青年团（后转为共产主义青年团）。接下来就开始上课了。

预科的任务是学习俄语，并用俄语学习高中数、理、化课程的要点。学习时间原定为两年，后因国家急需建设人才，校领导号召我们把两年的学习时间压缩为一年，为此当年暑假取消，突击学习俄语，争取提前进入本科。我也响应号召参加了突击班。

哈尔滨工业大学预科学习俄语采用的是"直接教学法"，教俄语的老师不会讲汉语，她上的第一课，一开始举起一只手高声说："это рука（这是手）"，同学们便跟着高声朗读"это рука"，就这样开始了俄语学习。一年紧张的预科学习很快结束了，但掌握的俄语词汇远不足以应付本科的学习，所以本科学习任务就更为紧张、繁重，每天晚自习除了要复习当天的课程，要做作业，更要记住很多新的俄语单词，才能听懂下一课要讲的内容。当然，突击给我们的学习带来了很大的压力，学习的质量不可避免地会受到一些影响，但这是祖国的需要，祖国建设的需要，我们必须尽最大的努力来适应。

从预科升入本科后，开始我被分配到土木建筑系，考虑到祖国即将开展大规模的经济建设，需要大量的资源，于是我便找到高铁校长提出希望转到采矿系学习的想法。他满足了我的愿望。当时采矿系共有两个班，一个班以苏侨学生为主，只有 4 名在东北招的中国籍学生；另一个班主要是从关内招的学生，只有 4 名苏侨学生。本科一年级学习的是基础课，教材全部采用苏联教材，且均由苏侨老师教授。二年级开始专业基础课学习，有些课程已由新来的苏联教授教课。当时的目标是培养工程师，因此非常重视实习。我们在1951年的下学期就进行了赴扎兰屯的野外测量实习。

在哈尔滨学习期间，还应当提到两件事：一件是1951年秋季松花江泛滥发大水，学校组织学生冒雨前往农村帮助老乡抢收庄稼；另一件是为抗美援朝的志愿军连夜炒面，运往前线，尽我们支援抗美援朝的微薄之力。

转入东北工学院

1952年，国家对全国大专院校进行院系调整，哈尔滨工业大学的采矿系整体并入东北工学院，使原来仅有采煤专业的东北工学院采矿系具有了采煤、采矿两个专业。东北工学院虽也聘请苏联专家，但不再用俄语教学。

在东北工学院学习期间，除正规的课堂教学外，仍然非常重视实习。1952年暑假，由原苏联专家的研究生李永治老师带队，组织采矿专业学生去抚顺及本溪进行"认识实习"。"认识实习"的目的是进行专业教育，使学生较深入地了解其所学专业的实际内容。在抚顺实习期间，我们参观了抚顺矿务局的所有矿山——西露天矿、老虎台矿、胜利矿、龙凤矿等地下矿山。西露天矿是我国大型露天煤矿之一，从1914年开始开采，其主要产品为煤炭和可供炼制石油的油母页岩富矿，同时还有可供雕刻制作各种工艺品的致密坚硬的煤精和明光透亮的琥珀。几个矿山各有特点，虽是煤矿，但其生产工艺、开拓工程很多与金属矿类似。这是我第一次实际接触矿山，留下了极深刻的印象。除了参观矿山，李老师还安排我们参观了矿工们的幼儿园，了解矿工们生活的一个侧面。更值得一提的是参观日寇留下的矿工万人坑，站在坑边，听着介绍，眼前好像能看到堆满的白骨，胸中升起一股压抑不住的怒火。这种感受深存记忆，再加上童年留存在脑海中日寇重庆大轰炸的记忆，直到改革开放初期，我还非常不愿意参加同日本人的技术谈判。离开抚顺后，我们又参观了鞍山的大孤山铁矿，当时这还是一座山坡露天矿，现在已成为亚洲最深的露天矿了。矿山那时的装备水平还算不错。最幸运的是碰巧有一位地质学家来到矿山，李老师特地请他给我们做了中国矿产资源概况的报告，这对我们刚刚进入矿业领域的学生来说，有此机遇实属难得。现在回忆起来，这应该算是一次空前绝后的认识实习吧。

50 多年后我拜访李永治（右）老师的合影

1953 年学校安排了生产实习，实习地点为南芬铁矿。我和几个同学由一位工人师傅带领进行一条巷道的掘进。从用气腿式凿岩机凿岩，往炮孔内装添炸药，用火雷管爆破，人推矿车运送爆下的岩石。实习期间日复一日重复作业，实际体会工人师傅的生产劳动，知道日后应当怎样去改进这些工艺。记得有一次我去上中段（上水平）炸药库领取火雷管、导火线。当时南芬铁矿的人行通道是敷设在斜井中的梯子间，我把一卷导火线挎在胳膊上，从梯子一步一步走下来，不想快到下中段时，由于梯子上有水，一不小心，滑落四五节梯子，我下意识地把挎导火线的胳膊举了起来，摔坐在了地上，庆幸没有发生事故。

　　1954 年下半年是毕业实习，通过这次实习，要求了解矿山生产管理的全过程。我的实习地点是辽宁华铜铜矿三大井采区，由三大井的主管技术员金铭良负责带领。金铭良后来调到了金川有色金属公司，当我后来到金川做设计时，我们又成了老朋友。华铜铜矿三大井采区采用的是首次从苏联引进的分段采矿法，与传统的浅孔留矿法相比，生产效率有了很大的提高。毕业实习的成果是完成毕业设计。我的毕业设计由苏联专家指导，专题部分是矿井通风。毕业设计由学校老师和外聘专家组成的评审组进行评审打分。完成毕业设计颁发毕业证书后，学校便开始分配工作。当时分配工作前要填写志愿书，多数同学填写的都是"到祖国最需要的地方去，到最艰苦的地方去"。我想这多少反映了当时学生们的思想境界。为适应第一个五年计划重点发展重工业，集中力量建设苏联援建的 156 项工程的需求，当时新组建了两个设计单位：一个是鞍山矿山设计院，另一个是设在北京重工业部有色金属工业管理局的设计公司。由于国家急需建设人才，部分同学提前于 5 月毕业，我是 10 月毕业离开学校的。我们 54 矿毕业班的同学大部分都分配到这两个设计单位。我接到的通知是被分配到北京的这个设计公司。

第二部分

服务人民，
献身矿产资源开发事业

● 第五章　大学毕业后落脚北京

● 第六章　开始立足我国的矿业

● 第七章　干部下放劳动

● 第八章　"下楼出院"扎根现场

● 第九章　为扩大矿山产能奋战

● 第十章　发展胶结充填工艺

● 第十一章　矿业工程设计单位的历史性变革

● 第十二章　引进、发展自然崩落采矿法技术

● 第十三章　构建生态矿业工程与新模式办矿

● 第十四章　第三类型深井开采的探索

● 第十五章　中国工程科技中长期发展战略

● 第十六章　参加世界采矿大会国际组委会的活动

● 第十七章　走出国门的矿山项目

● 第十八章　复杂地形长距离的矿浆管道输送

● 第十九章　从三山岛金矿发展到海下采矿

● 第二十章　一份述职报告

● 第二十一章　创建智能矿山示范工程的前前后后

● 第二十二章　再次来到智利

● 第二十三章　创建中国矿业信息化协同创新中心

● 第二十四章　明天的矿山

第五章　大学毕业后落脚北京

1954 年 10 月，我离开学校走上了工作岗位，同时也从沈阳回到北京家中。之后，经历了祖国建设的十二个五年计划（规划），最后的一点余热希望还能够奉献给第十三个五年规划。在这 60 多年中，我的理想融化在了工作之中，我生活的主流基本上也是和工作融为一体的；在这 60 多年中，我体验了多少欢乐，多少艰辛，遇到过多少坎坷，度过了多少难关，这大抵就是我们这一代人的主流经历。

毕业后我被分配到重工业部有色金属工业管理局设计公司，为事业单位（经理是刘学新）。这个公司于 1953 年 2 月从全国各地集结了 500 多名技术人员组成，公司的地址设在北京。这是新中国第一个全国性的有色金属工业设计机构。1954 年 2 月以后，重工业部聘请的苏联专家陆续来到公司，不断建立起一套完全仿照苏联模式的设计体制。1954 年 5~10 月，我们 15 名解放后祖国培养的第一批采矿专业的大学毕业生到来，次年，又从北京钢铁学院分配来 18 名大学毕业生，为这个单位的采矿专业增添了大批新生力量。

从 1954 年至现在，我一直在这个单位工作。这个单位的名称、归属和体制都发生过多次变化，下面简单说明一下它的演变，有利于以后的叙述。1955 年 1 月，重工业部为了加快有色金属工业设计力量的发展，将设计公司改为"重工业部有色冶金设计院"。1956 年 6 月，划归新改制的冶金工业部领导，更名为"冶金部有色冶金设计总院"，下设沈阳分院、长沙分院及昆明办事处（后来这三个分属机构均分离出去成为独立的设计机构），总院的名称没有改，1976 年 6

月，被列为全国 18 个企业化试点单位之一，实行从事业单位转制为企业的改革试点，独立核算，自负盈亏。在 1978 年 7 月全国科学大会之后，1979 年又更名为"冶金部北京有色冶金设计研究总院"，开始正式增加了科研任务。1983 年 3 月，国务院决定把有色金属工业的管理权限从冶金部划分出来，成立了有色金属工业总公司，由国务院直接领导，我们这个设计院也划归该总公司管理，更名为"中国有色工程设计研究总院"。2000 年 7 月，根据国务院办公厅（2000）71 号文件，我们这个设计院正式转制为科技型企业，成为中央企业工作委员会管理的十家勘察设计单位之一。2003 年 4 月转由国务院国资委管理。2005 年 7 月并入中国冶金科工集团公司，更名为"中国恩菲工程技术有限公司"（不少人曾经问过："恩菲"，什么意思？其实这是用了 CHINA NONFERROUS ENGINEERING AND RESEARCH INSTITUTE 的缩写 ENFI 的译音），简称"中国恩菲"，并将工程一体化业务转入中国恩菲经营。2016 年 6 月，随着中国五矿集团和中国冶金科工集团公司重组，中国恩菲进入中国五矿集团。从我们这个小单位的演变，对我国这些年的迅猛发展，也可一斑窥豹。

记得第一次从东四十一条家中骑自行车去单位报到，那时从西单到复兴门，还是一条很窄的胡同，但是通公交车。不过当时的公交车并非现在那种豪华大巴，而是发动机前置的小型公交车。即便如此，当公交车驶过时，如果你正骑着自行车，最好停在路边避一避，确保安全。复兴门外仍是一条土路，路的两边排列着茂密的大树，大树外侧有壕沟。继续西行一段路程，不远处呈现出孤零零的四幢大楼，周围是一眼望不到边的农田和几处坟地。当骑到这些大楼近旁，下车跨过壕沟，便来到了我报到的单位——设计公司。站在目前异常繁华的中国恩菲门前，面对周边高楼林立，宽阔的马路上奔驰着密集的车辆，你很难想象 60 多年前这里的那种景象。那四幢大楼中，坐南向北的两幢为办公楼，两幢楼中间建有锅炉房，成门字形排在东西两侧的两幢五层楼房为单身宿舍。西宿舍楼的北边搭有一个大棚，为临时食堂（即现在有色金属工业协会大楼处）。东宿舍楼的北边为临时体育场，冬季浇水成为滑冰场，这使爱好滑冰的职工下班后有一个非常开心的去处。我报到后，被安排在西单身宿舍楼二楼，一间约 30 平方米的集体宿舍里。公司成立后由于任务繁重，人员迅速扩张，而且多是单身，所以像那样一间房屋内都布置有八张上下铺的双人床，可以同时住 16 个人。由于人多，床位并不固定。当你出差时，把行李存入储藏室，回来后看哪个床位空着，把行李打开铺好，那就是你的床了。室内还配备有两个分格的立柜，每个床一格，供存放日用品等物件。这种状况恐怕也是现在难以想象的。目前，就只剩下原来的东单身宿舍楼了，它现在仍为宿舍楼，编号 11 栋。虽然内部进行过改建，成为家属宿舍，但总体还未拆改，可算是此处的"古迹"了。

第六章　开始立足我国的矿业

　　回顾我国的历史，中国曾在世界上领先了一千多年。然而从明成祖之后，封闭锁国长达数百年，接着又百余年遭受侵略屈辱和不断的战乱。到了新中国成立初期，国家的工业基础十分薄弱，1949年的粗钢产量只有 15.8 万吨，十种常用有色金属产量仅 1.33 万吨。经过三年国民经济恢复时期，到了 1952 年，这两类重要原材料的产量也只分别增长到 135 万吨和 7.4 万吨。因此第一个五年计划的主要任务便成为发展重工业，集中力量完成苏联援建的 156 项工程（有色金属工业在其中占了 13 项），为祖国的工业化奠定基础。我有幸参加了其中的几项。

砂锡矿开采的创新

　　我报到后不久，接受的第一项任务是参加云南锡业公司（简称"云锡"）老厂锡矿的改扩建工程设计，这是第一个五年计划期间苏联援建的 156 项重点建设项目之一。"云锡"具有悠久的历史，其前身是清光绪九年（1883 年）建立的个旧厂务招商局，是中国生产锡金属工业的发源地。我们工作的第一阶段是现场调研、考察、收集设计所需的基础资料。

　　当时从北京到云南个旧的长途跋涉可非同一般。首先，从北京乘火车到广西的金城江（现河池市），需花费两天一夜的时间。然后改乘公共汽车，穿越贵州到达云南沾益，须时 7 天。那时的公共汽车是那种发动机前置的小型车，能坐 20 多人，一排 5 个座位，紧挤在一起。为了赶路，每天都是天亮出发，天黑住店，就是所谓的晓行夜宿，相当辛苦。有的同伴还晕车、呕吐，那就更加难受了。我们这个设计团队的任务是承担"云锡"的老厂、马拉格、松树脚三个矿山的工程设计，共 40 多人，分乘两辆公交车。一路上除了贵阳再没有繁华的大城市，有时小旅店住不了这么多人，就只能借住小学校的教室，以课桌作床，利用自带的行装将就将就。因此，为了能早一点到达当天的目的地，找到旅店，两辆车有时便有点 PK 的意味，看谁先到目的地，能抢到小旅店。于是大家便在车上高歌给司机鼓劲："向前，向前，我们的队伍向太阳……"，煞是热闹，也能有助于驱散疲劳之感。有了如此这般的第一次锻炼，以后再出差时遇到的困难就不在话下了。再说一路之上，也有不少乐趣。每天中午在小镇上停下来用餐，便有少数民族的妇女、小孩过来兜售鸡蛋、黄果等食品，都是装在用竹条编制的长条竹荚里，使我们感到异常新鲜。虽然听不大懂他们的话，可是能够深深感受到他们的热情、好客。当时在饭馆用餐，花两三毛钱买一盘菜，米饭随便吃。有一次饭馆的碗小了一点，我花两毛五分钱买了一盘溜猪肝，连吃了 12 碗饭，创下了纪录。第三天车行至贵阳，这是长途汽车停歇的第一个大城市，很有特色的城市。我和大学同学刘大荣、云维文三个人花一元钱买了一瓶茅台酒，喝了一路。当时的茅台酒，一开瓶，酒香扑鼻，国酒茅台真是名不虚传。这是我第一次喝酒，更是第一次品尝有名的茅台。最近看到一则收购老茅台酒的广告，说是 1953 年产的一瓶茅台酒，价值 450 万元，我大为吃惊，原来我们喝掉了几百万元！沿途虽然劳累，但贵州著名的"天无三日晴，地无三尺平"的特殊地理环境景色，也给我们留下了深刻的印象，那时还不兴什么旅游，出差就是去工作。

汽车抵达终点站沾益后，我们休整了一天。接着再乘米轨火车前往昆明。从昆明到个旧有两种选择：或者乘公共汽车，或者乘轨距更窄的小火车。第一次去个旧，我们选择的是公共汽车。

个旧是闻名中外的"锡都"，其矿产开发起始时间，众说纷纭，据《个旧县志》记述，"个旧采办矿产，始于元代"，则已有两千多年的历史了。我们的团队分为三组，分别负责承担老厂、马拉格、松树脚三个矿山的改扩建设计。我分在负责老厂矿的第一组。也许是由于我大学毕业设计的专题部分是矿井通风，所以安排给我的任务是老厂改扩建设计的矿井通风部分。老厂锡矿是个旧地区最早开采的矿山之一，早年的民采，开始是采银，即所谓"上部采银，银穷而锡现"，这些民采作业留下的老坑洞纵横分布，缺乏完整的图纸，成为改扩建工程设计现代化通风系统的最大障碍，也成为现场调查必须摸清的重点问题之一。于是我到老厂后的第一项工作便是调查这些老坑洞。带着我完成此项工作的是老厂锡矿通风工区区长。老坑洞的断面很狭小，一般都无法直立行走，需要弯着腰，有时甚至必须匍匐前行。这位区长特别热情，行进中总是不停地给我介绍、解说这些老洞的情况，供我记录。区长是云南建水人，据说云南石屏、建水人的话是很难懂的，一接触果不其然。对他介绍的内容，我的实收率大概只有百分之六七十，我一直深感愧对这位区长的热情，他对工作的执着、专注给我留下了难忘的印象，也鼓励、鞭策着我克服工作中的一切艰辛。

就这样日复一日地工作了一段时间，到了1955年1月，忽然传达了此项目暂停，改为建设牛屎坡露天砂锡矿和新冠选矿厂的决定。我们只好转移阵地。

牛屎坡残积砂锡矿的开采，要采用水采、水运新工艺。给我的任务是和我的学长顾成林进行水采、水运的半工业试验，确定水枪水压、水枪的冲采能力、水耗指标、冲矿沟的坡度、临界流速等参数，供设计采用。这是设计和科研结合的一种重要形式，也是设计研究院的重要工作方式，它极有利于将科研成果直接转化为生产力。砂锡矿开采有两种方法：水采水运、机采机运。在地形特别有利于将选矿场建在原矿和尾矿均能自流输送的最佳位置时，水采水运比机采机运投资可节省40%，开采设备重量可减少90%。此露天砂锡矿即具备这样的优越条件。试验采用新设计制造的水枪，在水枪喷嘴直径75mm、水压8MPa的条件下，其效率可达150~200吨/（台·时）。这台试验用的水枪现在还存放在云南锡业公司的博物馆里。冲矿沟是按照原矿最大粒径25mm、平均粒径0.4mm、砂矿含泥率平均为80%设计的，断面0.65m×0.6m，临界坡度为4%。云锡公司对试验工作组织得很好，试验总体进展比较顺利，1955年3月试验工作结束，为设计提供了先进可靠的指标数据，开启了我国砂锡矿水采水运新工艺。1958年采选厂试车投产，很快达到了6000吨/日的设计能力，年产纯锡5260吨，占当时云南锡业公司产量的45%，占全国产量的30%以上，取得了显著的经济效益。其采选工艺后来获得国家科委和冶金部的技术进步奖。之后，1957年6月到1958年3月，我又被派赴云锡，参加老厂扩建设计方案和白沙冲砂锡矿（80-55工程）的第二期设计。这便是云南锡业公司赐给我的锻炼，不怕艰难的锻炼，追逐新事物的锻炼。

锡是人类最早使用的金属之一，也是我参加工作后首先接触的有色金属矿产资源。早在夏末商初时代，中国已开始用锡铸造青铜制品。清光绪十一年，政府在云南个旧设厅，专管矿务，当时年产锡已达数十吨。1910年滇越铁路通车，当年出口锡锭6195吨，从第一次世界大战到抗日战争初期，每年的出口量都在8000多吨。据1943年调查，广西、湖南、江西的多处锡矿相继开采，我国锡业生产进入鼎盛时期。随后由于日本帝国主义的侵占与轰炸，中国的锡业生产陷于停顿。

中华人民共和国成立后，政府加强了锡矿地质勘探，锡矿产资源分布在13个省（区）。据2015年美国地质调查局发布的数据，全球锡储量约480万吨，中国拥有150万吨，储量基础350万吨，总保有储量居世界第二位。中国锡矿大中型矿床多，以原生锡矿为主，占 80%，其伴生组分多达十多种。中国锡产量居世界第一。同样据美国地质调查局 2015 年资料，2014 年全球锡产量共约 29.6 万吨，其中中国的年产量是 12.5 万吨。中国在锡的生产工艺和装备方面都有许多创新，"大锡"出口在世界上享有免检的声誉。

两个难忘的印象

1955 年 4 月的一天，我离开锡都，匆匆赶回北京，接受另一项新任务——参加江苏锦屏磷矿（30-55 工程）初步设计，赴现场踏勘并收集资料。这是我们有色设计院第一次介入非金属矿的设计。我回到北京时，大队人马已出发，科长吩咐我乘火车去连云港。在火车上我一直犯嘀咕，连云港有矿山？火车预计到达连云港的时间已接近半夜，于是我只好向列车员打听："连云港有锦屏磷矿吗？我是到那里出差的。"列车员摇摇头。正好旁边有一位旅客搭了腔："锦屏磷矿在新海连市，你跟我走吧，我是那里公安局的。"此时我已别无选择，只能相信他。火车抵达新海连站已是夜深人静了，下车后，我跟随那位便衣民警还有两位旅客乘马车进入市区。那位民警敲开一家旅店的门，嘱咐店家给我准备点晚饭，并告诉我明早可乘"二等"到矿里去，我道了谢，我们便分手了。所谓"二等"就是自行车带人。第二天找来个二等，我背着行装坐在后衣架上，骑车的人带着我在土路上一路颠簸，把我送到了矿山。这一趟出差的经历永远难忘，可惜当时我都没敢询问那位民警的姓名，但我多么怀念那时的民风啊。

在锦屏磷矿的地下开采设计中，我主要参加各种方案的比较，选用一种新的采矿方法，随后安排进行采矿方法工业试验。但工作到同年 8 月份，我作为设计院采矿科的团支部书记，被抽出去脱产搞了近半年的肃反运动。在我们单位没有查出反革命分子。

第一个五年计划期间参加的最后一项工作（1956年1～7月）是在苏联专家的指导下作白银厂露天矿（08-55工程，苏联援建156项工程之一）的施工图设计，也是第一次学习大型露天矿的设计。白银厂是当时国内最大的铜矿产基地，铜金属地质储量近100万吨，按计划要建设包括采矿、选矿、冶炼的联合企业，到1960年，白银厂产铜3万吨，占全国矿产铜的一半。白银厂露天矿设计，在中国首次采用定向大爆破和松动爆破进行露天矿的剥离。由于爆破用炸药量达15640吨，爆破岩石量900多万立方米，在国外曾引起过一阵猜疑。露天开采所用穿孔机、电铲、自卸卡车等均从苏联进口。设计过程中，苏联专家们在讨论技术问题时，有时争得面红耳赤，甚至有的愤然离开办公室，但过后好像没有发生过任何事情。他们这种对待技术问题的态度给我留下了非常深刻的印象。

通过白银厂的设计，有色设计院培养起了大爆破和大型露天矿的设计人才，后来苏联撤走专家后，有色设计院独自承担起了规模更大的德兴露天铜矿的设计、攀枝花露天矿等的大爆破以及尾矿库定向爆破筑坝等多项工程的设计，完全走上了自力更生、自主创新的道路，在我们设计院也培养出了外号叫"大炮""二炮"的爆破专家。

标志性的 1956 年

1956年对于我、对于中国、对于世界都是非常重要，是具有标志性的一年。

这一年，中共中央在北京召开了全国知识分子问题会议，周恩来总理作了《关于知识分子问题的报告》，对我国知识分子的现状作了科学的分析，肯定了他们精神面貌发生的巨大变化，已经成为社会主义建设事业中一支伟大的力量，成为工人阶级的一部分。《报告》提出制定12年科学发展远景规划，向全国人民发出了向科学进军的伟大号召。会后，广大知识分子掀起了向科学进军的热潮。我们单位的同事也以极大地热情学习新技术，创造新业绩。

这一年，中共中央提出了《一九五六到一九六七年全国农业发展纲要（草案）》四十条，制定了农业发展的长期奋斗目标和配套的方针政策。

这一年，毛泽东在中共中央政治局扩大会议上作了《论十大关系》的报告，强调调动国内外一切积极因素，为建设强大的社会主义国家而奋斗。中共中央还将"百花齐放、百家争鸣"方针确定为繁荣和发展社会主义科学文化事业的指导方针。

这一年，中国共产党第八次全国代表大会举行，社会主义改造取得决定性胜利，国内的主要矛盾已经成为人民对于经济文化迅速发展的需要与当前经济文化不能满足人民需要的状况之间的矛盾。党和全国人民当前的主要任务，就是集中力量来解决这个矛盾，把我国尽快地从落后的农业国变为先进的工业国。

这一年，赫鲁晓夫在苏共第二十次代表大会上作了反斯大林的秘密报告，尽管在揭露、批判个人崇拜危害方面具有积极的意义，但在社会主义阵营引起了极大的波动，也为后来苏联解体和中苏对立埋下了祸种。

这一年，对我来说也是很特殊的一年。1956 年，第一个五年计划结束了，我经受了初步的锻炼，开始熟悉砂矿开采和露天矿开采设计，开始更热爱自己的工作，向科学进军的号召给了我鼓舞，给了我新的追求。1956 年 4 月 30 日，由韦思超、尹新华介绍，我加入了中国共产党。

这一年，闫淑瑜大学毕业，我们经过长达八年的恋爱最终完成婚姻。那个年代，没有婚纱，没有宴请，只是在办公室里有同事参加，有家人参加，几包糖块，热闹的祝贺，别样温馨。之后，我们相濡以沫的、健康的生活到了现在，2016 年迎来了"钻石婚"纪念日。我想说，是时代赋予了我们这样的幸福。

算是我们当时的结婚照吧

这一年，也有一件令我感到纳闷的事情。1956 年 7 月，白银厂的设计还未完全结束，组织上突然调我回院参加俄语训练班学习。我感到不解：我在哈尔滨工业大学学了三年俄语，为什么还要参加短期的"俄训班"。"俄训班"结业后，有的"学友"去苏联留学了，我才意识到事情的来龙去脉，但我有幸作为结业实习，获得了去 501 厂铝土矿、阜新露天煤矿、海城滑石矿等地参观实习的机会，多接触了一些新的矿种。在实习期间还参加了 501 厂湖田铝土矿、海城滑石矿的资料收集和设计方案比较，这些都使我增加了许多虽属专业内却也难得的额外收获。

奋战在锡矿山——缓倾斜矿体开采的技术创新

锡矿山是一座百年老矿。锡矿山的矿藏是锑而非锡，直到外国人来华收购矿砂，国人始知锑之为宝。锡矿山的锑，正是一些人在致富的刺激下发现和开采起来的。清光绪二十三年（1897 年）湖南巡抚陈宝箴主持设立新化锑矿行政局，实行民采、官收、官炼，当时有 130 多家从事开采，但生产非常落后。直到解放后的 50 年代，才开始实现机械化、半机械化开采。也大力改善通风系统，克服矽肺病的严重危害。

锡矿山的矿体为缓倾斜（10°～20°）矿体，顶板是不稳固的页岩，矿体和底板围岩倒比较稳固，矿体的厚度也就 2～5m，过去采用的开采方法是房柱法，为了保证作业安全，必须留 1m 厚的矿石护顶，因此资源损失相当严重。20 世纪 60 年代初，冶金工业部召开专家论证会，研究提高回采率的方法。我们院提出以杆柱房柱法取代普通房柱法的建议，被大家认可并采纳。随即决定由长沙矿山研究院和我们设计院组成试验组，长沙院的胡长恒任组长，我任副组长，开展试验工作。这是我国第一次采用此种采矿方法。所谓杆柱房柱法就是在房柱法的基础上，按一定距离用爆破方法把矿层全部采下后，随即在顶盘页岩中按一定距离钻凿 1.8m 深的上向孔，然后打入带托盘的金属锚杆，将顶盘锚固起来，取代护顶矿，保证作业的安全。在试验过程中，试验组的成员白天跟班，除了定期用经纬仪测量顶板的沉降值外，还必须每天到采空区巡视监测，观察顶板的安全状况。这是一项比较危险的工作，必须要小心翼翼地进行。

总的来讲，试验进展顺利。然而没有料到还是发生了一次重大的事故。接近 1961 年底的一个中班，快要下班的时候，我突然接到电话，试验采场出事了。我们当时正在宿舍里玩扑克牌"拱猪"，扔下扑克牌提着安全帽跑步赶往坑口，当我们下到斜井不远的地方，牺牲的矿工已被抬上来了。望着他，说不出心里是一种什么感觉。矿务局领导连夜召开事故调查分析会。那一天，组长胡长恒正好有事回单位去了，我带领试验组全体成员参加了会议。事故的经过是：当天中班已经到了快下班要放炮的时候，其他人都已撤离工作面，一名凿岩工见工作面顶板杆柱孔中夹着一根钎子，想把它处理下来加以回收，以免爆破后不但钎毁，而且影响出矿，正在他处理过程中，不料一块大浮石落下，砸在他身上，这位共产党员师傅当场牺牲。前来准备爆破的爆破工正好赶上这一悲惨的场面。经过调查分析，确认已安装的杆柱，距工作面的距离超过了安全操作规程的规定，虽然试验组白班已经提出意见，但未解决，结果导致事故发生。随后矿务局对事故进行了处理，因为这不属于方法本身的问题，矿务局领导决定试验继续进行。最后试验获得成功，方法随后得到推广，矿石损失率降低了 40%。这个项目 1978 年获得了全国科学大会奖。但我永远不会忘记，1961 年底那位在试验中牺牲的优秀共产党员工人师傅。过了两三天，便是 1962 年的新年，那时还是困难时期，只有像新年这样的节日才得以改善伙食，有肉吃，可我什么也吃不下。而且从那以后，我再没有玩过扑克牌。一看到扑克牌，我眼前出现的便是那位面带鲜血的工人师傅的面孔。

第二个五年计划后期，我还参加了两项具有新内容的设计工作。一项是山东稀有矿（石岛锆英石矿）的初步设计准备工作。这是一处拟采用采砂船开采的海滨砂矿，为此曾去江南造船厂联系制造采砂船事宜。项目后来又暂时搁置。另一项是杨家杖子矿务局岭前钼矿深部开采设计方案意见书及竖井延深施工图设计。杨家杖子也是苏联援建的 156 项工程项目之一。1960 年 7 月，苏联片面撕毁与我国签订的各项合同，并撤走在我国的全部专家，我们并没有气馁，自力更生，继续战斗。为了学习煤矿竖井延深的经验，我院专门派人赴淮南煤矿进行了竖井延深的技术考察，借鉴他们的经验，工程得以顺利进行。

第七章　干部下放劳动

第二个五年计划期间，对于我、对于国家都是"动荡""令人诧异"的年代。

1958 年 8 月，中共中央政治局在北戴河召开扩大会议，讨论并批准《关于第二个五年计划的意见》，提出可以在第二个五年计划期间完成我国的社会主义建设，可以为向共产主义过渡创造条件，到1962 年建成强大的独立完整的工业化体系，在若干重要产品和产量方面超过英国，赶上美国。这样的"大跃进"将中国的经济、财政、人民生活推向了极端困难乃至悲惨的境地。

担任农业社副社长

1958 年 2 月 28 日中共中央发出《关于下放干部进行劳动锻炼的指示》，号召干部队伍中的年轻干部，到工厂、农村去参加体力劳动，到基层去参加实际工作。我们单位根据上级的要求，挑选了一批技术人员于 3 月份下放到河南农村去进行锻炼，我就在其中。我和一些同事被安排到郑州郊区杲村农业合作社。这是一个连续三年的重灾社。我们住在老乡家，吃在老乡家（需要交伙食费），由生产队安排参加生产劳动，每天早晨干活前分配农活。应当说，在当年麦收前，这样的农业社粮食非常紧缺，吃饭问题怎样就可想而知了。根据组织的安排，陈廷显担任农业社党支部的副支书，我担任农业社的副社长。我和几个同事除参加农活外，重点负责种植两亩水稻试验田，希望能在这里推广种植水稻，增加粮食产量。为此，我们还专门从南方聘请了一位指导种植水稻的师傅。可惜还没到收割的时候，我就被调离了呆村，未能看到试验的结果，但后来听说效果还不错，亩产达到 800 多斤。

我们在河南期间，省委第一书记吴芝圃提出一个省可以单独进入共产主义，河南省要在四年内实现共产主义的狂想。支部书记从市里开会回来，兴奋地告诉我们，咱们很快就要到共产主义了。我们听后觉得又诧异又好笑。书记还告诉我们，会议要求报粮食产量，他说俺不能先报，要看看他们报多少，俺不能比他们落后。种种迹象表明，实际上河南已经成为浮夸、大跃进、人民公社、大炼钢铁的排头兵。我们那里成立了大食堂，社员们都到食堂去打饭，于是按上级要求，挨家挨户收缴铁锅等用具去大炼钢铁。在食堂里，为了公平，社员们强烈要求让下放干部为他们盛饭菜，于是我们又增添了一项新的"光荣任务"。

大炼钢铁

到了 9 月份，为了实现全国 1070 万吨钢的生产任务，河南省委组织"钢铁医疗队"，去促进大炼钢铁。我被抽调出来，参加钢铁医疗队，赴桐柏山区参加大炼钢铁。我是学采矿的，炼钢炼铁一窍不通，能"医疗"吗？但组织安排，没有讨价还价的余地，否则就变成右倾机会主义分子了。行至桐柏，看到沿途水稻长势非常好，籽粒饱满，可惜都倒伏在地里没有人收割。能劳动的青壮年大都去挑矿石、垒土高炉，大炼钢铁去了。到达目的地，那里已垒起了三座土高炉，支起两个帐篷。老乡不断往来挑矿石，土高炉已经燃烧起来了，冒着火苗和浓烟，我也只能和大家一起劳动。那时没有什么作息时间，困了就在帐篷里睡一会儿，然后起来再干。一天一天地过去了，土高炉放出来的都是些废渣，我虽然不懂炼钢炼铁，可这些废渣能炼钢吗？我们在干什么？到了 10 月份，下放干部都返回原单位了，就这样带着不解的思绪、沉重的心情，离开了大炼钢铁的战场。回到有不少冶炼专家的设计院时，大院里也竖立着一座废弃的高级土高炉。说什么好呢！

1960 年中共中央政治局常委在北京举行工作会议，通过了由中央财经小组起草的《关于 1962 年调整计划的报告》，目的在于通过国民经济调整工作，解决经济比例失调问题。次年，中共中央决定对国民经济实行"调整、巩固、充实、提高"的八字方针。冶金工业部组织若干工作组赴重点企业进行调研和计划调整。我回到设计院后，正赶上我们院奉冶金部指示要组织一个工作组去云南省东川矿务局开展调查研究，院党委委员汤良瑜带着我和选矿专业的仲济敏作为冶金部工作组赶赴东川。在那里听取了公司相关人员对生产情况的汇报，实地深入考察了几个生产矿山，组织了多次座谈，历时 5 个月（1961 年 3~9 月）编写了调研报告，并协助编制三年生产建设规划。这是一次难得的较深入了解矿业企业生产、管理实际状况的良机，尤其是经过了"大跃进"折腾之后。

困难时期的生活

"大跃进"之后，天灾人祸交相施威，全国迎来了一段极度困难的时期。我们生活在首都，算是最幸运的。这里只简单回顾一下那个年代的"票证生活"。解放初期，市场商品供应比较紧张，为了保证人民基本生活需求，可能是吸取原解放区供给制的经验，1953 年政务院发布了《关于实行粮食的计划收购和计划供应的命令》，自 1955 年我国粮食部开始发行全国通用粮票，随后各省市也开始发行地方粮票。粮票按人、按不同年龄、不同工种定量发放。凭票购买粮食或粮食制品。除粮票外，后来还发行了油票、肉票、布票、工业券，以及凭副食本定量购买规定的副食品。

粮票

布票

副食购货本

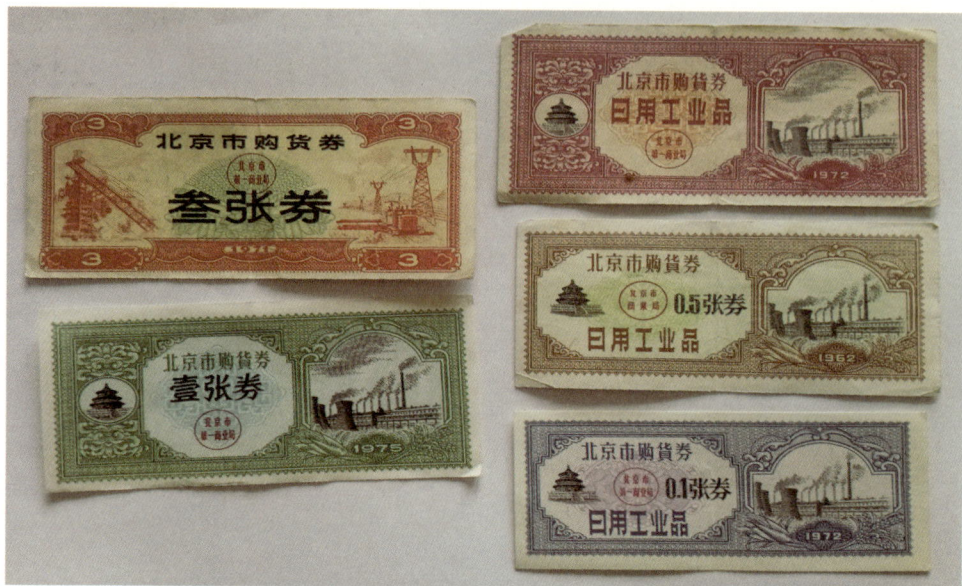

工业券

　　那时是计划经济时期，物价基本稳定。每月发放工资后，我和妻子的第一件事就是将不同的票证和所需用的钱分装在几个用过的旧信封中，剩下的钱另装一个信封，不论多少，那便是这个月的零用钱。所以我们的生活也是高度"计划经济"的，而且在使用过程中，也是尽可能地节约、再节约，争取能有点结余，以备一旦有某种急需。勤俭节约应是我们那一代人的共性，我的女儿是在困难时期1961年出生的，她学着说话时，冒出来的第一句完整的话竟然是"金糕不要票"。我们努力省吃俭用，尽量多吃稀的，也摆弄过小球藻什么的，既节约粮食，又能填饱肚子，总之，还没有特别挨饿。与相传外地饿死人相比，这大概要算当时生活在首都北京比较幸运的中产阶级的生活了。大约到了20世纪70年代，北京开始有了不要粮票的高价食品，比如到高级饭店用餐，有的同事便偶尔去解解馋，也标志着困难时期开始有了好转。

　　十一届三中全会以后，随着国家经济的发展，市场商品供应有了根本性的好转，到1985年前后，凭票供应的商品除粮、油及电视

机、洗衣机等紧俏商品外，其他商品已可敞开供应。但粮票直到
1993 年才正式谢幕，从而结束了票证历史年代。这是我们这一代人
永远不会忘记的，而且也使我们养成了对粮食极端珍惜，绝对舍不
得浪费的习惯。

荒诞的"文革"

我从寿王坟铜矿返回到设计院时，"文化大革命"已经轰轰烈烈
地开展起来了，群众分成两派："造反派"和"保皇派"。当权派和
高级技术权威都进了"牛棚"，只要是能贴大字报的地方就贴满了形
形色色的大字报，一切正常的工作基本上都停摆了。作为一个共产
党员，很自然地应当响应毛主席的号召投入"文化大革命"，但我既
不赞成"造反派"，也不赞成"保皇派"，于是和几个志同道合的同
志组织了"红联战斗组"，想走中间路线。然而，在那个时候，中间
路线是所谓"没有战斗力"的，是不受欢迎的，没过多久，便成了
半逍遥派。当时虽然身在"文化大革命"中，心里却一直感到纳闷，
血统论、乱抄家、皮带抽打、喷气式、到处武斗……这怎么是"'文
化'大革命"呢？直到改革开放之后，逐渐兴起了拜金主义，人们
的信仰似乎都消失了，我才似乎明白过来，正是这个"文化大革命"
摧毁了中华民族优秀的文化传统，肢解了人们的忠诚信仰，确实如
有人所言，荒诞的"文革"。叶剑英在 1978 年 12 月 13 日中共中央
工作会议闭幕式上的讲话披露："文化大革命"中，死了 2000 万人，
整了 1 亿人，占全国人口的九分之一，浪费了 8000 亿元人民币❶。
这场"文革"给中华民族带来了需要多少年才能治愈的创伤啊！各
式各样写"文革"的文章非常之多，我就不想在《自传》里占用更
多的篇幅展开来谈论这个话题了。只是希望人们永远不要忘记荒诞
的"文革"带给我们的那难以治愈的创伤。

---

❶ 董宝训，丁龙嘉. 沉冤昭雪——平反冤假错案［M］. 合肥：安徽人民出版社，1998：1.

下放军垦农场

1970 年春节过后，在"文化大革命"后期"整党"的阶段，我和一部分同事被下放到陕西华阴军垦农场劳动。为什么被下放，下去的好像谁也不清楚。不过有管人的和被管者之分，这倒是很清楚的。我自然是后者。为什么？也不很清楚。但我觉得，经过长时期混乱的"文化大革命"，能安下心来劳动一段时间，倒也痛快。军垦农场，一切作息、活动自然是仿照军队编制，不过只有连指导员是现役军人。我有过早年进山中学半军事化生活的经历，对这里的一切倒也不陌生。当时我虽已年近四旬，身体也还硬朗，拉架子车往地里运肥，扛 200 斤的麦包，蹬着木踏板，往火车车厢上送粮，每天近一万斤。这些重体力劳动都不在话下。不过饭量大增，每顿饭三个大馒头外加一大碗粥，还不算菜。大家挤在大通铺上睡觉，对我也不算新鲜事。只是不知道许多"为什么"，心情便很难舒展。

在军垦农场也领教了那位指导员的施教实例。一日，将近要吃午饭的时候，听到了紧急集合的哨音，大家很快在厨房门前列队站好。指导员开始讲话，大意是粮食多么可贵，浪费粮食可耻，不知是谁把馒头扔到了泔水缸里。大家随着指导员的手指，看到厨房门前几个大泔水缸上搭着的木板上面，摆着从缸里捞出来的不少馒头块。指导员接着说，为了牢记粮食的珍贵，为了牢记今天的教训，现在轮流每人一口把这些馒头吃掉。于是队伍按顺序缓缓走过泔水缸，完成了这一特定的任务。确实记牢了！再有一件，仍然是与吃有关的事件。也是一天吃午饭的时候，当队伍集合好后，指导员开始讲话：今天大家要吃的肉是米猪肉，我们把肥肉都去掉了，高温煮熟，应该没有问题。当时我并不清楚什么叫米猪肉，后来才知道那是患了囊虫病的猪的肉，对人体十分有害。于是我也成为领教过米猪肉的人啦。

1971 年从军垦农场回到设计院后，我在办公室找不到我的办公桌，问谁都不知道。后来我在别的办公室发现了我的办公桌，抽屉上的锁全都被撬开了，但没有人站出来承认，可惜我的抽屉里没有他们感兴趣的东西。

不久后，党委经过审查、外调、谈话，在"整党"结束前，恢复了我的党组织生活。对于我，也算是"文化大革命"正式结束了。

第八章 "下楼出院"扎根现场

金川会战促成设计院机构改革

1962年，根据中央的"八字方针"，设计院组织力量对"大跃进"期间设计的企业进行"填平补齐"，使之尽快形成完整的生产能力。金川镍矿是当时正在建设的特号重点工程。

金川硫化镍铜矿床（简称金川镍矿）位于甘肃省河西走廊中部、龙首山北麓的戈壁滩下。矿床被成矿后期的地质活动切割成四个相对独立的超基性岩段，相应地被划分为四个矿区，是世界上少有的特大型硫化铜镍矿床之一。矿床中还伴生有钴、铂、钯、金、银、硫、锇、铱、铑、钌、硒等可经济回收的有价元素。该矿床发现于1958年，1959年2月开始"一矿区"的地质勘探，1961年提交了地质勘探报告，1962年1月25日全国储量委员会批准了经审查通过的该项报告。"一矿区"矿体走向长约1500m，其东部主要为富矿，西部主要为贫矿。由于20世纪60年代以前，我国所用的镍，几乎完全依靠进口，在西方国家长期对我国实行经济封锁的情况下，用量十分紧张。我们设计院，从金川镍矿刚刚发现不久的1959年，就遵照冶金工业部的指示，承担了金川一期工程的设计任务，很快完成了一个大型联合企业的设计方案。按照这个方案，首先建成了从河西堡至金川的铁路专用线，铺设了从金川峡水库到金川的输水管线，建起了一个大型机修厂，这些设施为以后镍资源的开发建设发挥了积极的作用。至于矿山的建设，由于矿体赋存状态西部靠近地表，东部深入地下，所以东部以龙首矿采用地下开采，西部由露天矿进行露天开采。可惜当时受"大跃进"时期"左"的思想影响，曾提出过以多矿井群进行开拓的"小洋群"建设方案，但施工不久就废止了。后来为了加快建设进度，在龙首矿地下开采建设的同时，在富矿沟建设了一个小露天矿，一个选矿厂（即后来的一选厂），一个熔炼车间（后已停产），1963年底生产出了高冰镍。再将其送往已建成的小高锍试验车间，进行铜镍分离，经熔铸后送往小电解车间处理，最终生产出了我国自己炼的电镍。后来又利用505小试验车间分离出贵金属，从而形成了一条完整的小生产线，不但改变了我们自己不能生产镍的历史，而且也开始回收矿物中的其他有价元素。对于缺乏镍资源生产知识的技术人员和工人而言，也是一次可贵的学习与锻炼。

进入20世纪60年代，镍的需求迅速增加，本来就受西方国家的封锁，1960年我国与苏联交恶后，供应更加紧张了。为尽快建设金川镍基地，1964年春，遵循工业学大庆的精神，冶金工业部做出了组织金川基建会战的决定，并成立了金川会战指挥部。我们设计院由江风副院长（1965年4月李云洁院长离开后，江风担任了院长）带队，率领305（设计项目编号）设计大队，开赴金川，进行现场设计。像这样在戈壁滩上兴建现代化的大型企业，开始时我们面临的是生活、工作条件非常艰苦，对镍的生产缺乏经验的局面。当时出差要自己背着行李，乘坐37个小时的火车硬座从北京到达甘肃省河西堡，再设法去到22公里之外的金川，住在"干打垒"——一种半地下窝棚里。金川矿区年最高气温是40℃，最低气温是-29.5℃，工作主要依靠图版和丁字尺以及手动或电动计算机。去现场参加施工服务要走很长一段路，去矿山则需要爬山，后来才逐渐有了自行车代步。吃饭需要自己动手来做。大家在现场一待就是很长的时间，逢年过节轮流返京"探亲"。就这样在我们设计院形成了领导带头，大家配合，吃苦耐劳，深入实际，敢于创新的"金川精神"。从1959

年开始到现在 60 多年了，我们设计院在金川从来没有断过工作人员，逢年过节也都有留守人员。1966~1969 年，一期工程陆续建成投产，主要包括年产 30 万吨富矿石的龙首矿、日产 5000 吨贫矿石的露天矿，以及相应配套的年产 1 万吨电镍，并回收伴生有价元素的选矿、冶炼设施。终于依靠自力更生、艰苦奋斗、勇于创新的精神和干劲，满足了国家建设对镍的最基本需求。

根据 305 设计大队"下楼出院"的经验，我们设计院进行了机构改革，撤销专业处科，组建了五个设计大队，分别深入几个重大工程项目的现场进行现场设计。

当时白银厂也是一个重点建设单位，1964 年 3 月，设计院领导决定让我参加"白银设计中队（因人少故称中队）"赴甘肃白银市从事白银厂铜矿 2 号采场东部地下开采施工图设计和 115 号竖井地下开采施工服务。此时的白银厂已基本由露天开采转入地下开采。白银设计中队由朱正立任队长，我担任指导员。"115"的施工服务，主要由董鸿翩承担，我和朱正立的精力主要集中在 2 号采场的施工图设计。这部分矿体含硫高，有无发火危险，应如何应对，是当时的主要矛盾。通过取样分析化验，查阅很多相关资料，得到的结论是，虽然白银厂的矿石含硫量很高，但主要不是胶状黄铁矿，发火的风险不大，于是施工图的开展就比较顺利了。但这项工作尚未结束，我又被调往了别处。

小型机械化样板矿山会战

冶金工业部有色司在寿王坟铜矿（后改称河北铜矿）组织建设小型机械化样板矿山会战，也要求各设计院派员参加。1965 年 6 月由北京、南昌、长沙、鞍山、铝镁、西北、黄金、辽宁、广东 9 个设计院共 25 人组成工作组，开赴寿王坟铜矿。我被从白银厂抽调回来任工作组组长，南昌院的团委书记担任指导员。同时参加会战的还有长沙矿山研究院。为什么是"小型机械化?"这与当时的国情有关。20世纪50~60年代，中国矿山的装备水平很差，巷道的断面比较小，一般都不超过2m×1.8m，所以机械化设备的规格需适应这种局面，意思有点像"削足适履"。

谈及此次会战，还得先从工人傅景新和王文海司长二位谈起。在20世纪50年代，傅景新曾是东北辽宁华铜铜矿的一名工人，为人谦虚好学，喜欢钻研。当年像我们这些学生到华铜矿山实习时，傅景新都会到宿舍来同我们交流他工作中遇到的一些技术问题。大家都非常钦佩这位工人师傅。他自己努力，依靠矿机修厂的设备，建造了华-1型小型装岩机，很适用，曾轰动一时，后定型列为正式产品。1965年，他被调到寿王坟铜矿，在那里担任新成立的机械研究所所长。王文海，当时是冶金部有色司副司长，建设小型机械化样板矿山会战的领导者。也许是为了树立傅景新师傅的威信，王司长将他定为一级工程师，傅景新也被评为了全国劳动模范，在铜矿办公楼门前两侧的宣传栏中全部是介绍傅景新的宣传图文。我们工作组到达寿王坟铜矿后，我和指导员去拜见王司长，请示会战对我们的要求。这位领导告诫我们，要老老实实向工人阶级学习，特地向我们介绍了老工人傅景新善于钻研、成绩突出的事例，让我们要注意从一些小事上做起，例如帮他擦桌子等，和他搞好关系。我们无言以对，只能说请领导放心。

经过一段时间的工作，我们逐渐意识到，王司长的这些举措实际上是"毁"了傅景新。傅景新调到寿王坟后，和研究所技术人员的关系处得比较紧张，因为一切研究成果都算成是傅景新个人的。《河北日报》还曾用整版篇幅报道"超世界水平的隔音防尘凿岩台车"，实际上这台设备并没有达到可以实用的阶段。这时的傅景新给人的印象似乎成了另外一个人。会战没有多久，1966年，爆发了无产阶级"文化大革命"，寿王坟铜矿的"文化大革命"竟是从研究所的技术人员贴大字报反对傅景新展开的，会战也就到此宣告结束。

这一年多时间，小型机械化也没有多大实质性的进展。

这里插叙一段我的家事。1965 年冬天，我从寿王坟铜矿回设计院汇报工作。正好赶上妻子检查出甲状腺结节，需住院手术。我将她送到北京肿瘤医院，为她办完住院手续并向大夫讲明：工作要求我速回出差现场，不能陪她。大夫说，我们会照顾好的，你放心。于是我签了字，第二天便赶回寿王坟铜矿。后来得知，她住进医院后，在一次大夫查房时，她对大夫说夜里有时做噩梦，希望遇到这种情况能有人推她一下，她就能摆脱梦境。没想到，手术前那个夜晚，值班护士就拿了一本书坐在她床边的小板凳上，一只手还不时地放在她的被子上，这件事让她至今记忆犹新。这就是那时的医患关系！我的三个孩子，只有老三出生的前夜，是我送妻子到医院的。老大老二出生时，我都在外地出差。这也许是现在难以理解的事情，但那个时代就是如此，习惯了。

第九章　为扩大矿山产能奋战

强充电专题考察

从军垦农场回到单位之后，一时还没有具体的任务。为了适应今后将会面临要求更高、更加繁重的工作任务，我特地申请利用这段时间进行了一次采矿方法专题考察。经领导批准，董鸿翮、张清海两位与我同行。

采矿方法及其装备是金属矿山开采的核心技术，它在某种程度上决定着矿山的产能，矿山的安全，矿山的生产成本。同一种采矿方法的具体方案又是因地制宜的，很少有哪两个矿山采矿方法方案完全相同。金属矿的采矿方法分为三大类：空场采矿法、充填采矿法和崩落采矿法，随着工艺技术的发展，后两类方法逐渐占据着主导地位。

这次专题考察是一项"宏伟的"计划，从 1972 年 4 月到 1972 年 7 月、1972 年 10 月到 1973 年 4 月，分两个阶段在不影响所承担设计工作的前提下，对国内十多个主要采用崩落法和充填法的典型矿山进行了实地考察。这是一次围绕祖国的西南、中南、华东、华北兜了一个大圈子的长途跋涉。当时还是计划经济时代，拿着介绍信，所到之处，都受到矿方热情接待，大力支持，使我们受到很大鼓舞。有时还意外地遇到老相识，参观、考察就有条件更加深入一些，有的矿山还特地为我们组织了座谈会，实属难得。这样的专题考察，确实可以给今后的矿山工程设计提供一些很有价值的参考资料，也有助于系统研究一些带规律性的问题。

这次出行考察的第一站是云南的易门铜矿，这条路线基本上是十多年前我参加工作后第一次出差的线路。十多年过去了，虽然经历了"大跃进"和"文化大革命"的摧残，沿途原来只有一些简陋房子和帐篷的地方，现在变成了新型的工业城市，发展仍然鼓舞人心。1972年，困难时期已基本度过，从我们抵达湖南岳阳车站站台上出售的食品品种（我当时兴之所至做了一点记录）便可见一斑：麻花、包子、火烧、大饼、烧鸡、鸡蛋、馅饼、油饼、开花豆、辣椒糖等多达十多种。这种景象给人一种鼓舞，一种希望。那时出差乘坐火车主要还是乘硬座车，到了晚上，有一只烧鸡，既解馋，又解困。

考察的第一阶段集中在南方，包括易门铜矿、松树脚锡矿、烂泥坪锡矿、落雪铜矿、锡矿山锑矿、桃林铅锌矿、程潮铁矿、符山铁矿。其中以易门铜矿为重点。第二阶段考察的矿山包括大庙铁矿、中条山公司的篦子沟铜矿和铜陵公司的凤凰山铜矿。这些矿山多数采用崩落法。

崩落采矿法又分为很多细类，其中有一类称为分段崩落法。中国分段崩落采矿法的发展是很有意思的。

有色金属矿山从20世纪60年代初期开始采用崩落采矿法，主要有两种类型：电耙出矿有底部结构分段强制崩落法和电耙出矿有底部结构阶段强制崩落法。到20世纪70年代中期的十多年时间里，根据当时的装备水平，在技术上不断改进、创新，创造了一些先进的回采方案；推广应用了挤压爆破工艺，极大改善了崩矿质量，提高了采场生产能力；采用喷射混凝土维护电耙道；改进采场通风系统，增加电耙道的有效风量；按照"三强"（强掘、强采、强出）原则组织生产；从而使这种方法的应用获得迅速发展，在有色金属矿山，1961年分段崩落法和阶段崩落法的产量分别占地下矿总产量的6.48%和5.6%，1971年相应增加到15.5%和8.8%，仅次于浅孔留矿法和20世纪50年代引进的分段空场法，位居第三、第四位。篦子沟铜矿和易门铜矿是我们这次对有色矿山崩落法考察的重点。

至于铁矿山，1964～1965年，大庙铁矿从瑞典引进了无底柱分段崩落法，到了80年代后期，约有80%以上地下开采的铁矿山，清一色地采用了此种方法。首先引进此种方法的大庙铁矿，是我们此次考察的重点矿山之一。当时不知为什么没有像国外那样采用铲运机（LHD）出矿，而是普遍采用气动装岩机（T4G）。20多年后，分段崩落法才逐步转为采用铲运机出矿，大大提高了机械化程度。特别是有色金属矿山的分段崩落法也和铁矿山一样，逐步转化为铲运机出矿的无底柱分段崩落法。

谈到崩落法，特别值得一提的是易门铜矿的滚石问题。崩落法会引起地表的塌陷，不利于生态环境的保护。易门铜矿包括狮山、凤山两个矿区。狮山地表是比较陡峻的山峰，受井下矿体被采动的影响，山体开始垮塌滚下。我们到达狮山的那天晚上，招待所的管理员来聊天谈及地表滚石问题，据说从1971年4月到1972年5月，已滚下500多万立方米的岩石。我们决定第二天爬上山去观察滚石。当时看到的算是"小滚"，虽然是"小滚"，但随着岩石的滚下，山谷里便发出隆隆的轰响，腾起阵阵烟尘，甚是吓人。雨季即将到来，矿区面临严重的威胁。

崩落法的另一突出问题是贫化率、损失率问题。在易门铜矿，巧遇过去在云南锡业公司的老相识杨树尧，他调来易门铜矿担任技术员。有这样的老相识陪伴，参观考察就有条件更仔细、更深入一些。为了研究损失、贫化指标，为了获得第一手资料，我们采取了查阅班组的台账，自己统计计算的方法。这种方法在中条山公司篦子沟铜矿考察也得到了应用，它大大增加了非常难得的半感性知识，获得了更为准确的统计数据。

崩落法考察结束后，在北京钢铁学院（现北京科技大学）童光熙教授的领衔下，由"三结合"（钢院、篦子沟、设计院）编写组（当时是不兴署名的）编写出版了一本《有底部结构强制崩落采矿法》的书籍（冶金工业出版社，1974年出版），对这种当时有色矿山采用比较广泛的采矿方法进行了系统的总结。这样一本近18万字的书，当时的定价才0.9元。很值得回味吧？

关于充填法的考察，重点是铜陵有色金属公司的凤凰山铜矿。

充填法是一种比较古老的工艺，在20世纪30年代之前，充填采矿法还只是采用废石等材料的干式充填。在中国有色金属矿山，1959年前该种方法所占比重从1955年的35.2%到1958年的18%，呈逐年下降趋势，主要原因是干式充填劳动强度大，对降低贫化、损失效果不显著。1959年冶金工业部有色司在湘西钨矿召开的工作会议上，将其趣定为"采矿方法的右派"，要求尽快改变。因此从1960年开始，其所占比重急剧下降，乃至到1963年已被完全淘汰。

1965年，我们设计院从瑞典引进了分级尾砂充填工艺及点柱分层充填法技术，以此为基础，进行了凤凰山铜矿的设计，到1970年该矿建成投入生产。这一创举对挽救充填采矿法，对推广尾砂充填法的应用起到了示范和引领作用，尽管当时的充填工艺还十分简单，即选矿厂的分级尾砂通过管路直接泵送到采矿场，还没有设专门的充填站。我们去考察的时候，这种方法已经应用了两年多。这种尾砂充填工艺对后来国内充填工艺技术的发展发挥了启迪和引领的作用。

通过这半年多的时间，对十多个典型矿山的实地考察，深感是一次强力充电，开阔了眼界，增加了丰富的感性知识，掌握了大量第一手资料。这类专题性考察，应当说机遇难得，这应该是培养工程设计人员不可或缺的重要途径之一，只是在市场经济的条件下，要实现这种愿望，怕是需要一种不同的适应市场经济条件下的新思路、新方式。

战斗在金川的戈壁滩上

1973年5月，我和刘大荣共同作为采矿工程负责人，开始参加金川工程的设计与科研工作，主要负责主持金川公司二矿区的开发。

金川一期工程建成投产后，为适应国家对镍的需求的急剧增长，随即着手进行扩大生产规模的建设工作，称作扩建一期工程，目标是使电镍产量从每年的一万吨翻一番增加到两万吨。适应这次扩大生产规模的矿山开发对象便是金川二矿区。

金川二矿区于1966年开始正式勘探，1971年结束勘探工作，地质勘探报告于1973年4月13日经甘肃省地质局审查批准。根据2003年底金川复核后的资源量，二矿区富矿加贫矿的矿石量为3.29亿吨，占金川总矿石量5.15亿吨的63.9%，镍金属量占全区544.9万吨的75.2%，铜金属量占全区343.7万吨的77.9%，是金川镍矿资源储量最大、品位最高的矿区。二矿区山前扇形倾斜平原的海拔一般为1500~1800m。二矿区有两个主矿体——以富矿为主的西部1号矿体和以贫矿为主的东部2号矿体。1号矿体长1600多米，厚度10~200m，平均厚度98m，倾角60°~75°，在地表以下220~380m见矿，延伸达905m。2号矿体长1300多米，最大厚度118m，成矿后的F_{17}断层穿过2号矿体，将其分为东西两部分，F_{17}断层以西的1200~1350中段以富矿为主，还有部分特富矿。二矿区确实是一个宝藏，然而从开采条件看，其开采难度是罕见的。由于矿区地处当时大地构造单元的结合部，构造运动剧烈，地质构造复杂，矿区水平构造应力高，矿岩体破碎，具有较强的蠕变性，矿体又比较厚大。特别是不断要求扩大生产规模，就更增加了开采的难度。因此，数十家设计、科研单位和高等院校被邀请来金川开展多方面的科研攻关。

我于1973年参加金川项目设计的时候，居住、办公环境已有了很大的改善，305设计大队拥有了一栋楼房，住宿兼办公，而且还有厨师负责做饭，但工作内容却极具挑战性。当时已经完成的二矿区日出矿3000吨的设计方案，满足不了国家计划委员会关于金川年生产4万吨镍的要求，如何解决？于是出现了诸多技术方案的争论。最主要的是"崩充之争"，就是说，是用崩落采矿法开采呢，还是用充填采矿法开采。缘何有此争论？源于二矿区矿体的形态。二矿区的矿体上部和周边均为贫矿，富矿包在下部的中间部位，像饺子馅。"崩派"的根据是当时行业的技术规范规定，矿床开采应当自上而下，而且崩落法可以提供更高的矿石产量。"充派"则认为，采用充填法开采，可以先采下部富矿，实现"采富保贫"，虽然矿石产量低于崩落法，但由于富矿品位高，所得铜镍金属量反倒高于崩落法，有利于满足国家对镍的急需。我和刘大荣是充填法的倡议者。由于当时的争论还相当激烈，金川公司王文海经理从全国范围邀请了数十位专家，召开论证会。论证会的最终意见支持采用充填采矿法。接下来金川公司安排了两项重要任务：进行充填工艺试验和修改已完成的日出矿3000吨的初步设计。

1975年我们设计院完成了修改初步设计，将金川二矿区的生产规模从日产3000吨提高到了5000吨。然而这种增长仍然满足不了国家的需求。我曾经做过一些调研，发现在类似的开采条件下，我国矿山的产能比国外矿业发达国家低1/3～1/2。这体现的是我们设计理念、装备水平、管理模式的综合差距。攻克这一难题，自然就成为接下来的重要任务。

1978年我们迎来了改革开放的新形势，全国科学大会将金川列为全国三大资源综合利用基地之一，当时的国务院副总理、国家科委主任方毅多次亲临金川指导，于是很自然地考虑到能否吸取国外的经验。

门户一开，外国人对中国大市场的积极性是很高的。1978年10月，美国福陆（FLOUR）公司和加拿大国际镍公司（INCO）一行6人到金川进行技术交流；同年11月芬兰奥托昆普（OUTOKUMPU）公司一行5人也到金川商谈技术引进事宜；他们均提交了建议书。1979年1月我们设计院对这几份建议书进行了研究和评价，向冶金部有色司领导作了汇报。也是1979年1月，英国戴维（Davy）和美国麦基（McKee）两公司来为金川介绍矿块崩落采矿法（我们后来统称"自然崩落采矿法"），并带来了他们的建议书。设计院也派人陪他们去金川访问，并进行了多次谈判，在谈判的基础上他们又提出了补充建议书，冶金部有色司的领导接见了他们，也听取了谈判情况的汇报。自然崩落法对中国是一件新鲜事物，在随后的三个多月时间里，我们断续花了很多时间，学习、研究自然崩落法有关文献资料及其对金川二矿区的适应性。

1979年4月底，福陆公司再次来华赴金川考察，介绍岩石力学和VCR采矿法。这次金川公司经理王文海在北京饭店与福陆公司正式讨论了他们的初步建议。后来根据领导要求，我和刘大荣按照福陆公司提交的崩落法、VCR法两种方案对金川二矿区编制了逐年出矿量的计划。在此期间，美国Climax公司和Amax公司随美钢联来华，也通过有关渠道建议我们邀请他们派人来研究金川采用崩落法的问题。

1979年5月23日，设计院突然接到冶金部有色司的通知，要我们去北京饭店给美国柏克德（Bechtel）公司介绍金川情况，但直到8月份才看到柏克德公司提交的建议书，并邀请派团去加拿大和美国考察充填法和矿块崩落法两种采矿方法。10月份我们陪同该公司去金川进行调研并收集资料，王文海经理同他们进行了谈判，答复了他们提出的问题。上级最终决定接受柏克德公司的建议，组团去加拿大和美国考察，寻求扩大二矿区产能的最佳技术方案。

这里需要再谈到王文海。1979年2月王文海被任命为金川公司经理。我在金川遇到的王文海和在寿王坟铜矿时遇到的王文海判若两人，也许是因为经历了"文化大革命"的折腾，也许还因为方毅副总理多次亲临金川指导，面对金川建设中的种种技术难题，王文海经理非常重视专家的意见，多次就金川二矿区遇到的技术难题，有争论的技术问题，如崩落法与充填法之争、竖井开拓与斜井开拓之争、上盘采准系统与下盘采准系统之争等，都先后从全国范围邀请各路专家，召开论证会、研讨会，集思广益，寻求最佳解决方案。他思维前卫，多次要求我们解放思想，要把金川二矿区建设成世界一流的矿山，劳动生产率争取达到国外的水平。有这样的领导，为金川的发展奠定了良好的基础。

王文海经理（中）陪同方毅副总理（右）视察金川公司

后来经过研究，金川有色金属公司决定接受柏克德公司邀请，由金川公司、我们设计院、第八冶金建设公司派员组成7人矿山工作组，由金川公司党委书记马远智带队，赴加拿大和美国进行考察和技术交流，寻求将金川二矿区建设成为世界一流矿山，生产能力能满足国家对镍的基本需求的最佳技术方案。

去加拿大、美国考察采矿方法

1979年12月18日至1980年2月27日，由金川有色金属公司（团长马远智、金铭良）、第八冶金建设公司（李汉章）、国家建委（马赛俊）、北京有色冶金设计研究总院（喇华佩、于润沧、翻译田玉芝）组成的7人技术考察组，应柏克德公司的邀请，访问了加拿大和美国。

中方代表团与柏克德（加拿大）公司相关人员的合影（前排右三为我）

一、在加拿大

我们在多伦多深入研究了柏克德公司为金川公司二矿区开发工程编制的可行性研究报告，在加拿大考察了有代表性的几个采用充填法的矿山。

这是我随金川公司技术考察团第一次跨出国门。基于当时个人的经济条件，只能从冶金工业部外事办公室借了一套穿着基本还合适的西服和两条领带，外加一台小型照相机，算是装备齐全了。1979 年 12 月 18 日出发，当时的航线是从北京先飞往德国法兰克福，然后再转机飞往加拿大蒙特利尔，从蒙特利尔则乘大巴前往我们的目的地多伦多。从蒙特利尔到多伦多天色已晚，宽敞的六车道公路上，一边是绵延不断的由汽车尾灯组成的红色光带，另一边是车前灯的白色光带。第一次看到这样壮丽的景色，感到分外惊奇。在多伦多由柏克德加拿大公司的科恩先生负责接待我们。他是一位天主教徒，有两个女儿，大女儿已成年，自己单过，小女儿跟着父亲。据说天主教徒离婚后不能再娶，他带我们出差时，将小女儿交由大女儿照料，科恩需付给大女儿一定的工资。这是我们第一次跨出国门遇到的又一件新鲜事。科恩先生是一位十分热情也十分敬业的人，他开着一辆中型面包车，带我们长途跋涉。历时两个来月，我们从加拿大的北部到美国的南部，先后考察了七个矿山。

考察的第一站来到萨德伯里（Sudbury），这是加拿大最重要的矿业城市。1883年加拿大修筑太平洋铁路时，在这里设站。修路工人在施工过程中发现了铜矿石，经过后来的勘探，硫化铜镍矿床探明镍金属量1800多万吨，铜金属量1700多万吨，铂族元素200多万吨，此外还有金、银、钴等元素，铜、镍资源储量居世界首位。依仗这些资源，1886年创建了加拿大铜业公司。1902年加拿大铜业公司与美国新泽西州奥福特铜业公司合并，组建为加拿大国际镍公司（INCO）。到了2007年，巴西淡水河谷（Vale do Rio Doce SA）以180亿美元收购了INCO，组建Vale INCO公司。

萨德伯里矿区是一个35×15平方英里❶的盆地，其南部赋存着急倾斜矿体，北部为缓倾斜矿体。矿带的顶盘分布着苏长岩，底盘为花岗岩。有时在底盘也发现有矿体，为深部矿体。1968年时保有4000万吨金属储量，主矿带镍品位1.2%，铜品位0.6%；深部矿带品位更高些，镍1.5%，铜1.5%。到我们去参观的时候，12年里已采了一半。萨德伯里矿区当时共有20多个生产矿山，一般均采用两步骤回采：矿房主要采用上向分层充填法，矿柱则采用下向分层充填法，从20世纪70年代中期矿柱回采开始逐步推广改用VCR法，嗣后充填。当时已用这种方法采完5个矿柱。

1980年1月15日，在萨德伯里参观了第一个矿山——克赖顿（Creighton）镍矿。这是一座具有百多年历史的老矿山，也是当时西半球最深的矿井，其9号主提升井的井深已达2175m。该矿有不少技

❶　1平方英里＝2.59平方千米。

术特点：（1）所用采矿方法为充填法，分两步骤回采，先采矿房，再采矿柱，矿房采用上向分层充填法，矿柱回采在我们参观时已改用 VCR 法，采空区用分级尾砂胶结充填，灰砂比（即水泥与尾砂的质量比例）一般为 1：30，也就是说，在中段高度 50 多米的条件下，采用上向分层充填法，这样的充填体的自立强度，还是能够适应用 VCR 法回采矿柱的；（2）9 号竖井中配置了载重 15 吨的底卸式双箕斗和单罐笼，以单绳提升，绳径为 2.25 英寸（即 57.15mm），卷筒宽 6 英尺（即 1.83m），直径 18 英尺（即 5.486m），缠绳一般为两层，最多可缠四层，电机功率为 6500HP（即 4847kW），提升速度为16m/s，设有三个装矿点，箕斗定时转换分别提升矿石和废石，地面提升机室设有现代化的监控装置，也对矿仓装载进行电视监控；（3）过去这个竖井掘进时，地面只有两台稳车，一台悬吊 44 吨的三层吊盘，另一台下放材料，所有管道，包括下放混凝土的管道均固定在井壁上，每 20 英尺用锚杆固定一次，混凝土管下部有一缓冲器；（4）充填系统中的砂仓（3000 吨×2）布置在室内，砂仓高 51英尺（即 15.54m），直径为 39 英尺（即 11.89m），在砂仓顶部设有8 个尾砂旋流器，尾砂经旋流器分级后，细粒级部分送尾矿库，粗粒级部分进入半球形底立式砂仓，砂仓底部放砂浓度为 65%，砂仓可给两个搅拌筒供料，200 吨水泥仓也同样负担给两个搅拌筒添加胶凝材料；（5）工作制度为每周只生产 5 天，每天两个班，第三班只用于维修作业，如果需要，周六、日可进行充填及废石提升；（6）井下有午餐硐室，同时也是安全硐室，设有防水门、通风管路，室内备有救护担架等急救用品；（7）全矿 1500 人，职员 259 人，日产矿石 8000 吨。

在加拿大参观的第二个矿山是列瓦克（西）镍矿。这是 VCR 新采矿法（后来也叫 VRM 法）的发源地，VCR 意为垂直下向深孔球形药包爆破后退式采矿法。简单说，就是在采场上部的凿岩水平开凿一个凿岩硐室，在其中钻凿下向深孔，孔径为 6 英寸（即

152.4mm），钻孔深度一般不超过 150 英尺（即 45.72m），最大偏斜 2~3 英寸（即 50.8~76.2mm），孔间距 10 英寸（即 254mm），装药前用尼龙绳将固定塞子放入孔底，该尼龙绳则固定在凿岩硐室两壁金属网上，然后装入浆状炸药，自下而上分段爆破，爆下的矿石在采场下部用铲运机运出，整个采场采完后，进行充填。这种方法比普通分层充填法效率高，作业成本低。我们去参观的时候，正巧遇到一个 VCR 法采场刚好回采结束，它两边是分层充填法采场，充填料用的是 1∶30 的灰砂比，我们在探照灯的照射下亲眼目睹了这种充填体的自立强度。这种方法后来得到了广泛的推广。我国凡口铅锌矿在 20 世纪 80 年代中期引进了这种方法，获得了良好的效果。20世纪 60 年代后期，为适应铲运机等无轨设备在井下广泛应用的发展趋势，列瓦克（西）矿是萨德伯里矿区第一个建设斜坡道的矿山，无轨设备可通过斜坡道从地表一直进入生产采区。后来斜坡道成为许多矿山普遍采用的技术，当时西半球具有最深的矿井的克列通矿，也开凿了斜坡道。

在萨德伯里参观的第三个矿山是鹰桥（Falconbridge）公司（现已被斯特拉达公司并购）最大的矿山斯特拉思康纳（Strathcona）镍矿，日产矿石 8000 吨。该矿的矿床由一系列平行透镜状矿体组成，矿体总的走向长 950 多米，倾角 20°~60°，赋存于距地表 370m 至 940m 水平之间，分三个矿带：主矿带、上盘矿带和赋存于下盘的深部矿带。采用下盘中央主副井开拓方式，2375（ft）[1] 水平和 2900（ft）[1] 水平为主运输中段，从 2900（ft）[1] 水平往下掘进了斜坡道，采用 25 吨自卸式卡车运输。该矿的采矿方法比较特殊，为房柱式机械化分层充填法，即由三个矿房和两个间柱组成一个盘区，在矿房回采的同时，也回采部分矿柱，留下两排断面约为 6m×6m、间距 13.4m 的方形矿柱，以后再行回采。采场凿岩采用双机凿岩台车、矿石运搬采用铲运机，顶板管理采用金属网和杆柱，中段为有轨

[1] 1ft＝0.3048m。

运输。

在萨德伯里参观的第四个矿山是鹰桥（Falconbridge）公司的鹰桥镍矿。这是一个典型的多中段开采的矿山，我们参观时共有40个作业中段，而同时回采的采场只有34个，满足日出矿3000吨的需求。该矿的矿体是急倾斜矿体，走向长1800多米，平均厚度近5m，最大延深也超过1800m。矿体下盘围岩稳固性差，接触带为断层破碎带。矿体上盘围岩局部硅化度强，原岩应力高，曾发生过岩石冲击（即轻微的岩爆）现象，因此总体开采顺序需考虑这一因素。该矿的竖井比较特殊，其5号竖井是一个5格矩形井，安装有双箕斗及单罐笼两套提升设备。与5号井接力的盲竖井9号井也是一个6格矩形井，同样安装有双箕斗和单罐笼。这种井型后来已不多见了。

在萨德伯里参观的第五个矿山是诺兰达公司的杰柯（Geco）铜锌矿。这是一个1957年投产的矿山，矿体形态下大上小，如同一个灯泡，铜的品位为1.8%，锌为3.5%，另每吨矿中还有1.0～1.5盎司的银。该矿的竖井提升能力为6000吨/日，采用多绳提升机。该矿采矿方法的特点是采用深孔崩落矿石的留矿法，在大量放矿的过程中，边放矿边充填废石，以避免形成空区而导致上下盘岩石的冒落。当覆盖岩石下放矿结束后，再以灰砂比1∶30的水泥尾砂浆灌入废石中使其胶结。分段巷道和采场的支护采用锚杆、锚索、金属网和喷射混凝土，比较具有特色。我们参观时，该矿正在试验VCR法，计划将原来的落矿工艺改为VCR法，这样一来，杰柯采矿法就得到了进一步的完善。该矿全矿只有450人，看来劳动生产率相当高。

在加拿大参观的最后一个矿山，是马尼托巴省的汤普森镍铜矿。从多伦多西行，经温尼伯市转向北行，到达汤普森，行程3000多千米，仍然是科恩先生开着面包车，带着我们长途跋涉。当时正值冬季，我们经历了一次难得的雪地旅游。加拿大的北部，白雪皑皑，茂密的森林遍地呈现着千树万树梨花盛开的景色，在日落的斜阳中，那色彩的艳丽，使人赞叹不绝。汤普森镍铜矿的矿体，走向长5000

多米，延深 1000 多米，矿体厚度在走向方向和沿倾斜的变化都很大，最大厚度 45m，平均厚度仅 3～5m。矿石较富，镍的品位为 2.5%。生产规模为 6000 吨/日。由两个竖井开拓，1 号井为 5 格矩形井，装有双箕斗和单罐笼，负责提升全矿矿石及南区的人员、材料及废石。距离 1 号竖井 3000m 的 3 号竖井负责提升北区的人员、材料和废石。汤普森是使用天井钻机的矿山，该机由 2～3 人操作，可施工 90°～53°的天井，120m 深，费用为 900～1200 加元/米。

我们参观过的这些矿山，代表着当时充填法开采技术的最高水平，应当说感受、启发、收获颇丰。这些矿山所采用的三种充填法：机械化充填法、普通充填法和下向充填法中，机械化充填法的比重在逐渐增大，像在克列通、列瓦克、斯特拉思康纳、汤普森矿，机械化充填法均已占据主导地位，虽然所用铲运机的斗容还偏小，但比当时国内的充填法先进多了。尤其值得关注的是以 VCR 法取代下向充填法回采矿柱，这是非常有发展前途的。再如汤普森矿采用天井钻机，也是当时在国内还没有见到过的。锚索的应用对金川也具有重要的借鉴意义。

技术考察组参观了克列通、斯特拉思康纳、鹰桥、汤普森四个矿山的充填料制备站，这些矿山的充填工艺大同小异，包括尾砂胶结充填、半球形底立式砂仓、计量和自动控制装置、絮凝剂的应用等都成为后来国内发展借鉴的样板。这些矿充填所用的灰砂比根据不同要求大致如下：分层充填法采场装矿地板（1∶8～1∶10，厚度约 400mm）；拉底层（1∶15）；下向分层充填（1∶15）；上向分层充填（1∶30～1∶32），间柱用下向充填法或 VCR 法回采。这些灰砂比都比后来国内应用的低很多。当时他们所用分级尾砂胶结料浆的浓度只有 65%～70%，属于低浓度状态，有待改进。至于国外矿山劳动生产率之高，国内是望尘莫及的。

二、前往美国

在加拿大期间，我们度过了圣诞节和元旦。1980 年 2 月 13 日，开始了赴美国考察矿块崩落采矿法（自然崩落法）之行。

去美国仍然是科恩先生开面包车，带着我们从多伦多出发向南驶去，第一站是科罗拉多州的首府丹佛，参观克莱马克斯（Climax）钼矿。

在去美国的途中不幸遇到一阵大雨，我们的行装都捆绑在汽车顶上，到了目的地，第一件事便是晾晒被浇湿的行装。我又想起了我的"六滴水"，感谢美国对我们的眷顾。

据介绍克莱马克斯是西方最大的钼矿。我们参观的时候，矿山的开采分为露天和坑内两部分，露天矿产量为 18000 吨/日，坑内 30000 吨/日，合计年产 5000 万磅钼精矿。坑内开采使用的方法是矿块崩落法（我们称"自然崩落法"）。所谓自然崩落法，简单说就是在一段矿体的下部，用一排排中深孔爆破，把一定高度的矿石崩落下来，将其运出，形成空间，上部的矿石便依靠原岩应力和矿岩自重逐步冒落，随着崩落下来的矿石运出，上部的矿石则随着冒落，从而完成生产工序。可见这种采矿方法，是一种工序简单、效率高、成本低、易于实现自动化开采的方法。但是它也有局限性，首先，涉及矿岩的可崩性，最初这种方法仅适用于比较松软破碎的矿岩，一个出矿水平的最终崩落矿石高度仅几十米。后来随着岩石力学研究的发展，其应用范围逐步扩大，已可应用于比较坚硬的矿岩，一个出矿水平的最终崩落矿石高度也发展到一二百米。再后来又发展出水压制裂技术，更进一步拓展了其应用范围至相对比较稳固的矿岩。现在一个出矿水平的最终崩落矿石高度已超过 300 多米。但是，崩落法对生态和环境的破坏比较严重，在某些条件下则难以适应，或者需要采取特殊的修复生态环境的措施。

克莱马克斯钼矿有三个矿体，形状如三个倒置的厚汤碗，一个套在一个上边，这是由于岩浆侵入时有一定时间间隔而形成的。根据该矿矿体的可崩性，开始正常崩落的拉底面积一般需要 $15000m^2$ 左右。矿体裂隙组还比较明显，但密度小，因而崩落下矿石的块度较大，据资料介绍，大于600mm的块度，占30%以上。

采用自然崩落法有几个重要的技术环节，一个是矿岩的可崩性研究；一个是巷道支护，尤其是出矿水平巷道的支护；一个是出矿所用设备；一个是放矿的管理控制。克莱马克斯钼矿采场底部结构中的巷道普遍采用混凝土衬砌，而且使用在轨道上移动的模板台车进行衬砌；出矿巷道除衬砌外还增加了树脂锚杆。该矿采用电耙出矿，两个中段共有2225台电耙出矿。电耙出矿对于放矿管控难度很大。克莱马克斯矿全矿1600人，其中女工100人。当时该矿正在斯塔克中段和600中段采矿。600中段有700人，其中负责采准的200人，采矿175人，维修250人，管理75人。

在美国参观的第二个矿山是亨德森钼矿。

在亨德森钼矿下井前整装待发（后排右二为我）

该矿也位于科罗拉多州，据丹佛市80km，1976年下半年投产，1979年达到3万吨/日的设计能力。从矿山7500水平到选矿厂为一条24km长的自动化铁路隧道，据说这是美国最长的一条隧道。全线有6列无人驾驶的列车，每列车由3台50吨电机车（中间一台，前后各一台）牵引22辆各载重17.7吨的底卸式矿车，每175分钟发出一列，1.5小时往返一趟。该矿在开始崩落矿石前共掘进巷道

34747m，包括选矿厂及自动化铁路共投资四亿多美元。矿山地面标高3139m，以竖井和通往选矿厂的平硐开拓。

亨德森钼矿矿体的形状像一只倒立的椭圆形茶杯，平面尺寸为910m×670m。根据可崩性指数，该矿的矿岩属于"十分难崩落"到"难崩落"之间。为了创造良好的崩落条件，该矿采取了许多措施：包括进行1.5m宽的边界切割；在不同水平留有开凿凿岩硐室的通道，以便打深孔处理悬顶；采用25m宽的盘区式崩落，盘区之间不留矿柱。该矿开始获得满意崩落之前的拉底面积为22000m²，这个面积是崩落—出现稳定平衡拱—扩大拉底面积—再崩落—再形成稳定平衡拱—再扩大拉底面积，这样逐步形成正常崩落。该矿崩落矿石的块度，也比克莱马克斯矿的大，因而采用了比较先进的铲运机出矿的方式，铲运机为5立方码，日产3万吨，需要370个可资利用的放矿点，每台铲运机服务5个放矿点。铲运机出矿效率高，放矿易于管控，也有利于控制损失、贫化。尽管由于设备费用昂贵、巷道需较大断面投资也较高，如采用柴油铲运机，对通风也有较严格要求，这些都引起投入的增加，但总体来讲，由于较好的综合经济效益，铲运机出矿成为发展的方向。

结束在亨德森钼矿的参观，科恩又自己开车，带着我们继续南行，经凤凰城（Phoenix）于1980年2月19日到达图森（Tuson）附近的桑曼纽尔（San Manuel）铜矿。该矿1956年投产，是采用矿块崩落法较早的矿山，1973年的产量已达到第二期的设计能力62500吨/日。全矿职工1900人，其中300人负责开拓和采准工作。桑曼纽尔铜矿的矿床属于大型浸染矿床，矿体呈圆环形，横断面长轴2440m，短轴760～1524m，中部为无矿带，矿体环厚度为30～300m。成矿后被桑曼纽尔正断层分割为两部分，形成两个矿体。该矿的矿岩很破碎，易于崩落，所有巷道必须支护，崩落下的矿石块度很小，最大块一般只有600～800mm，所以该矿采用格筛重力放矿的出矿方式。对崩落法而言，最理想的覆盖岩层的条件是易成较大块度崩落，陷落角比较陡，颜色与矿石容易区别，桑曼纽尔铜矿的覆岩，就具有这一特性。至此，自然崩落法的三种底部结构形式我们都参观过了。

离开桑曼纽尔后，到达洛杉矶柏克德公司总部进行交流，从而完成了此次技术参观考察。通过这次长时间的国外专题考察，大开眼界，使我对矿业的发展有了较清晰的概念。对比国内外对两大主要采矿方法的参观考察，感触最深的是我国矿山的劳动生产率、采矿场的装备水平和管理水平，差距比我想象的还要大，而这是影响矿业企业竞争力的极重要的因素。要消除这一差距，需要我们从上到下付出多么艰辛的努力啊！从所用具体工艺技术层面来看，当时我国还没有矿山采用自然崩落法，我曾设想过像梅山铁矿、铜矿峪铜矿这样的矿山，如果采用这种方法，不是会有更好的经济效益吗？在参观的过程中，我也注意到，尾矿充填应当是我们着力发展的技术，采用高浓度胶结充填料浆的理论和实践，我们还算是先行者。总之，我国是具有几千年历史的古老矿业大国，我们不应当落在他们后面。

参照柏克德公司为金川二矿区所做的扩产可行性研究，结合国外考察，从1980年10月到年底完成国内版的修改可行性研究。这一"可研"并未能满足国家计划委员会有关金川每年生产8万吨镍的要求。之后的很长一段时间，一方面根据"科学技术是第一生产力"的指导思想，按照每年一次"金川资源综合利用科研工作会议"的安排，组织为扩大产能的科技攻关，另一方面仍广泛与国外公司进行技术交流，寻求更优方案。

在北欧矿业先进技术基础上再创新

我们在仔细研究瑞典提交的由波立登（Boliden）公司、阿特拉斯·科普柯（Atlas Copco）公司和吕勒奥（Luleå）大学联合编制的可行性研究建议书之后，认为他们提出的采矿技术方案比较适合金川的矿岩条件，有可能较大幅度地提高金属产能，于是陪同瑞方人员去金川现场作进一步考察，并与他们进行了仔细的交流、谈判。1984 年 11 月 15 日正式签订了 "中（国）瑞（典）关于金川二矿区采矿技术合作合同"，中方由中国有色进出口公司牵头，金川有色金属公司及北京有色设计研究总院为执行单位，瑞方由波立登公司牵头，波立登公司、阿特拉斯·科普柯公司及吕勒奥大学为执行单位。该合同包括岩石力学研究、联合编制初步设计、进行两个试验采区试验及技术培训等内容。对外经贸部于 1984 年 12 月 8 日以（84）外经贸技字第 4801 号文批准了该项合同。

根据 1984 年 11 月 15 日签订的 "中瑞关于金川二矿区采矿技术合作合同"，联合初步设计组中方由北京设计研究总院任组长，瑞方由波立登公司任组长。1985 年 2~3 月初，瑞方派出 6 人专家组赴金川收集初步设计基础资料，并在现场进行调查研究。中方由北京有色冶金设计研究总院的董鸿翱、于润沧、邰昌寿、陈明耀、魏孔章、杨康德、崔德键、沈小梅（翻译）和金川公司的杨三才、王镒炤组成中方设计组，赴瑞典参加联合设计。这是决定金川如何扩大产能满足国家需求的关键之举。

1985 年 5 月 19 日是一个阴有小雨的日子。我们于晨 5 时出发赶往机场。乘伊尔 62 航班飞行 8.5 小时于莫斯科时间 13:00 抵达莫斯科机场。机场不算很大，建筑给人的总体印象是 "暗"。中国民航招待了一餐丰盛的晚饭。18:00 又乘 SAS 公司的 SK733 航班起飞，这次所乘的飞机是小飞机，每排只坐 5 人。飞机本应直接飞往斯德哥尔摩，但因斯德哥尔摩航空系统罢工，只能经丹麦哥本哈根转乘。从莫斯科至哥本哈根的行程为 2 小时 35 分，跨越波罗的海上空，景色甚美。哥本哈根的机场也不大，办事效率很高，临时办理过境签证，仅用了 20 分钟。转乘仍由 SAS 公司负责，改用大巴于当地时间 21时左右离开哥本哈根，中途在一个夏季旅游胜地停留 55 分钟，在瑞典赫尔辛堡对面乘渡船过海进入瑞典国境，20 日晨 7 时许抵达斯德哥尔摩中心火车站。斯德哥尔摩的清晨温度在 10℃ 左右，凉风嗖嗖。

我们下车后，波立登公司的涂斯哈格（Hans Thorshag）和考派尼（Ferenc Koppanyi）到车站来迎接，随后瑞方的项目经理哈弗纳（Reidar Hoffner）也赶到了。寒暄之后，分乘 4 辆出租车前往酒店 Aston Hotel 下榻。

从 5 月 21 日正式开始工作。工作的第一天，首先由波立登公司的副总裁为我们介绍了该公司的概况。波立登公司在 35 年中已在瑞典之外的 84 个国家开展了 235 个项目，其中矿山项目 79 项（非洲 11 项、欧洲 29 项、远东 10 项、拉美 14 项、中东 9 项、北美 6 项）。项目经理具体介绍了其中 3 项到目前为止的进展情况。

在瑞典期间的工作主要包括四个方面的内容，总的目标是如何在 1990 年前后把金川二矿区 1 号矿体 1250 水平以下的部分建成现代化的矿山，实现年产矿石 264 万吨。

（1）根据初步设计的需要，有针对性地参观考察瑞典和芬兰矿山的先进技术。首先在芬兰参观了三个矿山，第一个是帕拉嘎斯（Paragas）矿的斜井钢绳芯胶带运输机。其次是皮哈萨米（Pyhasalmi）铜锌矿高效采矿场生产能力，该矿围岩稳固性差，需采用锚索加固，分段空场嗣后充填法采场日出矿可达 1500 吨。最后一个是维汉蒂（Vihanti）矿，这个矿的特点是矿石品位很低（Zn 3.4%、Cu 0.4%、Pb 0.4%、Au<0.5g/t、Ag 27g/t），但矿山经营得经济效益甚好，矿井通风自动控制也很出色，年产 160 万吨矿石的矿山，需风量仅为 139 立方米/分。

之后回到瑞典，参观 LKAB 公司和波立登公司所属的 9 个矿山。瑞典有 24 个省 120 个区，耶利瓦勒（Gallivare）是北部省 10 个区之一，在这里参观了欧洲最大的露天矿——艾蒂克（Aitik），其年矿岩总量为 2000 万吨左右，矿岩大致各半。参观时正赶上一次 300 吨的乳胶炸药爆破。Aitik 的选矿厂采用大型设备，连续取样，全部由电子计算机控制，自动化程度很高，这大概是波立登公司的杰作了。

其次参观马尔姆贝尔耶特（Malmberget）铁矿。该矿采用分段崩落采矿法，有两种分段高度：15m 和 20m，以 Toro500 型铲运机出矿，在运距 200m 的条件下，每班能力可达 2200 吨。中段运输采用 45 吨矿用卡车。1985 年的计划产量为 600 万吨。井下工人 535 人，劳动生产率达到 65.42 吨/工班。设备采用预防性维修制度也是该矿一大特点，全矿大小移动设备总量达到 406 台，以计算机存储数据进行管理。他们的维修哲学是：设备不必备用或尽量减少备用、维修必须与生产密切配合、重视有计划的人员培训，设备可以完好地充分使用（包括星期天）。这个矿的另一个特点是其主斜坡道为双线，宽 9.8m，全部采用沥青路面，每年维修一次，非常平整、干净，给人的印象特别深刻。在耶利瓦勒有一个矿山博物馆，其中详细地介绍了 Malmberget 铁矿的历史。

接下来参观的另一个矿山是基鲁纳（Kiruna）铁矿，这是世界上比较有名的地下矿山。采用无底柱分段崩落法，坑内 400 人，每天生产 65000 吨矿石，非常壮观。该矿主运输水平在当时已实现了全盘无人驾驶的电机车运输，成为最亮眼的一个特点。775m 主运输水平共有溜矿井 12 组，每组由 3~5 条溜井组成，组间距约 300m。配备有 12 列由 65 吨电机车牵引 8 节 10.2m³ 底卸式矿车组成的机车组，负责运送矿石。由于矿石含磷高低不同，需要进行配矿。在各溜井通过管道快速取样，送坑内化验室进行快速分析，通过电子计算机做出配矿安排，并指令机车驶往指定溜井装矿，然后运往指定的坑内 5 个破碎站之一，实行精准配矿。

在瑞典北部还参观了两个采用上向分层充填采矿法的有色金属矿山：乌登（Udden）和克里斯廷贝格（Kristingberg），后者是瑞典采用上向进路充填法的典型矿山。这两个矿山的生产规模都不大，一个是 32 万吨/年，一个是 50 万吨/年，但他们都采用了大型采掘设备，是一个很突出的特点。

次年 9 月初回到瑞典中部，在中部访问、考察了三个矿山：加彭贝格（Garpenberg）矿、加彭贝格北矿（Garpenberg North）和格兰吉斯贝格（Grangesberg）矿。格兰吉斯贝格矿属于瑞典国家钢铁公司，年产矿石 400 万吨，采用无底柱分段崩落法。该矿从 700m 到 630m 有一条胶带斜井，斜井的断面为 7m×5m，胶带带宽 1.6m，坡度 1∶8，承担将矿石运往竖井旁侧的矿石溜井。为了保证胶带运输系统的绝对安全，他们采取了一系列的防火设施。加彭贝格矿年生产规模为 20 万吨，采用下向分层进路充填采矿法开采，这种采矿方法是波立登公司推荐金川二矿区采用的方法。其充填法采场用斜坡道作采准，斜坡道坡度为 1∶7，采矿进路规格为 4.5~6m（宽度）× 4.2m（高度）。充填料为选矿厂尾矿，经旋流器将细泥除掉，用真空过滤机将水分降至 15% 送往砂仓。进路底部 1.8m 的充填料配比为（水泥∶尾砂）1∶4，上部 2.4m 为 1∶（8~10）。小时充填能力为 60m³。

（2）参观考察了初步设计有可能选用的设备制造厂，由厂方介绍其设备性能及特点，主要有 ASEA、GIA、Centyo - MorgardsS - Hammar 的 Scanroc 分部、Secoroc、Sandcik、Telleberg、Nityo NobellL、Atlas Copco、VOLVO、Idhammar Askonsult AB 等，其中包括生产矿用铲运机的 ARA 工厂，其经理是一位小儿麻痹症患者，这是一个有 300 多人年产 200 台 LHD 的小厂，当时在世界市场中却具有很强的竞争能力，该工厂后来已转制重组不复存在。

（3）在吕勒奥大学进行岩石力学技术培训，由斯蒂芬森（Ove Stephansson）教授主持。内容涉及原岩应力测量方法（水压致裂法及套钻法）、巷道周围围岩中应力计算与岩体加固，以及岩石力学在充填法中的应用等。他们对金川二矿区矿岩条件的认识相当乐观，看来他们的认识并不符合后来金川的实际。计算机联机资料检索倒是帮了很大的忙。除了岩石力学，还请 Nitro Nobell 公司介绍了他们的爆破技术。请尼尔森（Dan S. nilsson）先生介绍了他们的矿业经济的基本理念，市场经济对钱的概念是"今天的一块钱比明天的要值钱得多"。当时我们还缺乏这样明确的概念。

（4）讨论瑞方提出的设计方案，最后制定联合初步设计。在讨论中围绕深部开拓运输方案、采矿方法具体部署等发生了激烈的争论。他们对选择采矿方法的一个基本观点是"为了提高劳动生产率、降低成本要最大限度地利用允许的最大暴露面积"，也许是值得认真思索的，问题是要有手段，能够对地质、矿岩和应力条件获得可信的资料。

通过上述技术考察和对设计方案的讨论、争论，达成了许多重要的共识，成为联合初步设计的核心内容，体现了在北欧先进经验基础上的再创新，具体内容如下：

（1）应用岩石力学研究成果指导矿山工程设计和生产。这一原则已日益成为采矿技术迅速发展的重要基础之一，也是我们1978年成立岩石力学研究组的初衷。特别是金川二矿区矿体埋藏深，地压大，矿岩破碎且具有很强的蠕变性，贫矿赋存于富矿的顶部和上下盘，如欲优先开采富矿，使开采技术条件变得十分复杂。在二矿区一期工程的施工过程中，处于不良岩层中的巷道常常发生冒顶垮塌，在其掘进和支护工作完成之后，往往还不得不进行多次返修。也试用过多种支护方法，效果均不理想。之前，许多单位从不同角度在二矿区进行了长时期的岩石力学研究，在这次中瑞联合科技合作项目中又包括了进一步开展岩石力学研究的内容，充分显示了其重要性。可惜瑞典的研究工作要到1986年底结束，在初步设计中，吕勒奥大学的斯蒂芬森（Ove Stephansson）教授和鲁德维格（Bent Ludvig）教授只能在初步研究的基础上，结合现场调查研究和过去已有的岩石力学研究成果，按 Q 值分类法（挪威地研所 NGI 提出的岩石分类法）对试验采区的几组主要矿岩进行了计算与分类，确定了支护原则。

（2）根据金川二矿区矿床的开采技术条件，参照瑞典加彭贝格（Garpenberg）矿的经验，选用机械化下向进路充填采矿法，实现"采富保贫"。下向进路式充填法本是一种通常只用于回采矿柱和小型矿体的低效率的采矿法，现在要全面用于开采二矿区的大型1号矿体，达到日出矿8000吨的要求，以满足金川公司年产镍4万吨的需要，并考虑进一步扩大规模的可能性。除采用大型设备改造这种采矿方法外，还决定两个中段同时开采。由于下盘贫矿较薄，宜与富矿同时采出，所以实际开采对象是富矿与下盘贫矿。1250中段以上正采用下向进路充填法生产。新方法与金川现用的下向充填法相比，主要差别在于变小盘区为大盘区，变脉内采准系统为脉外采准，变气腿式凿岩机为双机液压凿岩台车，变电耙出矿为大型铲运机出矿。这些改变将低效率的下向进路式充填法改造成为一种高效率的采矿法，使盘区生产能力和工人劳动生产率大幅度提高，生产过程的安全性，由于以高浓度胶结充填体为顶板得到有效的保证。

（3）选用大型无轨设备。参观瑞典几个采用充填法的有色金属地下矿山，很突出的一个感觉就是设备大型化。有些矿山的生产规模只有20万~50万吨/年，而出矿的设备却采用了铲斗容积为6m³的大型铲运机。再加上辅助设备配套，充分发挥了设备的高效、高利用率。这与国内的传统思维大相径庭。我们与瑞方专家经过充分研究，遵照王文海经理关于将金川二矿区建设成为世界一流矿山的要求，对下向进路充填法断面为4m×5m的进路中的作业，打破常规地选用了双机液压凿岩台车和铲斗容积为6m³铲运机，以及相应的配套辅助设备。

（4）加大主运输水平的间距。根据瑞典大型矿山的经验，增大主运输水平的间距是促使矿山现代化的重要步骤之一。因为一个主运输中段的开拓是一件大事，往往需要大量的投资，也可能涉及设备和技术的更新。在瑞典，大型矿山主运输中段的服务年限已提高到12~15年。根据金川二矿区矿体形态及储量分布情况、地质及岩石力学条件、天井和溜井掘进技术、建设进度和生产的连续性与安全性，将其主运输水平的高度从原先的100m提高到150m。同时新设计的主运输水平采用25吨矿用卡车运输。井下破碎站改用易于实现自动控制的、适应大规模生产的旋回式破碎机。

（5）在大量采用无轨设备的条件下，通地表的斜坡道和分斜坡道系统是必然的选择，参观北欧的矿山，不论老矿、新矿，都有主斜坡道、分斜坡道系统，这不仅为大量使用无轨设备提供了方便，也给采矿生产带来了极大的灵活性。联合设计借鉴瑞典经验，同样为金川二矿区设计了 6000m 长的主斜坡道和分斜坡道系统。

北欧矿山的先进技术为金川二矿区的扩大产能奠定了坚实的技术基础。值得一提的是，如前所述，下向进路充填法本是一种低效率的采矿方法，通常只用于开采小型矿体和回采房间矿柱。金川二矿区的矿体属于厚大矿体，1 号矿体长近千米，水平面积超过 10 万平方米，在这样厚大的矿体中全面采用下向进路充填采矿法，而且在 4m×5m 的进路中又采用了双机液压凿岩台车和 6m³ 铲运机等大型设备，这在国际上也是没有先例的。金川在生产过程中，对回采顺序、进路通风等也做了更适合该矿特点的改进。这些发展体现了在北欧先进技术上的再创新。将一种原本低效率的采矿方法改造成为高效率的采矿方法。加之金川长期坚持发挥科研引领的优良传统，后来，金川二矿区的盘区生产能力达到 800～1000 吨/日，全矿的生产能力也从联合设计的 264 万吨/年不断提高，现在已突破了 400 万吨/年，大大超过了设计水平，在开采技术条件极端恶劣的情况下，为下向进路式充填采矿法创造了世界之最。为满足国家对镍的需求立下了大功。

应当说王文海经理在金川镍矿的发展、变革中是立下了大功的，在他的指导和坚持下，众多科研、设计单位的人员几乎不间断地奋战在科技攻关第一线，为金川的飞跃奠定了科学的基础。我很怀念这位金川的领导人，没有他金川很难有现在这样的成就。

第十章　发展胶结充填工艺

高浓度胶结充填工艺技术的诞生

金川采用充填法，充填工艺技术成为"采富保贫"、提高采场生产能力的关键之一。20 世纪 70 年代初期开始进行金川二矿区设计时，国内还缺乏应用先进的胶结充填技术的经验。金川公司龙首矿在当时所采用的电耙扒运低标号混凝土的充填工艺，远不能适应二矿区大规模生产对充填工艺的要求。为了破解这一重大技术难题，由金川公司研究所、二矿区、我们设计院和长沙矿山研究院联合组成专题研究组，从 1972 年四季度开始，进行了长期大量系统的研究工作。这是我国首次开展的系统的胶结充填工艺研究，1974 年，国家科委将这一课题列为国家重点研究项目。同年，为了更好地开展试验研究工作，在金川建设了大型充填试验室。开路试验管路系统垂直管段 12.8m，水平管段 40m；闭路试验管路系统总长 70m，由砂泵出口起带有 5‰ 的正坡度。两个系统均采用与生产条件相同的管径，并配有自动检测与控制系统，可以进行开路垂直自流和闭路循环试验。我和金川公司的工程师周成浦、李高德负责组织并实地参加试验的指挥与操作。应当说，这样的试验条件是异常优越的，这样的试验条件也是难能可贵的。

试验第一阶段（1972 年 11 月 ~ 1973 年 12 月）的主要任务是选择充填材料及其合理的粒级与配比。为此，先后对矿区附近可大量获取能用作充填料的多种物料，包括风砂、选矿尾矿、几种不同粒级（-5mm、-2.5mm、-1.2mm）的戈壁集料，进行了其物理化学性质的测定和分析，对不同灰砂比、不同浓度的胶结充填料浆的渗水率、干缩率以及试样的抗压强度进行了周密的测试。通过对上述几种物料试验获得数据的综合技术经济比较，鉴于冶金部关于金川尾矿中尚有可资回收的金属元素，不同意将其做充填料的指示，初步选定-1.2mm戈壁集料棒磨砂作为充填骨料，开展试验。

在进行风沙取样时，还发生了一次没有预料到的事故。我们是乘坐一辆较新的解放牌卡车，前往附近广袤的沙滩里去取样，在车厢里放上长条座椅供大家乘坐。不料卡车在行进中不慎陷在沙中，既不能进，也不能退，最后只好将座椅拆散垫在车轮下，一步一步地将卡车救出。

试验的第二阶段（1974年1～12月）是在实验室进行-1.2mm戈壁集料棒磨砂配以不同灰砂比、不同料浆浓度的管道输送半工业试验，以期求得水力坡度与流速的关系，水平管路的摩擦阻力系数，弯管的局部阻力系数，料浆在流动过程中的温升等重要数据，为设计充填站和充填系统提供基础依据。同时，也可在观察管段实地察看料浆流动过程的状况。试验中出现了一次意外的停电，结果将试验引入到了一个全新的境界。有一天，在一次料浆浓度为70%的输送试验即将结束时，突遇停电，大家异常紧张，担心将要堵管。我紧盯着观察管，并未发现粗颗粒因离析而沉淀。过了十多分钟，恢复供电，我们试着开泵，发现输送仍可正常进行。这种新奇的发现促使我们接下来专门进行了多次停泵试验，结果都一样。有一次吃午饭之前停了泵，吃完午饭重新开泵，输送仍可顺利进行。于是我们决定安排系统的高浓度料浆输送试验，以便从实践和理论上进行深入的探讨。到此结束了第二阶段的试验。

试验的第三阶段（1975年1月～1977年10月）是高浓度胶结充填料浆半工业试验新阶段。这一阶段的试验已延续到第五个五年计划时期了，为了叙述的连续，在此处接着写下去。

第三阶段试验首先遇到的问题是骨料加工方案的选择。从设计戈壁集料加工场的方案比较中发现，如果将充填骨料粒级改为-3mm自然级配，戈壁集料加工便可采用比较简单的、仅用棒磨机一段开路产出-3mm棒磨砂的工艺流程。因此第三阶段试验，便将充填骨料粒级定为-3mm自然级配棒磨砂，同时由于骨料粒级的提升，也必须将料浆试验的质量浓度提高到75%～80%。

在此期间，完成了百多次的半工业试验研究，获得了丰富的数据（长沙有色设计院的潘健高级工程师也参与了当时的理论分析工作）。结合对流变学的研究，形成了一系列重要的创新成果。

（1）提出了"临界流态浓度"的概念。金川的试验表明，随着料浆浓度的提高，胶结充填料浆的流态特性逐渐发生变化，当料浆浓度达到某一限值时，料浆便从非均值的固-液两相流体转变成似均值的结构流体，从而发生质的变化。这一转折点被我们定义为"临界流态浓度"。这种转变从料浆水力坡度与流速关系图上可以清楚地看出。当料浆浓度低于临界值时，此关系曲线为上凹曲线，接近临界流态浓度时，水力坡度随流速的变化，大体成线性关系，而超过临界流态浓度以后，曲线变为下凹曲线（如下图所示）。

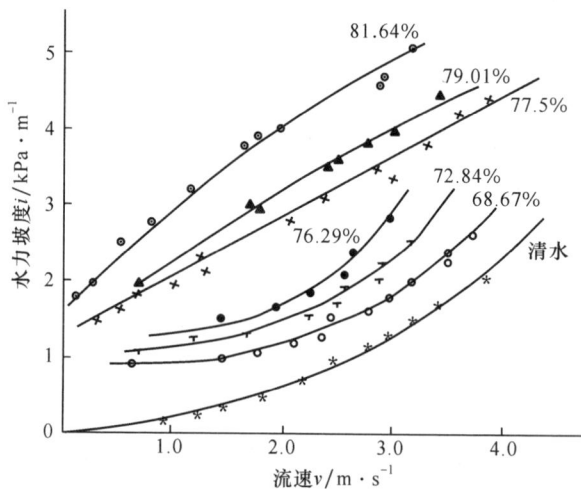

水平直管水力坡度与流速关系曲线

所以高浓度并不是一个相对的数量概念，如同65%对60%来讲是高浓度那样，而是有一定的物理界定。不同的物料具有不同的临界流态浓度，它主要取决于固体物料颗粒的粒径、形状、级配、比重等，对料浆黏度产生显著影响的极细颗粒的含量尤为敏感。试验得到的-3mm戈壁集料棒磨砂灰砂比1：8的临界流态浓度为78%。

（2）否定了国外资料认为管道水力输送的最大体积浓度为49%，超过此值就会堵管的提法。金川试验的-3mm戈壁集料棒磨砂胶结充填料浆的体积浓度达到53%~60%（相应的质量浓度为77%~80%），仍然能够正常输送。由于高浓度料浆的管输特性已超出了固-液两相流体的范畴，适宜用流变学的理论来解释，其流变特性接近宾汉流体。

（3）推导出金川非均质料浆和似均质料浆水力坡度计算经验公式（参见于润沧主编的《采矿工程师手册》（下）（第73~74页））。由于金川试验室试验采用了与生产管径相同的管路系统，进行了长时期大量的试验，获得了丰富的数据，因此与多种计算公式相比，包括国际上最流行的杜兰德公式，我们推导出的公式对多种物料计算的误差是最小的。

（4）充分证明了高浓度胶结充填在经济上的优越性。在使用等量水泥的条件下，80%浓度的料浆比70%浓度料浆的试块单轴抗压强度高36%~80%；反之，在浓度相同的条件下，前者可比后者节约水泥20%~30%。此外，提高料浆浓度导致用水量的减少，相应的采场脱水、排泥量的减少均带来一定的经济效益和环境效益。

我们在此期间也查阅了国外的相关资料，发现国外也是从20世纪70年代中期开始提出充填料浆浓度的问题，但是对高浓度还没有确切的定义，也缺乏系统的研究。所以，我国在这一领域是领先的。高浓度胶结充填试验获得的成果大大增强了"采富保贫"的信心。接下来便是第四阶段的工业试验。

试验的第四阶段（1982年1月~1983年6月）是利用二矿区已

建成的充填站和充填系统进行工业试验。为了保证试验的顺利进行，也为了尽快培养操作工人，我们将试验室的全部人员直接转到生产用的充填站，并增配了矿山机械和自控专业的技术人员。根据矿山设计的需求，充填系统的能力应不小于 60 立方米/小时。为此研制高浓度料浆制备搅拌桶，便成为一项重要任务。φ2000mm、高2000mm、容积为 5.5m³ 的高浓度料浆搅拌桶，经过十多次试验、改进，终于满足了每小时制备不少于 60m³，重量浓度可达 78% 以上，−3mm 戈壁集料棒磨砂料浆连续进料，连续排料的要求。根据国产仪表改制的充填系统自动检测与控制系统，也获得了合格的效果。在工业试验阶段，完成了 16000m³ 的输送试验。为这一创新的研究成果用于生产奠定了基础。

这一科研项目研究成果获得了 1985 年国家科技进步二等奖。我也于 1983 年为第一届全国采矿学术会议撰写了一篇短文《料浆浓度对细砂胶结充填的影响》（见附录二）。

国内充填系统首次采用立式砂仓的工业试验

山东焦家金矿是我国重点黄金矿山之一，储量丰富，品位较高，设计规模为 500 吨/日。矿体赋存条件复杂，开采难度较大。因此在1978 年天津召开的科技会议上，将该矿的充填采矿方法试验研究列为冶金工业部重点科研项目之一，由焦家金矿、北京有色冶金设计研究院、北京矿冶研究总院、东北工学院组成试验组，负责科研工作。从 1978 年底到 1981 年底的三年时间里，先后完成了充填材料性能试验、立式砂仓放砂浓度的试验以及充填系统运转工业试验、上向水平分层胶结充填法回采矿房试验、上向水平分层尾砂充填法回采矿柱试验。我和几位同事一起，于 1979 年 6 月 9 日至 7 月 20 日，花费了 42 天时间，参加了对立式砂仓放砂性能，以及充填系统运转的工业试验，具体负责整个白班的试验操作。

焦家金矿是国内第一次采用半球形底立式砂仓，进行分级尾砂充填的矿山。采用立式砂仓，首先需要从选矿厂的尾砂池，利用衬胶砂泵，将全尾砂泵入安装在立式砂仓上部的水力旋流器，进行分级脱泥，分级后的粗尾砂落入立式砂仓，细粒级尾砂送往尾矿库。开始充填时，将砂仓内的尾砂浆从放砂口经短管落入搅拌筒，与水泥仓根据所需配比输入的水泥，按一定浓度进行混合搅拌，制成胶结充填料浆，然后自流或泵送至井下对采空区进行充填。这种工艺技术的关键点，也是最难掌握的，就是料浆浓度满足要求并保持稳定。通过三个多月的工业试验考核，水力旋流器分级效果良好，立式砂仓的沉砂率达到 57% ~ 60%，$-37\mu m$ 细粒级含量小于 15%，砂仓放出砂浆浓度可以保持在 65% ~ 70% 之间，表明立式砂仓作为尾砂充填的脱水、分级设备是比较理想的，之后获得了广泛推广应用，并不断得到进一步多方面的改进。

在采用立式砂仓进行充填的工业试验过程中，还进行了多项与充填质量有关的探索试验，包括尾砂含泥量对充填体抗压强度的影响，水泥用量与充填体抗压强度的关系，胶结充填料浆浓度与充填体强度的关系和对水泥离析的影响，以及添加高分子絮凝剂对水泥离析的影响等。也许因为这是第一次设计，发现充填料浆制备站内的配置、管路的闸阀、立式砂仓放砂喷嘴的材质等都存在必须改进的缺陷。更重要的也许是启发和改变操作工人的传统观念。我们负责白班的生产，在操作上尽量保持较高的料浆浓度，以获得较低的水泥离析指数（即水泥离析程度低）和较高的充填体强度。然而中班交接班后，工人们担心提高浓度会发生堵管，于是便加大给水量，使充填的效果大幅度下降，当时任何解释、说服都未能收到应有的效果。后来逐渐认识到，解决这样一个有关充填工艺的关键问题，不仅需要对相关工作人员进行认真细致的培训，使他们通过真正了解充填工艺的机理，改变他们的观念，而且还需要通过智能化的监控系统提供保证。但这次工业性试验为以后我国胶结充填工艺的发展奠定了良好的基础，提供了许多关键的思路。

发展膏体充填工艺

胶结充填工艺的发展经历了分级尾砂水力充填、全尾砂充填、高浓度充填到膏体充填的不同阶段。应当说这些不同的充填工艺，各有其应用条件，也各有不同的利弊，具体选择需要根据矿体的特点、矿区环境状况、经济效益，并通过精心试验来确定。但最理想的工艺应当是：胶结充填料浆具有可以依靠重力自流输送的最大浓度，且在采场基本无需脱水。从许多试验资料看来，这种状态基本接近膏体。所谓膏体是将一种或多种充填材料（也包括胶凝材料）与适量的水进行优化组合，配制成具有良好稳定性、流动性和可塑性的牙膏状非牛顿流体。这种膏状流体具有明显的屈服应力，在管内的输送不会产生固液分离并可在低流速下输送。

国际上全尾砂膏体充填料泵压输送工艺于 1985 年在具有 400 多年开采历史的德国格隆德（Bad Grund）铅锌矿诞生。德国 Preussag 金属股份公司从 1978 年到 1983 年，在政府财政资助下，共耗资 1130 万西德马克，在格隆德铅锌矿开发试验成功泵送全尾砂膏体的工艺系统。该矿的膏体由粒级为 0~0.5mm 全尾砂、粒级为 0.8~30mm 重介质尾矿、按重量 1∶1 的比例混合而成。其中要求低于 25μm 的细泥含量占 10%~25%，重介质尾矿脱水后的含水量为 2%~3%，浮选产出的全尾砂用 35m² 真空水平带式过滤机脱水（加絮凝剂）至含水 18%~20%，定量配置的混合物料，经双轴叶片式搅拌机进行第一段搅拌，然后再经双螺旋搅拌机第二段搅拌。此搅拌机的两根轴，可以同向同速转动，也可异向异速转动，而且其容积较大，因而也具有储仓的功能。搅拌好的浆体，用装在地面的双活塞混凝土泵，通过管路送往井下。在进入采场之前，加入 3%~4% 的水泥。一种办法是在坑内制成水泥浆，加入坑内泵站的双螺旋搅拌机与充填料混合；另一种办法是在进入采场前的 30~50m 管道上安装直径为 25~50cm 喷射头，直接将干水泥用强压风吹入。水泥在坑内添加具有管道清洗简单的优点。该矿的做法是添加水泥之前的管路（总长约 2000m）周五不放空，周一继续输送。充填体可具有 1.5~2.0MPa 的强度。该充填料的含水量很低，只有 12%~15%，采场内没有多余的水需要脱出，既简化了采场挡墙结构，又消除了对井下环境的污染。

1987 年，金川有色金属公司与中国有色工程设计研究总院共同组团赴该矿进行了考察，接着便在金川开展了"全尾砂膏体充填新工艺及装备研究"。该项研究被列为国家"七五"科技攻关项目。

这是我国第一次接触膏体充填，很自然地给予了高度重视。首先，熟悉前人对新拌水泥浆体和混凝土流变性能的充分研究，可为我们提供重要的参考。然而，膏体充填料浆包含不同粒级的尾砂、水泥、水，有时还包含无机集料和其他添加剂、水泥代用品等，往往还会有一定的气体被裹入，其性质非常复杂。因此，我们与清华大学水利系、中国科学院化学所、武汉大桥局合作开展了全尾砂膏体流变性能的研究。

金川尾矿粒度很细，筛上存留 50% 试样时的筛孔直径 $d_{50} = 26~34\mu m$，而且 MgO 含量高达 28%，给全尾砂膏体充填带来了新的技术难点；加之金川二矿区由于充填倍线小而形成的剩余压头，对膏体管路输送以及管路系统设计，形成了难以克服的新问题；也就成为需要依靠技术创新来解决的新课题。该项研究从 1987 年 10 月正式开展工作，到 1991 年 8 月完成工业试验，建起了第一套工业生产系统，从理论和实践上为我国采用这项新技术蹚出了一条道路。这项研究包括以下几个部分：全尾砂膏体充填物料物理力学性能研究；膏体充填料浆流变性能研究；全尾砂脱水及膏体搅拌设备研制，全尾砂膏体泵压管道输送试验研究，全尾砂膏体充填系统计量、自动检测技术与装置研究。

充填试验管路系统

试验管路排出的膏体

一、全尾砂膏体充填物料物理力学性能研究

全尾砂膏体充填物料物理力学性能研究的主要目的，就是实现膏体充填料配比的优化，即根据全尾砂的特性，如何加以适量的各种添加剂制备出满足回采工艺要求强度的、成本较低的充填料浆。金川的试验充分研究了全尾砂加水泥、加粉煤灰、加戈壁集料棒磨砂、加戈壁集料细石，以不同灰砂比、不同料浆浓度的试块强度。

同时也对水泥的水化作用、粉煤灰对充填料浆性能的影响、全尾砂含硫量的影响、添加其他骨料对充填体强度的影响等进行了详细的研究。膏体的形成需要相当数量的细粒级物料，一般 $-20\mu m$ 的含量应不小于20%。选择充填料配比，需综合考虑各方面的影响因素及其交互作用。

二、膏体充填料浆流变性能研究

研究膏体的流变性能，对于设计可靠的膏体制备、输送系统具有十分重要的意义。我们与相关研究单位合作开展了这方面的研究。首先，全尾砂膏体充填料浆具有很高的屈服应力，而且屈服应力与料浆重量浓度呈现较为典型的指数关系。更值得注意的是，采用不同方法测得的屈服应力值相差甚为悬殊，最重要的原因是尚缺乏统一的标准。再则就是触变性。所谓触变性就是指搅拌时液化，放置后又重新凝固的特性。全尾砂高浓度充填料浆不论是否添加水泥，在低剪切速率、短时间的条件下，都具有一定的触变性，但不明显，据此可以确定，全尾砂膏状充填料浆属于赫谢尔-布尔克莱（Hershel-Bulkley）体，可简称为 H-B 模型。哈萨克斯坦的研究表明，利用膏状体触变性这种特性，采用搅拌均化器达到水泥更均匀的搅拌，也是一种可资借鉴的好经验。

三、制备设备研制与管道输送试验研究

金川所用的制备设备，基本是仿效格隆德矿的设备研制或选用的，即利用真空水平带式过滤机进行全尾砂脱水，然后经两段搅拌。第一段采用双轴叶片式搅拌机，第二段为双螺旋输送搅拌机。各种物料，均通过自动检测定量后，通过胶带运输机送入第一段搅拌机。上述搅拌设备经过金川全尾砂膏体胶结充填工业试验，生产能力可达 $60m^3/h$，料浆浓度在 75%~84% 之间，混合均匀，满足了充填工艺要求。在试验工程中，发现真空水平带式过滤机并不是理想的全

尾砂脱水设备，一来占地面积太大，二来还须另配储仓。我们设计院虽然在其后的江西武山铜矿、湖北铜绿山铜矿的膏体充填设计中仍采用了这套系统，但搅拌设备已属第二代，叶片形式、结构配置及密封等均有较大的改进，同时加大了螺旋搅拌输送机的容积并增加了缓冲贮存功能。后来在云南会泽铅锌矿的设计中，已改用引进的EIMCO深锥浓密机，取代真空水平带式过滤机进行全尾砂脱水。至于搅拌设备仍维持改进后的装置。为了克服引进的深锥浓密机价格昂贵、有时会出现压耙的缺陷，其后我们设计院又在冬瓜山铜矿"十五"科技攻关中，利用充填站普遍采用的锥形底立式砂仓，根据控制砂浆空隙压力和改善沉淀尾砂的流动性能，在优化砂仓结构的基础上，增加一套控压助流的设施，使砂仓放出的尾砂浆浓度能满足膏体充填的要求，且比较稳定。这一系统的工业试验按照连续进料和连续放砂的流程，持续进行了 55 个小时的试验，放砂浓度保持在 78%～82% 之间小幅波动，放砂流量的可控性也得到了提高，可以稳定在 40～60m³/h 之间，使膏体充填料浆制备技术又向前推进了一步，可以利用同一设备解决尾砂脱水和尾砂储存，并能满足膏体充填对料浆浓度稳定的要求。这一技术获得了 6 项中国发明专利。

编写《全尾砂高浓度（膏体）料浆充填新技术》

胶结充填技术的出现和发展，给坑内采矿带来了巨大的影响，不少复杂的技术难题从此找到了解决的途径。采用胶结充填技术使厚大矿体矿柱回采的回采率和出矿品位大幅度提高。采用胶结充填技术可以成功地控制地压，缓解深井开采时岩爆的威胁。采用胶结充填技术还可以有效地阻止岩层发生明显的移动，实现水体下、建筑物下采矿和优先开采下部或下盘富矿而不造成资源的破坏，对保护地表生态环境也具有重要意义。胶结充填技术还能有效地隔离和窒息内因火灾，成为开采有自燃性矿床的良好手段。此外，胶结充填技术与无轨设备相结合，不仅使古老的充填法面貌一新，而且还使之进入高效率采矿方法的行列。所以，胶结充填采矿法所占的比重在迅速提高。有鉴于此，为了使我们设计院的采矿同仁对最新的胶结充填工艺技术的理论与实践经验有较深入的了解，1992 年由我和刘大荣担任主编，由魏孔章、秦毅、肖尚武、张双运、王小雯参加编写，在原有色金属工业总公司铅锌局的支持下，于 1992 年为内部编写了《全尾砂高浓度（膏体）料浆充填新技术》一书，这也是我办理了离休手续后，和同伴们对我们设计院在国内引领充填技术发展的一个总结。

这本书以金川镍矿全尾砂高浓度、膏体泵送充填工业试验为基础，结合国内外全尾砂充填矿山的生产、试验经验编写而成。因该书原系内部发行，下面简单介绍其主要内容。

全书共分为九章。第一章介绍了胶结充填技术发展的概况，明确了高浓度充填料浆的概念及临界流态浓度的定义。所谓高浓度，不是一个相对的概念，而是有其特定的内涵。随着浓度的提高，胶结充填料浆的流态特性逐渐发生变化，当料浆浓度达到某一限值时，料浆便从非均值的两相流体转变为似均值结构流体，从而发生了质的变化，这个转折点称为"临界流态浓度"。此时，料浆的水力坡度随流速的增长大体呈线性关系。第一章还分析了全尾砂高浓度充填的种类及其特点。

第二章叙述了全尾砂高浓度（膏体）充填材料及配比选择，按回采工艺对充填体强度的不同要求，将充填体强度分为高（≥4MPa）、中（2MPa 左右）、低（<1MPa）三档，并研究了影响强度的各种因素。

第三章主要叙述对全尾砂高浓度（膏体）充填料浆的流变特性的研究，同时探讨了不同流变特性测量方法的适用性。这是一个全新的课题，国内外也仅仅围绕屈服应力、触变性、流动曲线、临界雷诺数等做过一些探索性研究。

第四章是关于此类料浆的制备，包括全尾砂的脱水浓缩及料浆的搅拌制备。介绍了普通浓缩机、高效浓缩机、深锥浓缩机、盘式过滤机、圆筒带式过滤机、带式过滤机等的应用，以及间断搅拌、一段和两段搅拌流程。同时，对充填系统必须配备的计量自动检测仪表进行了介绍。

第五章是关于全尾砂高浓度（膏体）料浆的管道输送，主要介绍浓度、临界流态浓度、最大沉降浓度、临界沉降浓度、料浆容重、泌水率、塌落度、屈服应力、粒度等管输特性参数，以及主要输送参数的确定。

第六章是有关膏体泵送的工艺和设备，重点从泵送物料组分、膏体的塌落度、膏体的稳定性、细粒级的含量论述了膏体充填料的可泵性，也从流变学的角度考察了膏体充填料浆的可泵性，以及泵送设备的选择。

第七章叙述了胶凝材料的添加方式和不同设备的优劣。

第八章分析了全尾砂高浓度（膏体）泵送新工艺的经济和社会效益。最值得指出的一点是，降低充填成本是永恒的主题，而胶凝材料的费用在胶结充填料浆中占很大比重，采用膏体充填，按同样的充填体强度，其胶凝材料的用量可比两相流体充填料浆显著降低。

第九章介绍了金川镍矿、凡口铅锌矿、德国格隆德铅锌矿、美国幸运星期五银铅矿、加拿大多姆金矿、南非库基-3号矿井等矿山应用实例，以及苏联阿奇赛公司进行的全尾砂胶结充填和美国原矿业局进行的全尾砂膏体充填的试验资料。

第十一章 矿业工程设计单位的历史性变革

工程设计单位逐步实现企业化

1979 年国务院做出了工程设计单位要逐步实现企业化的决定，同年开始进行企业化取费试点，我们设计院原来是事业单位，当时被列为全国十八个企业化试点单位之一。从那时起，我们院开始踏入市场经济的领地，改变了过去设计任务由上级下达，花钱靠国家拨给事业费的状况。

15 年后，1994 年 8 月，在一次中国矿业协会组织的华北西北地区团体会员（单位）座谈会上，我曾经做了一个"深化改革，转换机制，摆脱困境"的发言。历数了 15 年变革的道路崎岖、艰辛，在激烈的市场竞争中需奋力拼搏，探索前进，最重要的是人们的观念逐步得到更新。在经营机制方面发生了四个方面的根本变化：（1）由过去只承担有色金属领域的设计任务转变为"有色为主，广开门路"，积极开拓承揽了年产 30 万吨以上的水泥厂，5 万千瓦以下中小热电站，葡萄酒、啤酒、咖啡、卷烟和食用酒精等轻工食品工程，显像管及玻壳厂等电子工程，旅游景点索道及学校、医院、宾馆、园林等建筑，音乐厅、剧院、旋转升降舞台、游乐场及大型游艺机等设计任务。由于有色战线的压缩，当时我们院承担的外行业任务量已占全院任务总量的 50%~70%。（2）由单一的工程设计转变为"设计为主，多种经营"。首先是抓了"两头延伸"，即开展科研和工程承包。设计与科研相结合，有利于在工程项目中采用新工艺、新技术、新设备，将科研成果转化为生产力，也有利于提高设计质量，拓展设计人员的思路，提高设计人员的素质和技术水平。关于工程承包，1986 年我们院成立了工程承包部，到 1994 年已先后完成了 8 项矿山工程的总承包任务，都实现了投资、质量、工期三大控制，取得了较好的经济和社会效益。（3）由主要面向国内市场转变为面向国内和国际两个市场。为此先后在巴基斯坦、阿根廷、俄罗斯设立了办事处，1992 年获得外事经营权后，第二年就先后 6 次组团参加国外工程项目招标，经谈判签订了 5 项合同，从国际市场的收入已占到全院总收入的 10% 来看，算是一个良好的开端。（4）适应市场运作的需要，管理制度方面也作了相应的重大调整。

这段历史反映了我国改革初期，工程设计单位经历的艰辛变革和探索。

矿业工程设计单位的科研工作

从 1958 年底中国恩菲就建立了试验研究组，我曾担任副组长。初步开展的研究项目有：研制电动凿岩机、吊罐天井掘进、试制打火石。从这些项目来看，当时并没有一个正确的方向，试制打火石又是上级下达的任务。结果打火石试制成功，转给其他部门生产，替代了进口产品。吊罐天井掘进进行了现场工业试验，获得成功。电动凿岩机未能形成产品。后来随着"大跃进"的降温，科研工作未能正常发展，但也围绕工程项目中的技术难题开展了多年的科研工作。在这长期的实践、探索中，有成功的经验，也有不少失败的教训，总结这几十年的经历，对矿业工程设计单位从事科研工作摸索出几点基本规律：

一、矿业工程设计单位必须开展科研工作

矿山工程是一个复杂、多变、信息隐蔽、难以预测的巨型系统。

由于矿床赋存条件、地质构造、矿岩稳定程度、原岩应力大小、水文地质情况、生产规模和所用设备的不同，每一个矿山都具有很强的独特性，基本上不太可能进行技术应用的简单复制。我国又面临日益增多的矿山深井开采，目前正在设计建设的开采深度超过1500m的金属矿山项目已有十多个。深井开采将遇到岩爆、高温的威胁，工作环境恶化。现在又遇到了国际上尚无先例的超大规模、第三类型深井开采、采用充填工艺上的技术难点。此外，开矿对生态环境破坏甚为严重，如何使废石、尾矿资源化，建设生态矿业工程，实现无废开采。如果不针对具体矿山的这类技术难题开展科研工作，进行科技攻关，就无法保证设计质量和矿山投产后安全、高效、经济地生产。

二、矿业工程设计单位从事科研工作的特点

矿业工程设计单位，由于其工作性质和工作任务，很难有条件和精力从事更多的基础研究，但是矿业工程设计单位又属于科技型企业，科技型企业的核心竞争力在于科技创新的能力和创新成果，包括自主创新、集成创新、引领创新、突破性创新乃至颠覆性创新。例如中国恩菲同相关单位合作，通过工程项目，在这方面创造了许多国内第一：创建了第一个无废矿山——南京铅锌银矿，在1975年前后首创高浓度胶结充填工艺及其理论；国内第一家采用大规模自然崩落法的矿山——铜矿峪铜矿；120m阶段高度的空场嗣后充填采矿法，管路输送距离超过4km的膏体充填系统；国内最早采用全无轨设备采矿的矿山——三山岛金矿；在开采条件最复杂的金川镍矿创造了数项世界之最；瑞海金矿海下深井采矿的探讨等。国内其他矿业工程设计单位也有类似的业绩。这些针对工程项目的特点开展的创新性科研工作，都反映出矿业工程设计单位科研工作的特点。

三、矿业工程设计单位从事科研工作的优势

矿业工程设计单位是多专业、多学科的机构，如中国恩菲就具

有 20 多个专业。多专业、多学科交叉，极有利于科技创新。如果组织得好，这是一个很大的优势。矿业工程设计单位的科研项目主要是源于工程项目中的技术难题，所以它的投入大部分是与工程建设相结合的，它的成果极大地完善、改进了工程质量，化解了可能出现的安全风险，全面提高了工程项目的经济和社会效益。所以，他们的科研成果基本上都可以转化为生产力，这是他们的另一个优势。不过应当指出的是，由于我国条块分割的管理体制，设计部门的科研工作，在国家科研管理口，很难得到与高校和研究院所同等的待遇。设计部门的考核、奖惩制度也不适应科研工作的规律，很难调动员工积极从事科研工作、攻克技术难关。于是形成了设计任务是硬指标，研究项目是软指标，于是矿业工程设计单位从事科研工作的优势未能充分发挥出来。这应当是有待研究改进的重要环节。

在工程设计单位建立岩石力学研究组

20 世纪 60 年代以来，岩石力学综合弹性力学、塑性力学、流变学、断裂力学等学科的规律用于研究复杂的岩体特性，并依靠各种先进的测试手段，利用电子计算机进行有限元、边界元、离散元的数值分析，使采矿领域的诸多技术获得了迅速的发展，例如推动自然崩落法应用范围的扩大，巷道掘进支护新奥法的诞生，露天矿最终边坡角加陡和滑坡有效治理，以及 "三下"（建筑物下、水体下、铁路下）开采技术的发展等，成就斐然。北京有色冶金设计研究总院从 1973 年开始针对工程项目开展岩石力学研究，到 1978 年在矿业设计单位独树一帜地正式组建岩石力学研究组，由我兼任组长。通过大井子银铜矿岩石力学研究，红透山铜矿深部开采上盘竖井稳定性评价，南京栖霞山铅锌银矿 "三下" 开采的充填体作用机理及区域稳定性分析研究，德兴铜矿露天开采最终边坡角及陡边坡加固研究等，为设计提供了科学依据，选择了最佳设计方案，使工程建设获得了巨大的经济效益，同时培养出一支 16 人（其中教授级高工 2 人、高工 3 人、博士 1 人、硕士 1 人）的具有相当经验的队伍，并将岩石力学研究确定为我们设计院高阶段设计文件固定的一个章节。

岩石力学组成员合影（前排右五为我）

1986 年，根据中、日两国政府协议，在北京有色冶金设计研究总院建立了"中国有色金属矿业试验中心"，由日本国际协力事业团提供 39 项价值近 400 万美元的先进设备和仪器。岩石力学组开始具备了包括三轴刚性压力机、定向取芯钻机、超声波探测仪、岩石点载荷仪、水压致裂系统、自动岩石切割机等相当先进的装备，之后又承担了多项重点工程的岩石力学研究，广泛涉及岩石力学的诸多领域：如金川二矿区大面积采用下向进路充填法开采"采富保贫"的区域稳定性研究；三山岛金矿确定新采矿方法参数的岩石力学研究；焦家金矿小露天开采后地表发生裂缝，对竖井稳定性进行评价的研究；铜绿山铜矿为保护古矿遗址露天矿陡边坡开采及加固研究；德兴铜矿北山露天采场及大山村选矿厂边坡稳定性研究；安庆铜矿碉室型采矿方法岩石力学研究；中条山铜矿峪铜矿采用自然崩落法矿岩可崩性研究等。通过这些工程的研究，为解决设计中的技术难题，提高设计水平和设计质量做出了重要的贡献，为岩石力学研究与矿业工程设计的有机结合进行了非常有益的探索。不幸的是，由于当时的单位领导不接受总工程师室、采矿室、科研处联合提出的"关于将岩石力学工作正式纳入大中型矿山工程项目设计工序"的建议，最后因产值分配、工作待遇等问题，导致人员流散，最后是那么多的贵重设备损毁或外送处理。虽然岩石力学组的骨干顾秀华仍坚守阵地，坚持工作，设计文件中的岩石力学章节仍然保留，但工作深度已大不如前。我作为第一任岩石力学组的兼任组长，无力阻止这一新生事物的夭折，长时期感到从未有过的愤懑与心灰意冷。

第十二章 引进、发展自然崩落采矿法技术

中条山铜矿采用自然崩落法扭亏为盈

中条山有色金属公司铜矿峪铜矿是一座资源量大而贫的矿山，已探明矿石储量 3.2 亿吨，但铜的品位只有 0.61%。1958 年开始建设，采用有底部结构的分段崩落采矿法开采，设计规模为 400 万吨/年。后因种种原因曾两度停建，到 1974 年主要系统建成后简易投产，矿山生产能力只能达到 80 万吨/年左右，年亏损 800 万~1000 万元。

为改变该矿山连年亏损的局面，1983 年刚刚组建的中国有色金属工业总公司，召开技术论证会，研究扭亏为盈的对策。我根据在美国参观考察矿块崩落法（我们后来统一改称自然崩落法）的体会，和一些同行商议，共同提出："引进矿块崩落法技术取代铜矿峪铜矿原来的采矿方法，同时鉴于当时国外设计该种采矿方法基本上是立足于经验类比法则，我们最好将科研工作与技术引进结合起来，以使设计工作更加科学化"的建议。这一建议得到总公司领导的支持，遂由北京有色冶金设计研究总院编制了应用矿块崩落法进行矿山技术改造的可行性研究报告，报告中论述了如果铜矿峪铜矿应用矿块崩落法进行技术改造获得成功，矿山生产能力可以达到 400 万吨/年，每年的收益在 1000 万元以上，并将为我国大型贫矿开采开辟一条新路。1984 年 1 月国家计划委员会批准铜矿峪铜矿进行技术改造，由美国圣特-阳光（Saint-Sun）公司与中方共同承担详细设计及技术咨询；并经国家科学技术委员会批准，将"矿块崩落法技术与装备的

研究"列入"六五"国家科技攻关计划，课题由中条山有色金属公司、北京有色冶金设计研究总院、北京矿冶研究总院、中南工业大学、长沙矿山研究院、北京科技大学联合承担，我被中条山有色金属公司邀请担任顾问专家组组长。科研攻关课题包括 5 个专题共 17 个子专题，希望通过对矿岩崩落特性及分级方法研究、矿岩自然崩落规律研究、底部结构应力分布规律及合理支护方法研究、放矿过程控制技术研究、矿块崩落法科学管理工程研究，在理论研究方面取得一些突破性进展，建立起一套比较科学的工程设计及生产管理的通用方法。

技术改造工作历经可行性研究、详细设计、施工建设，以及贯穿始终的科研工作，一直延续到"七五"期间。经过各方人员的艰辛劳动，铜矿峪铜矿改用的自然崩落法于 1989 年 10 月正式投入生产。这样一种高效、低成本的采矿方法在我国首次获得零的突破。与我国铁矿山当时几乎清一色引进推广应用无底柱分段崩落法，在效率和成本方面形成一种鲜明的对照。自然崩落法在铜矿峪铜矿的成功应用，与原工艺相比，原矿成本降低一半，全员劳动生产率提高了 3 倍，回采的贫化率和损失率降低 10～15 个百分点，生产成本每年降低 6000 万元。

从 1987 年 10 月至 1990 年 8 月，美国专家 W. C. 莱西、D. H. 怀特和 D. E. 朱林，都曾多次到铜矿峪铜矿指导工作，听取地质生产探矿情况、建设施工进度和状况的汇报，到井下现场视察，就金刚石钻探方案与岩芯保存、岩石质量分区与矿石品位分布和控制、凿岩爆破与巷道支护、地层移动监测等方面做了详细的阐述，提出了指导性建议；对铜矿峪铜矿的矿岩可崩性及崩落块度、崩落速度与放矿速度、"边帮削弱"等提出了他们的见解，同中方领导和专家共同讨论存在的问题及应采取的措施；重点对巷道施工严重超挖及支护用混凝土系统的设备质量、站内撒漏、运输优先等问题给予了高度关注，提出了相关的建议。

至于科技攻关，也获得了丰硕的成果。在矿岩可崩性评价与分级、崩落块度预测理论和技术、矿体自然崩落规律及矿体崩落的控制方法、底部结构的应力分析及支持系统优化、松散矿岩的移动规律及放矿控制技术等方面，均有很大的突破与创新，提出了许多新的理论，建立了一系列科学的通用方法，并在生产实践中得到了验证。为今后此种工艺技术的推广应用，奠定了比较坚实的科技基础。

现在回过头来看，当时美国公司提出的设计方案也有不尽合理之处。比如，铜矿峪铜矿的矿岩比较稳固，而且采用自然崩落法会出现较多的大块，这是预料之中的。但是矿岩的可崩性，在矿床的不同部位也有区别，而他们对采场底部结构设计采用了相同的参数，从而导致了在放矿过程中大块卡在漏斗中的事故频繁出现，这就使得二类岩区放矿遇到了较大的困难，加之矿方坚持出矿采用试制的大型电耙，而没有采用铲运机，对于控制放矿又极为不利。有一次我到现场考察，在一条电耙道内遇到的情况是，上班后工人即开始用很不安全的爆破方法，处理采场放矿口的卡斗，然后将处理下的矿石爬运入溜矿井，爬完之后便差不多该下班了。下一班上班之后，只能重复同样的工序。总体来看，虽然经济上实现了扭亏为盈，然而生产还是比较被动。直到后来我们单位承担该矿将生产规模提高到 600 万吨/年的二期工程设计，调整了底部结构的参数，将电耙出矿改为大型铲运机出矿，才大大扭转了这种非常被动的局面。

赴智利特尼恩特矿考察矿块崩落法

1990 年初，中条山有色金属公司联系赴智利特尼恩特（El Teniente）铜矿进行专题考察，也许由于我是该公司铜矿峪铜矿采用自然崩落法（矿块崩落法）的倡议者和顾问专家组组长，因此邀我同去。这当然是一次难得的良机。我们一行共 10 人，路线是经日本东京、美国洛杉矶，再转机到智利的圣地亚哥。过境日本，无需签证，可停留 72 小时；过境美国则必须获得过境签证。飞机抵达东京后，由于机票票价的关系，机场旅馆不提供免费接待，几经周折，总算在一处假日旅馆找到了住处，平均每人约 60 美元。第二天乘公共汽车及地铁去东京比较繁华的商业区银座转了一阵。进银座六目町 Matssuzakaya 商店进行了一番短暂的巡视，所有东西都昂贵得不敢问津。至此也就结束了日本之行。下午便改乘日航飞往洛杉矶。这一次只是过境美国，所受到的待遇以及对美利坚合众国新增的印象使我终生难忘。飞机上人很多，经济舱的耳机要花钱租用。近 9 个小时的飞行，感到十分疲乏，再加上时差的影响，有几个人体力已经有点不支了。当地时间中午，飞机降落在洛杉矶国际机场。入关时，中条山公司的 9 位均顺利通过，轮到我，不明何故把我给扣留了下来，收了我的护照，将我带到移民局的办公处，让我坐在那里，还派了一个人看着我，但没有人理我。已入关的人当然十分着急，可那时候还没有像现在这样人手一两部手机，根本无法联系，整个都乱套了。过了好一阵，我试探着问那个看管我的人："May I go to washroom？"他回答："Sure"。于是我去了厕所，心想，似乎没那么可怕。两个多小时过去了，他们把护照还给我，没做任何解释或说明，让我入关了。我拿到护照一看，原来他们把我返程过境美国的签证给删掉了，可还是让我进了美国，真是莫名其妙。到了智利，那里的人告诉我，没关系，回去时花点钱问题就解决了。这留待以后再叙。

等到同他们会齐，找旅馆又找错了地方，先去了 Torange 的假日旅馆，不对，又乘车转往 Inglewood 的假日旅馆，算是找对了。看来 Holiday Inn 太多了。临时住宿，10 个人要了两个加床的大房间。这种住宿的方法在国外怕是绝无仅有的了，可当时的中国还不那么富裕，再说铜矿峪铜矿也才刚刚实现了扭亏为盈，情理之中。由于让移民局给耽搁，整个下午都泡汤了，直到晚上 6 点多，才在麦当劳吃了一顿快餐。

受时差影响，第二天早上 3 点多就都睡不着了，起床冲澡，自助早餐，饱餐一顿。去机场之前，抓紧时间，乘旅游面包车到有名的好莱坞闪电式一游。下午便转乘智利航空公司的飞机前往圣地亚哥。美国是好出难进，离境就委托航空公司全权代办了，很简单。飞机满员，有不少带小孩的旅客。飞行 11 小时，于当地时间清晨 5 点多降落在圣地亚哥国际机场。机场很小，皆为平房。Codelco 公司来接我们的人自豪地说，智利有两大特产：葡萄和美女，难怪飞机上供应各种葡萄酒，"甚为慷慨"。

Codelco 是智利国营铜公司，下设五个分部，埃尔特尼恩特（El Teniente）是其中之一。特尼恩特分部设在 Sexta 省的首府兰卡瓦（Rancagua），该分部包括特尼恩特地下矿、科伦选矿厂、苏维尔选矿厂和卡列多尼斯冶炼厂。

Codelco 公司对我们这种"培训式考察"的安排非常周到，也很难得，所以接下来一个月的考察培训受益匪浅。首先，陪我们度过这一个月的是特尼恩特矿的总工程师 Jose Villanueva Torres（西班牙的人名第一个字是自己的名字，第二个字是父亲的名字，第三个字是母亲的名字，都属于姓）。他说，他的姓不好称呼，就叫他 Jose（何塞）吧。另有一美国人亨利（Henry）作为他的助手。开始我们住在兰卡瓦的一个旅馆，距特尼恩特矿山 67 公里；6 天之后，又搬到科亚（Coya）高尔夫球场的一栋房子中，距矿山就更近了。我们每天早上乘公司专门派来的 04 号奔驰中巴前往矿山。整个"培训式考察"活动由三个单元组成：情况介绍、下井参观、研讨（Round Table），研讨是穿插进行。何塞为我们详细制定了一个月中每一天的活动计划。

先说情况介绍，它包括特尼恩特矿的发展历史、地质及资源状况、岩石力学研究、生产情况、生产安全、人员编制及工资水平、矿块崩落法的设计问题等。特尼恩特矿是 Codelco 公司最老的矿山，1905 年便由布兰登铜业公司开始开采，1971 年收归国有，转由新组建的 Codelco-Chile 经营。特尼恩特矿也是世界上最大的地下矿山，我们去参观的时候，矿山几经扩建，其产能已经达到年产矿石 4000 万吨，矿山人员 3300 人，也是仍然不允许妇女下井的矿山。这 3000 多人因矿区不设宿舍，除极少数住在苏韦尔和科亚（Coya）外，绝大部分都住在兰卡瓦。特尼恩特分部与一家运输公司签订合同，该公司每天用 100 多辆巴西制造的奔驰牌大轿车（每车 40 人）接送职工，单程需时 50 分钟。按照合同规定，如果该公司不能按时将职工送到矿山，他们当天的工资将由该公司支付，因此班车绝对准点，而且车辆保养完好，当它们整整齐齐排放在广场上时，确实是十分壮观。

我们在班车车队前合影留念（右三为我）

特尼恩特矿床属于南美安第斯铜矿带斑岩型矿床。矿区中部是一个直径一公里多的角砾岩筒，岩石稳固，井下的诸多硐室便建在其中。它的北部分布着主要的矿体，南部也有一些零星矿体。该矿的矿体分为两种：次生矿和原生矿，次生矿赋存于原生矿上部。前者矿岩较破碎，但品位高，含铜量多；后者矿岩稳固，品位稍低。

在我们去参观的 20 世纪 90 年代初期，原生矿的产量比重已达 58%。矿山自生产以来已采深 400 多米，但仍在地平面以上，主平硐 TEN-8 以上尚保有地质储量 42 亿吨，平均含铜 1.03%，含钼 0.018%。当时的勘探工作已控制到 TEN-12 水平。

该矿采用"矿块崩落法"采矿。我国通称为"自然崩落法"，顾名思义是当采场底部用凿岩爆破方法采出一个空间后，上部的矿石在原岩应力和矿石自重的作用下，可以自动崩落下来，而不再需要凿岩爆破。崩落下来的矿石用设备运走，边出矿边崩落，形成自然平衡的过程。该矿从开采次生矿的矿体向开采原生矿的矿体转换，生产上遇到了许多新问题，其中之一是开采原生矿时，因为矿体坚硬稳固，崩落下来的矿石，块度增大，必须改变出矿方式，即从格筛放矿改为铲运机出矿；另一个突出的问题就是坚硬稳固的原生矿体中高地应力诱发的岩爆。从 1976 年到 1990 年，该矿发生过较大的岩爆 23 次，1987 年最大的一次岩爆，由于采区遭到严重破坏，损失了 2000 多万吨矿量。正好在我们参观期间，TEN-7 水平发生一次岩爆，承包掘进的工人死亡 5 人。这一岩爆因素迫使该矿在岩石力学研究方面，在采矿系统改进方面下大功夫，因地制宜地探索解决问题的途径，在十多年的时间里，积累了相当丰富的经验。

采用自然崩落法，巷道掘进和支护，尤其是采场底部结构的支护，成为非常关键的环节。特尼恩特矿的巷道掘进采用了全液压凿岩台车、锚杆台车、铲运机及服务车等高度机械化的配套作业，多工作面循环，按 5~7 个工作面，8 人操作，4 套设备流水作业，每天可完成 5 个循环，总进尺 15m。支护基本用喷锚网及混凝土浇注。

参观岩芯库使我大开眼界。应用自然崩落法，理应十分重视对岩石力学的研究，研究岩芯是其中一项极其重要的内容。我去过很多矿山，也看过不少矿山的岩芯，大多需要人工搬动岩芯箱，摆在地面上供察看研究。从来没有见过像特尼恩特那样漂亮，那样内容丰富的岩芯库。那是一个很大的房间，中间为很高的抽屉式的岩芯箱架，蹬梯子上到上面的平台，你可以很方便地抽拉岩芯盒，查找、察看非常方便。架上可容纳总长为 316km 的岩芯。这些岩芯可以保存数年再更换。屋内四周为地质和岩石力学研究室。从进门开始先是为岩芯称重、素描、拍照，然后是节理裂隙频数统计，RQD 值的确定，充填物的观察研究，对细脉做点载荷试验，含矿岩芯劈芯（每 29m 留一段完整岩芯），岩芯鉴定，岩芯编录，地质资料编绘。岩芯加工由质量中心管理。这是一个紧密为自然崩落法设计服务的岩芯贮存与研究的综合体。这样的岩芯库是我从来没有见过的。我在想，这反映的主要还不是技术，而是一种意识，一种思维，一种追求，一种高水平的管理模式。

自然崩落采矿法是金属矿三大类采矿方法中生产工序比较简单的一种方法，因此相对说来比较容易实现自动化采矿。2007 年，我第二次去到特尼恩特矿访问时，该矿已经有一个采区（Pipa Norte，日出矿 1 万吨），采用山德维克公司的 Automine™ 系统，实现了自动化采矿。我在后面还会较详细地叙述。

还得顺便说一点，智利是讲西班牙语的，有些给我们介绍情况的负责人讲不了英语，分部特地从圣地亚哥请来一位西班牙-中文专业翻译，她叫薛春华，北京外国语学院的毕业生，曾在北京的电台从事过对外广播，1986 年来到智利。有了她的帮忙，交流起来就通畅多了，而且这是一位非常热情的翻译。

现在再来谈下井参观学习的一些见闻。在特尼恩特矿待了 20 多天，有一半时间天天下井，实属难得。一般都是早上 6：50 到达下井的电车站，7：20 电车发车，在地表运行 5 分钟，然后进入 TEN-8 平硐，行驶 15 分钟来到 Pigue B 竖井井底，再乘罐笼提升到你要去的水平。这个罐笼很特殊，是一个多边形的特大型罐笼，它可以装载上部运输水平使用的 60 吨矿用卡车，由罐内一名工人操控。每班下井的人数为 1000 人左右，分三罐，在 40 分钟内全部提完，效率很高，也很准时。这也是我从来没有见过的。

井下有许多硐室，都进行了内装修，刨花板墙面，水磨石或地板革地面，通风、照明设施一应俱全，和地面的办公室相差无几。特尼恩特矿的矿长办公室就设在井下而不在地表。井下还设有 26 台计算机终端，直接与兰卡瓦分部相连，在 20 世纪 90 年代初期，矿山有这样的信息化管理水平，堪称先进典范。这些也都是我以前从来没有见过的。

从业务角度来讲，井下参观包括了生产的全过程：高度机械化水平的巷道掘进、VCR 技术的天井掘进、预裂爆破技术、原生矿采场拉底层施工、铲运机出矿系统、碎石机处理不合格大块、大型矿车运输系统、矿石破碎站、微震监测系统、维修硐室及预防性维修系统、地面崩落塌陷区残留矿石溶浸设施。再加上 2007 年第二次去到特尼恩特矿参观自动化采矿工艺，对自然崩落法的各个环节都有了较直观的了解。目前，我国已有铜矿峪、普朗两个铜矿采用了此种方法，但就总体水平与特尼恩特矿相比，还存在较大差距，而差距的存在，就意味着我们应该已有最起码的明确的发展方向。

自然崩落法的改进

在世纪之交，中条山有色金属公司铜矿峪铜矿迎来了 690m 主平窿以下深部矿床开拓的重任。690m 标高以上从 1989 年 10 月开始拉底正式生产后，产量不断增加，成本逐年降低，到 1999 年，出矿能力已达到 400 万吨的设计规模，但设备出矿效率从未达到预定的指标。主要原因如前所述，崩落的不合格大块大大超过预测，严重影响了设备出矿效率。国外设计按小于 0.8m 为合格块度，预测崩落下来的不合格大块为 11%~13%，然而生产实测达到 50% 左右，说明设计的出矿方式（底部结构与出矿设备）不适合实际崩落的矿石块度。1992 年，经研究将合格出矿块度调整到 1.2m，但实际生产中不合格大块仍占到 20% 左右，大块矿石堵塞放矿通道（卡斗）的严重现象并未缓解，无法实现连续放矿，难以发挥采场生产能力。这将是深部开拓面临的一大问题。再者，还要求在深部将矿山的生产能力从400万吨/年提高到600万吨/年，成为我国最大的有色金属地下矿山。再加上深部开拓系统的复杂性，从设计角度看来，必须依靠创新的思维来解决这些技术难题。

首先说生产规模问题，690m水平以上生产，由于矿石总体品位偏低，按400万吨/年生产，仅有微利。转入深部开采，如仍按原规模生产，投资效果会更差。690m以下仍保有C+D级地质储量2.5亿多吨，矿体下部尚未封闭，未来储量还可以增加。扣除约11%的边部和小矿体用其他方法开采外，均可采用自然崩落法开采。采用自然崩落法开采，实现规模600万吨/年的可能性怎样？按照开采强度验证，4号、5号矿体自然崩落法采场的总面积为26.3万平方米，以平均放矿速度0.21米/（日·平方米）计，达到600万吨/年时所需生产面积为32000平方米，仅530m中段，就可稳定维持8年的生产。从服务年限和下降速度来看，530m水平和410m水平均可维持生产不少于11年，平均下降速度为10.9米/年；410m水平以下，服务年限还可不低于11～13年。按照这些分析，600万吨/年的生产规模是可行的，也是合理的。从经济效益来看，按预期铜精矿含铜价格（含税价）13500元/吨、生产成本及费用31098万元/年计算，每年税后利润可达1600多万元。提高生产能力达到600万吨/年，这是铜矿峪690m水平以下，采用自然崩落法的第一项改进。

再谈开拓运输方案。根据矿区地形、已有工程设施和开采影响的岩体移动范围，选出三个方案进行了比较，最后选定胶带斜井、辅助斜坡道、混合盲竖井方案。胶带斜井承担将矿石从井下矿石破碎站直接运往地表选矿厂的任务。斜井全长3120m，倾角6.84°，净断面为4.6m×3.3m，内设宽度1.2m进口胶带运输机，采用CST驱动系统，功率2×1600kW。斜坡道平行胶带斜井布置并与各中段相通，负责运输人员、材料和设备大件，其净断面4.3m×3.6m，总长

4814m，最大坡度 15%，每隔 300m 与胶带斜井以联络道联通。盲混合井的直径 5.6m，从 690 平窿下掘 411.6m，内配双层单罐笼和 $4m^3$ 底卸式箕斗，罐笼与箕斗互为配重，承担废石提升及部分人员材料运送任务。供水、供风，以及排水管路均布置在混合井中。以长距离胶带斜井为主的开拓系统，在我国有色金属地下矿山中也是一个创新。

从 690m 水平以上生产情况看来，解决崩落矿石大块率高，影响生产这一问题的关键，则是采场底部结构形式、拉底方式和出矿设备的选择。岩石力学研究表明，开采加深了以后，但随着垂直应力的增大和零散节理的增加，矿石自然崩落下来的不合格大块将会增加，设计根据这一分析，创立了前进式拉底应力迁移理论和高中段大面积自然崩落法开采技术体系，将出矿设备从电耙改为大型铲运机，采场底部结构将放矿点间距改为 15m×15m，底部结构中的巷道布置适合铲运机的运行，矿体脉外上下盘的矿溜井内径改为 3.5m，同时开发了融合矿床资源模型和出矿数据动态采集、传输和分析于一体的自然崩落法智能放矿管理平台，实现了放矿计划的动态调整、交互式可视化放矿管理和放矿管理平台的 SaaS 云服务，有效提高了放矿管理效率和崩落及出矿过程的安全管控能力。

在这一系列的创新中，申请了 5 项发明专利和 5 项新型实用专利。

纵观国外的矿业科技发展，自然崩落法由于其工序比较简单，是最容易实现自动化采矿的方法。智利特尼恩特矿的 Pipa Norte 采区，采用远程监控自动化采矿，从 2003 年开始到现在已有十多年的历史，两个人在中央控制室操纵 4 台铲斗容积为 13 立方码的智能铲运机，日出矿 1 万吨。这样安全、高效、经济效益良好的科技创新，为矿业发展展示了诱人的前景。可惜我国第一座采用自然崩落法矿山的相关领导，当时还没有拿定主意攀登这一技术高峰，消除我们比国外落后十多年的差距。

从 2007 年开始，我们单位又在云南高海拔地区的普朗铜矿特大型贫矿床，设计推广应用这种自然崩落采矿法，其生产规模达到 1250 万吨/年。在云南迪庆有色金属有限公司、中南大学、中国铜业有限公司的共同努力下，采用了许多创新的技术，如近 400m 高的超高开采段高，大型中深孔凿岩台车连续拉底，大型电动铲运机自动化出矿的脉内溜井布置形式，创立了超前连续拉底应力迁移理论，针对超大生产能力研发了平行多沿脉集群溜井装矿、有轨自动化运输系统等；开发出融合矿床资源模型和出矿数据动态采集、传输和分析于一体的智能放矿管理平台等。使我国自然崩落法的应用达到了国际先进水平。

第十三章 构建生态矿业工程与新模式办矿

在风景区创建第一座无废矿山

矿业是人类步入文明社会的奠基石，是国民经济发展乃至高新技术产业的重要物质基础，矿产资源开发给人类带来不可或缺的重要物质保障，然而它也对我们赖以生存的地球环境，产生了难以弥补的生态和环境创伤。在我国，据 20 世纪 80 年代的测算，采矿已累计占用、损毁土地超过 375 万公顷，全国地面塌陷区面积达到 3520 平方千米，矿山每年排放的污水量达到 60 亿吨以上。有无可能解决或者缓解这一矛盾？随着科技的发展，构建生态矿业工程为我们带来了希望。生态矿业工程是一门新的学科，是生态工程的一个分支，它要求矿业项目依据法律法规，在规划、立项、设计、施工建设、生产、闭坑的全过程，将生态环境保护和环境治理、生态修复融为项目的有机组成元素，保证各阶段的资金投入，落实各阶段的社会责任和有效监督。

1980 年和 1989 年，我们北京有色冶金设计研究总院相继接手了在南京栖霞山风景区建设和扩建栖霞铅锌银矿的任务。

栖霞山风景优美，文化底蕴深厚，素有"六朝胜迹""金陵第一明秀山"之称，又有"一座栖霞山，半部金陵史"的美誉。历史上曾有五王和十四帝，登临栖霞山。佛教"四大丛林之一"的古栖霞寺，就坐落在栖霞山西麓，中国佛教学院在栖霞寺设有分院。著名的栖霞山风景区栖霞寺和千佛岩，就位于矿区附近。矿区地势为低山丘陵，东高西低。北临长江，设有简易码头。九乡河自南向北穿过矿区注入长江，为季节性河流，最大洪峰流量 200～300m³/s。国家铁路干线沪宁线通过矿区，在矿区北部设有栖霞北站，矿区南部设有栖霞南站。矿区公路纵横，水陆交通十分便利。可是地质勘探结果表明，栖霞山赋存着一个大型铅锌银矿床，很有发展前景。

解放前，日寇曾在栖霞山进行过掠夺性地开采，以露天矿开采上部锰矿。解放后，1956 年开始建矿，继续露天开采锰矿。1960 年后逐步转入坑内开采，1971 年开始进行铅锌银矿床开采，规模很小，50～150 吨/日，无尾矿储存设施，选厂尾矿浆直接排入长江。1980 年开始进行 10 万吨/年的扩产初步技术改造，1985 年开始采用水平分层矸石充填采矿法，1988 年达产。1989 年 3 月，我们北京有色冶金设计研究总院承担了 20 万吨/年的采选扩建工程设计任务，由院工程承包部负责施工建设。这次设计的主要任务就是既要扩大矿山产量，又要严格保护栖霞风景区。我作为设计院主管副总工程师，与设计团队为建设我国第一座无废矿山，重点开展了以下几个方面的工作：

首先是采选工业厂址选择。在青山绿水的风景区选择矿山工业厂址，是颇费周折且很难做出决断的工作。我们在详细研读地质资料的基础上，反复仔细进行现场踏勘、调查，审视该矿区的虎爪山矿段，过去的开采有无引起地表变形、破坏的迹象，从地面观察矿区与风景区的地形、地质构造、地表植被以及水系的相关状况，进行初步采选工业厂地的选址。

接着开展岩石力学研究工作。对区域与矿区的地质背景、矿区的地质构造、岩溶与地下水状况、矿岩物理力学性质及岩体结构，进行了细致地调研，测量了原岩应力；在当时的技术条件下，应用弹性有限元程序对开采区的稳定性，对栖霞寺的安全、九乡河的影响做出了评价。通过岩石力学研究，得出了如下基本结论：设计采用点柱式分层充填采矿法和分段空场嗣后一次充填采矿法，都能满足矿区整体稳定性的要求，开采过程中，在地应力的作用下岩体内出现拉应力区和塑性区，拉应力值没有超过相应岩体的抗拉强度；栖霞寺坐落在 20m 左右厚的第四系地层上，基底为砂岩，岩层厚度约 200m，透水性差，而且栖霞寺不在开采直接影响范围之内；九乡河基底为砂岩，地表位移量很小，不会受开采影响。但是随着开采深度加深，从理论上讲，地下水下降漏斗范围会扩大，因此要注意查清处于疏干区内朝上开口形溶洞的分布规律、岩溶形式、地表水与地下水的动态关系，以便及早治理，同时需建立地表和井下的岩体移动监测网。在此基础上，选定了采选工业厂址。

为保证矿山开采不致引起地表沉降、塌陷，为避免在地表堆放废石和尾矿，在设计中除将掘进废石直接回填入采空区外，重点进行了分级尾砂充填试验。确定在距选矿厂 350m 的充填站内，建设锥形底立式砂仓，选矿厂的全尾砂浆由渣浆泵输送至充填站，经砂仓顶部的旋流器进行分级，大于 20μm 的粗尾砂落入砂仓，用做充填料；需要胶结充填时，从水泥仓向高浓度搅拌机加入所需水泥，与尾砂混合搅拌，送入井下。分级后小于 20μm 的细尾砂自流至选矿厂的浓密池，与硫精矿混合脱水，可作为产品出售。

这样一来，栖霞铅锌银矿便成为没有废石场，没有尾矿库，无不合格废水排放的无废矿山，充分保护了著名的风景区，成为我国第一座无废开采的金属矿山。若干年后，长沙矿山研究院试验改用了全尾砂充填，细粒级尾砂不再混入硫精矿，也弥补了有时充填料的不足，使这一无废开采更加完善。

从目前的技术水平看来，并非任何矿山都能够实现无废开采。因此，要创建生态矿业工程，要建设无废矿山，还需要在废石、尾矿资源化方面作突破性的创新研究。

白象山铁矿工程的生态化尝试

中国恩菲承担的白象山铁矿工程，属于马鞍山钢铁集团下属的

"姑山矿业有限责任公司"，其设计生产规模为 200 万~250 万吨/年，是一个充满技术挑战的项目。首先，它坐落在安徽省当涂县太白乡的国家森林公园规划范围之内，邻近有李白墓园、南齐（诗人谢朓）的谢公祠遗址。其次，区内地表水系十分发育，东有石臼湖，西有长江，由南向北流经矿区西部的青山河注入长江，其河面宽度达 200~300m，是一条常年可通行 30 吨位以下船只，多雨季节可通行 100 吨位以下船只的河流。青山河在南、北又与水阳江和姑溪河相连。区内各圩田内沟渠纵横交错，积水面积达 20%左右。在这样一个敏感地带进行矿产资源开发，对生态和环境的保护，要承受很大压力。再则，坑内建设受矿体上部连续分布的强含水层的影响，据水文地质预测，坑内正常涌水量为 16000 立方米/日，最大涌水量可达 30000 立方米/日，防治水，特别是竖井掘进过程中的防治水问题将十分突出。

2005 年，我们单位当时的名称还是"中国有色工程设计研究总院"，按照姑山矿业公司的委托，依据冶金部安徽冶金地质勘探公司 808 队于 1982 年提交的《安徽省当涂县白象山铁矿床详细勘探报告》、马鞍山矿山研究院提交的《安徽省当涂县白象山铁矿床可选性试验报告》、鞍山冶金设计研究总院和马鞍山钢铁集团设计研究院 2003 年 10 月提交的《马钢（集团）姑山矿业有限责任公司白象山铁矿可行性研究》、马鞍山矿山研究院安全评价中心 2003 年提交的《白象山铁矿建设工程安全与评价报告书》、煤炭工业部合肥设计研究院于 2003 年 11 月提交的《白象山铁矿环境影响报告书》，编制、提交了白象山铁矿初步设计。鉴于白象山矿床复杂的水文地质条件，以及 20 多年前所做的可选性试验，在技术上已缺乏代表性，因此必须在大规模开发建设的施工图设计之前，进行矿山防治水试验研究，在条件许可时重新采取矿样，进行选矿连续试验。

白象山铁矿的建设，正处在中国由计划经济全面向社会主义市场经济转轨的阶段，对设计理念、办矿模式、要求标准、运行机制等都提出了全新的要求。具体到白象山工程，从设计角度需要突出考虑的是，如何提升项目的市场竞争优势；如何应对富水地质条件下矿床开采面对的技术难题；如何妥善解决生态环境的保护问题；如何巧妙利用近旁姑山铁矿的现有工业与民用设施，将白象山铁矿建设成为工艺新、成本低、污染少的现代化矿山。

面对生态环境十分敏感的地带，矿山建设不但要不占农田，而且要节约用地；不仅不能破坏生态环境，而且还要使它得到优化。厂址选择便成为极重要的任务。

在白象山项目现场选址（中间为我）

根据白象山工程初步设计的具体实施方案，首先将采选工业场地选在白象山西侧西北山坡上，分为7个台阶，从最高点的主井矿仓开始，按生产流程，通过输送不同物料的胶带运输机和转运站，逐渐下移，最后到达联通外部的公路，形成十分协调美观的竖向布置，也节省了可观的土石方量。除新建设施外，还可利用近旁姑山选矿厂场地内的废弃设施加以拆建。其次是坑内掘进产出的废石，采用铲运机或充填入采空区，或卸入矿溜井与矿石混合运往选矿厂，在选矿过程中，会以粗粒废石（干抛尾矿）产出，可用汽车外运作建筑材料销售。一段磨矿产出的全部尾矿和二段磨矿产出的全尾砂，全部用作充填采矿法的充填骨料。作为备用工况，如果产生多余的尾矿，可将其输送至桥头尾矿泵站，进入姑山矿尾矿系统。因此，在地面无需新建废料堆存设施。厂区空地集中成片种植草皮，草坪上与道路边开阔处点缀种植观赏树种与灌木，挡土墙除在顶部覆土植草皮外还要栽种攀缘植物，加强垂直绿化，总体形成疏朗开阔的绿化效果，使之成为国家森林公园中的一块绿洲。绿化面积约为2.7公顷，绿化率15%。

对建筑物的要求，既要符合现代工业建筑的新潮，又要体现当地建筑的特色，达到优化环境的效果。为此在施工图阶段，提出使工业建筑物体现徽派建筑特色的尝试。实施结果，只有主井井塔在高级建筑师董方元的亲自主持设计下，体现了徽派建筑特色，成为当地的一个标志性建筑，也成为我们几十年设计生涯中一次很不寻常的尝试。当你夜间驱车从旁驶过时，它会成为更美丽的景观。

白象山徽派建筑井塔

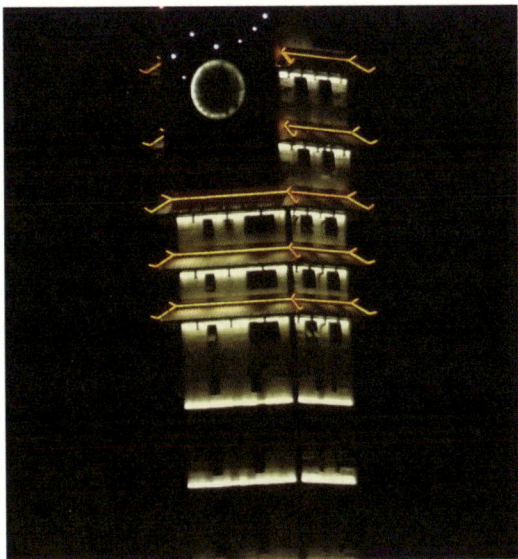
白象山井塔夜景

据说后来矿方对工业建筑也做了体现徽派建筑特点的适当改造。

白象山铁矿 2006 年开工建设，风井、主井掘进都遭遇了数次突水、治水、停工，对基建进度产生了严重的影响。这种状况也在意料之中。通过长时期对水文地质的研究，不断在施工中进行探索、试验，逐渐掌握了规律，最后才得以获得成功。

在该矿 2013 年的修改与补充初步设计中，考虑到大水矿山的特点，为保证生产安全，矿山最深部——945m 主运输水平，改用无人驾驶电机车运输系统，每一列车由 14 吨架线式电机车牵引 11 辆 6m³ 底卸式矿车组成，同时有 3 列车工作。从矿溜井底部装载、将矿石运输至破碎站卸载，矿石破碎、破碎后的矿石运到竖井装载，并将其提升至地表，全过程可实现自动运行远程监控。可惜由于种种原因，在 2016 年投产前未能按此实施，错失了良机。但我仍然希望它能经过适当改建，成为我国矿山智能化建设的先驱。

安庆铜矿新模式办矿

铜陵有色金属公司的安庆铜矿位于安徽省安庆市怀宁县境内，濒临长江黄金水道，距合肥至安庆的国道和铁路都只有2.5公里，交通便利，地理环境优越。

安庆铜矿的矿床实际是一座铜铁共生的矿床，资源丰富。安庆铜矿由北京有色冶金设计研究总院承担工程设计，从1977年开始基建，先后经历了筹建、缓建、恢复建设三个阶段。1979年底因国民经济调整，被列为缓建项目。缓建期间，利用日本经援，签订了《关于安庆铜矿精密探矿合作工程基本协议书》，共同开展了精密探矿工程。在基本协议书谈判过程中，日方从单纯查明矿产资源的目的出发，主张探矿井筒尽可能靠近矿体布置，掘进深度到$-280m$中段。中方则从有利于将来生产考虑，坚持将探矿井布置在原设计副井位置，掘进深度到$-400m$中段。这就为后来的建设提供了更加便利的条件。

在安庆铜矿缓建期间，受党的十二届三中全会通过的《关于经济体制改革的决定》的指导和改革开放浪潮的冲击，人们的思想观念发生了极大地转变。1987年2月，当时的中国有色金属工业总公司总经理费子文，率领有关部门负责人到安庆铜矿调研和指导工作时指出，要用新模式建设安庆铜矿。铜陵公司、安庆铜矿、北京有色冶金设计研究总院共同进行了交流和具体酝酿，逐渐对办矿新模式有了统一的、比较明确的认识，形成了总体方案，联合向总公司上报了《关于安庆铜矿新模式办矿建议方案》，并获批准。在计划经济时代，矿山建设模式的特点概括起来就是：产品单一、用工固定、保供包销、自办社会、效率不高、不负盈亏。在这种情况下，矿山的发展完全受其资源的制约，当矿山资源逐步趋于枯竭，它的负担便越来越沉重，从而陷入举步维艰的境地。当时中国已有一些老矿山走进了这样的死胡同，尽管那些矿山的矿工们为国家的经济建设和发展，做出了也许是毕生的贡献，最后也只能以买断工龄的少许收入，被迫离开倒闭的矿山，在某种程度上也给社会增添了不安定的因素。

1987年9月，国家计划委员会正式批准安庆铜矿恢复基本建设，开启了按新模式办矿的先河。新模式办矿是改革开放新政催生的新生事物，其主要内容包括这样几个方面：（1）依靠科技创新，实现采矿高强度，作业高效率，经济高收益；（2）改革用工制度，人员要少而精，形成内部竞争激励机制；（3）广泛开展专业化协作，社会化服务，减少矿山的包袱；（4）强化企业管理，建立适应市场的经营体制；（5）密切与社区关系，确立"矿兴民富，民富矿安"的指导思想。

与此同时，1992年8月，北京有色冶金设计研究总院领导召开了专家座谈会，之后由我执笔起草了《关于在设计中贯彻办矿新模式和提高矿山投资效益的意见》，对矿山工程设计改革提出了许多新的思路。其基本内容为：（1）转变观念。我国是一个有色金属矿产资源比较齐全的国家，也具有悠久的矿业发展史。改革开放以来，有色矿山投入数千万美元，开展了大量的技术装备引进工作，而且把技术引进同消化、吸收、发展结合起来，同科研攻关结合起来，使我国采矿技术和矿山设备得到了迅速发展，有些重点矿山在技术上已开始步入世界先进水平行列，矿产有色金属含量比20世纪50年代初提高了150倍以上。然而有色金属工业面临国内外两个市场日益融通的历史变革，我国大宗消费的有色金属矿产资源品位低、数量少，矿山经济效益差，社会负担重，面对市场竞争，形势相当严峻。但这是历史进步中的压力，是迫使我们通过深层次的改革和科技进步跨越国际差距的机遇，因此要转变观念，树立以提高投资效益为核心的设计指导思想。（2）提高劳动生产率。新模式办矿的重点在提高劳动生产率，而提高劳动生产率的关键是依靠科技进步和科学管理，依靠提高人员的素质。在设计中要适应不同层次，把采用先进技术和先进装备实现高效率、低成本，作为优化工艺方案的主要目标，以简化管理层次，明确具体职责，为实现科学管理创造条件。（3）服务社会化。辅助生产和生产服务工作采用专业化协作和招标承包的模式。具体措施需在设计中落实。（4）增强设计人员的经济观点和成本意识。矿山主体专业技术人员要抓住缩短基建期和达产期、扩大矿山产能、优先开采富矿、开展矿山资源综合利用研究、推行限额设计等关键环节，优化设计方案，努力提高投资效益。

这些理念首先在安庆铜矿的设计中得到了体现。根据该矿矿体赋存状况，改用了先进的大直径深孔落矿嗣后充填采矿法，凿岩段高 60m，出矿段高提高到前所未有的 120m，以期使采场生产能力达到 1200 吨/日。采用了高浓度胶结充填工艺。主副井设计了独特的钢斜腿塔架落地摩擦式卷扬系统，并选用了 ABB 公司的计算机控制系统，对副井还建成了工业电视监视系统。修建了全长 4200m 的斜坡道和无轨、有轨相结合的运输系统。在服务社会化方面彻底改变了一座矿山就是一方小社会的传统模式，对于材料及所有相关物资的供应，让协作方按需供货到现场，随要随到，对于加工维修，则把协作方的工厂搬进矿区。由于安庆铜矿距离安庆市很近这一区位优势，建矿伊始，就把职工宿舍建在市区，每天乘通勤大客车上下班，矿区只建单身宿舍和值班公寓。有了这些措施，日产 3500 吨矿石的安庆铜矿，全员从原设计的 2000 人降到 950 人，这样的劳动生产率在当时国内矿山是非常突出的。安庆铜矿的新模式办矿对我国的矿山设计和矿山的建设都产生了深远的影响。

铜绿山古矿冶遗址

铜绿山矿位于湖北省大冶市。大冶是中国因矿兴市的一个典型。清康熙年间修编的《大冶县志》中载有："铜绿山在县城西五里，山色赤紫，每骤雨过时，有铜绿点缀土石之上，如雪花小豆，或云古出铜之所。"1958 年水利部门在铜山口修建水库，用手摇钻施工时，发现岩芯中有一块长 6.4cm 的含铜黄铁矿，地质部门获此信息后，于次年便在铜绿山开展了勘探工作，当钻探到地下 100m 时，遇到厚度达 60m 的铜铁矿层，从此便布置了正式勘探。1965 年开始矿山一期建设，由长沙有色设计研究院承担设计。一期工程的设计规模为 4000 吨/日，露天开采、地下开采各 2000 吨/日，1970 年投产。铜绿山矿是一个储量大，品位高，含有铜、铁、金、银等多种金属的矿床。1973 年大冶有色金属公司铜绿山矿在露天开采过程中，发现了一些废弃的矿渣，继续挖掘时又发现铜斧、铜锛、铁斧、铁锤、船型木斗以及陶、木质生活用具等 1000 余种文物，他们将其中一柄重达 3.5 公斤的铜斧送往中国历史博物馆，引起了国家文物部门的高度重视，随即从全国各地抽调人员组成考古工作队，前往铜绿山开始了长达十余年的考古发掘。1974 年，考古工作队在铜绿山发掘出面积达 2000m² 的矿冶遗址群，包括竖井、斜井、巷道以及炼铜竖炉和开采工具，并且发现了 40 多万吨炼铜矿渣。经考证，这一古矿冶遗址开始于公元前十三世纪的殷商中晚期，经西周、春秋战国直到西汉，延续了一千多年。这一最重大的考古发现震惊了世界考古界，被誉为世界第九大奇迹，1982 年国务院公布铜绿山古矿冶遗址为国家重点文物保护单位。1984 年国家在 7 号矿体春秋时期采矿遗址上建立了古矿遗址博物馆。

铜绿山古矿遗址

铜绿山古矿遗址博物馆

就在 1984 年，我们设计院承担了铜绿山铜矿二期工程设计。在设计中将原一期工程南露天由 -100m 延深至 -185m，设计生产规模仍为 2000 吨/日；另外，新建设北露天采场，开采至 -290m，设计生产规模为 1500 吨/日。为了尽可能多地采出高品位资源，同时又能有效保护古矿遗址，设计团队应用岩石力学与系统工程理论，对古矿遗址提出了搬迁保护和原地保护两种方案。由于北露天上盘外侧受古矿遗址保护的限制，边基建边生产，进展缓慢，南露天受工农关系矛盾的影响，二期工程很难顺利实施。为此，我们设计院于 1987 年提出了二期工程分部实施方案，即将北露天矿的采深，暂时提高到 -185m，靠近古矿遗址的东帮，最终边坡角从原来的 61.5° 改为 56°，陡边坡进行加固。

1991 年 6 月，受国务院办公厅委托，原国家计划委员会、国家文物局召开大冶铜绿山古矿冶遗址保护专家论证会，与会的 32 位文物、考古、采矿、冶金、地质、工程等方面的专家对保护方案进行了认真地论证和评审，确定采用原地保护方案，-185m 以上维持露天开采，-185m 以下采用胶结充填法进行坑内开采，陡边坡地面境界线从 -185m 按最终边坡脚 56° 向上推定，但距一号博物馆两墙的距离应不小于 25m。

1991 年 8 月，国务院以国函〔1991〕49 号文批复，原则同意专家论证会通过的评审意见。遵照国务院批复精神，1992 年 2 月，我们设计院完成了修改初步设计，之后矿山开始了深部坑内开采的建设，北露天矿处于边基建边生产的状态。1996 年，国家"九五"科技攻关期间，长沙矿山研究院经研究提出，将露天境界底部从−185m 提高到−152m，期间残留矿柱改用坑内开采的优化方案。我们设计院按此原则提出了先采南露天，后采北露天的实施步骤，北露天古矿冶遗址侧的上盘边坡角调整为 50°~51°，随后北露天停止开采，南露天于 2005 年开采结束闭坑。结合诸项科研成果和生产衔接的需求，矿山确定了开采北露天坑 3 号矿体的方案，并于 2003 年开始基建剥离，剥离废石排到南露天坑内，2006 年初投入生产。

2006 年 7 月前后，铜绿山矿北露天的东部上盘 5~11 勘探线间，古矿冶遗址院内草坪、道路、传达室及围墙外的速凝剂厂内出现开裂或下沉，8 月我到现场查看了情况，发现裂缝分布具有与北露天边坡近似平行的特点，怀疑为露天矿东部边坡内有盗采空区塌陷所致。铜绿山矿于 2006 年 10 月停止了北露天东部剥离大爆破作业，2007 年 5 月全面停止了北露天生产作业。尽管如此，部分塌陷、开裂仍在发展。2007 年以来，古矿遗址保护受到各级政府的高度重视，先后关闭了周围的民采矿山，严厉打击了盗采行为，同时组织了多次专家论证会，分析产生破坏的原因。为了做到古矿冶遗址不受破坏，同时又能兼顾矿山生产，铜绿山矿方委托设计院，深入研究遗址博物馆周围地面破坏原因、古矿冶遗址保护措施、北露天境界优化和露天边坡加固措施。

中国恩菲工程技术有限公司（即原北京有色冶金设计研究总院）于 2009 年提出了《铜绿山古铜矿遗址保护和北露天开采境界优化研究》报告，一方面分析了古矿遗址博物馆外地表破坏和建筑物开裂的原因，主要是地下存在采空区或盗采空区的塌陷，以及露天边坡因自身的地质条件和力学条件作用引起的位移所致。为了有效保护古矿遗址，不管北露天是否恢复生产，必须对边坡上部的采空区、塌陷区、地表呈现的开裂区，进行注浆减沉的处理；对古矿遗址一侧的边坡削坡减荷，边坡角改为40°，并可进一步采用格构式加固措施；清理边坡顶部外围矿渣及建筑垃圾，以减轻荷载并局部进行平整绿化；同时对保护区进行长期监测。上述保护措施费用约为4800万元。为了更好地保护古矿冶遗址，对铜绿山的地下开采建立了国内第二套膏体充填系统。经采用以上措施后，古矿遗址得到了较好的保护。

第十四章　第三类型深井开采的探索

进入 20 世纪 80 年代，中国已开始接触矿山深井开采的难题，夹皮沟金矿、红透山铜矿等的开采深度均已超过千米。深井开采带来高地应力、高地温、高渗透压等一系列对生产安全、产量稳定、经济效益的严重威胁。

我认为深井开采可分为三种类型：第一类型为由浅部开采逐渐加深进入深部开采，这种类型的矿山很多；第二类型是由露天开采转入地下深部开采，最典型的实例是智利丘基卡玛达（Chuquicamata）铜矿，其露天开采最深达到 1km，现正转入地下开采；第三类型是指直接开采深埋矿床。前两种类型，在浅部开采过程中对地质构造、水文条件、矿岩特点等都可获得基本的了解，对深部开采可能遇到的问题也就基本有谱。而对于第三类型，由于钻探深度、钻孔偏斜、经济原因等因素的影响，一般勘探程度都很难达到正式开采设计要求的深度，诸如地质构造、水文条件、矿岩特点等自然也不可能有比较确切的资料，这就使设计工作陷入很大的盲目性。1986 年我们承接的铜陵有色金属公司冬瓜山铜矿的设计，正好属于这种情况，今后此类的项目必然会越来越多。

冬瓜山铜矿开启金属矿第三类型深井开采的先例

冬瓜山铜矿床为铜陵市狮子山矿区内的深埋矿床，主矿体受青山背斜不对称褶皱控制，呈似层状产出，倾向与背斜两翼一致，分别向北西和南东倾斜，倾角 10°~35°。矿体长 1800m，最大厚度超过 100m。靠近矿体底盘部分的矿石为含铜蛇纹岩型矿石，属于难选矿。矿石铜品位在 1.1% 左右，在国内来讲，这已经算是不错的资源了。前十年开采易选矿，可年产铜精矿含铜 3 万吨，含金 652 千克，含银 10.8 吨，含硫 4 万吨，另外，年产硫精矿（含硫 35%）104 万吨。按预测价计算，每年的利润总额可达 6030 万~12968 万元。矿床所处层位原岩温度在 30~39.8℃ 之间。根据初步测量资料，−500m 以下，原岩应力在 30~35MPa 之间，最大主应力方向与矿体走向方向大体一致，而且近似水平。安徽地矿局 321 地质队于 1985 年 6 月提交了详细普查报告。

鉴于该详查报告满足不了设计的要求，怎样应对我们第一次遇到的这样一个第三类型深井开采项目？经过反复研究，决定首先组织力量收集国外相关资料，我们虽然编印了两册供内部参考的深井开采资料，但其中很少谈及第三类型深井开采的相关技术问题。我们仔细研究了地质详查报告，进行了现场反复踏勘和厂址比选。并于 1986 年 8 月完成《冬瓜山矿床技术经济评价报告》，初步确定该矿生产规模为 1 万吨/日，可能的选厂厂址有两个，在此基础上提出"在总体规划的条件下实行探建结合开发方案"的建议。该方案主要内容包括：按总体规划方案下掘探矿井（即将来的管缆井）及相关平巷，进行探矿，并且利用这些探矿井巷工程开展地应力测量、地热研究、矿岩稳定性评价和工程岩组划分，为设计提供必要的可靠基础资料。然而，在没有正式设计，未获得采矿证的情况下进行施工建设，是违反建设规范的。于是就遇到了这样一个难以解决的矛盾。当时的有色金属工业总公司的相关领导，为此特地赴现场召开了研讨会，经过充分讨论，最终支持了我们提出的这项"探建结合"的建议。随后 1987 年 2 月国家计划委员会、地矿部、有色总公司正式发文批准该"探建结合方案"。同年 10 月有色总公司以中色计字 0780 号文发出《关于大团山、冬瓜山铜矿勘探和施工方案的批复》，同意施工探矿井。1988 年 10 月，我们设计院提交了《探建结合工程可行性研究报告》。1989 年初，根据管缆井施工图开始下掘探矿井。为了加快建设进度，我们在生产规模和选厂位置尚未最终确定的情况下，充分考虑了选场位置的可变性和竖井位置及提升能力的可适应性，又提交了《冬瓜山主井技术方案设计书》，建议再增加施工第二条探矿井（即将来的主竖井）。有色总公司相关领导审查通过了该项建议，再次批准了第二条探矿井的施工。

正在建设中的冬瓜山主井井塔

冬瓜山铜矿矿山部分的建设包括 5 条竖井、4 个中段的开拓工程、各种硐室工程、斜坡道、基建采切工程等总计基建工程量 69.5 万立方米，需 5 年时间完成。1993 年底，铜陵有色公司完成了 510m 探矿井和 1200m 探矿平巷的掘进工程。这一改革也调动了地质队的积极性，他们在 34~58 勘探线之间（占矿体一半）从地面用钻探加密勘探，1994 年 2 月提交了《冬瓜山铜矿床南段勘探地质报告》。在坑探与深部钻探相结合的基础上，我们设计院完成了《冬瓜山铜矿床初步可行性研究》。1995年底有色金属工业总公司向国家计划委员会报送了建设项目建议书，1995年底中国国际工程咨询公司提出了冬瓜山项目的评估报告，我们设计院根据评估报告建议，于1998年进一步优化了设计内容，提交了《冬瓜山铜矿可行性研究报告》，2001年完成了该矿的初步设计。经过这样冗长复杂的过程，冬瓜山终于进入按照"探建结合"原则，边出施工图边进行正式大规模施工建设的阶段。冬瓜山铜矿后来的顺利建成投产并通过验收，说明我们为第三类型深井矿山建设，闯出的"在总体规划的条件下实行探建结合"的路子是可行的。它有利于加速矿山的建设，有利于制定符合实际的设计方案，提高其经济效益。我国金属矿业已开始进入深井开采时期，会不时遇到第三类型深井开采项目，冬瓜山的经验或许可为其解困。

第三类型深井开采除了如何起步之外，还会遇到一系列的技术难题，如采用充填法时，如何克服充填料浆输送时的剩余压头，以及如何保证能够满管稳定输送；如何建立微震监测系统，监测岩爆发生的可能性；如何利用按需通风来改善作业面的条件和大力降低能耗；如何利用地热，变害为宝；如何在高地应力区改进巷道的支护；如何实施远程遥控和自动化采矿来彻底解决生产安全和精细化作业的问题等。其中一些问题第一、第二类型深井开采也同样会遇到，但对第三类型深井开采难度更加突出，因此，1995年12月，国家计划委员会科技司批准将冬瓜山铜矿的科研工作，列为"九五"国家重点科技攻关项目——《千米深井矿山300万吨级强化开采综合技术研究》，后来又延续列为"十五"国家科技攻关课题——《复杂难采深部铜矿床安全高效开采关键技术研究》，对冬瓜山的技术创新，对冬瓜山的提升经济效益发挥了重要的作用。

我们单位在冬瓜山铜矿还完成了两项重要的科研项目。

一是无人驾驶电机车运输系统研究。这项技术已在瑞典基鲁纳铁矿使用多年，也许是由于后来无轨运输设备在矿山的广泛应用，它并没有得到广泛推广。但有轨运输在我国矿山仍占据主导地位，作为智能矿山的主要物流系统，它应当大有用武之地。因此我们从2011年9月开始，选择冬瓜山铜矿，由白光辉教授级高级工程师领衔，自主研发此项技术。期间在矿山进行了电机车本体调试、无线通信实际应用调试、列控系统调试、电机车控制软件调试、列控软件调试、装载站系统调试和无人驾驶电机车运输整体调试，实现了双机牵引的无人驾驶电机车运输系统正常运行，满足生产需求。中国恩菲于2013年3月22日由总经理伍绍辉主持，召开了此项研究成果的新闻发布会。中国有色金属报、中国有色金属杂志、科技日报、中国冶金报、中国黄金报的记者参加了发布会，并发布了相关报道。

在新闻发布会上，课题负责人白光辉对该系统做了全面介绍，地下矿无人驾驶电机车运输系统由无人驾驶变频电机车、巷道移动无线通信系统、电机车自动调度、保护、监视系统、电机车运输供电管控系统四部分组成。电机车牵引列车组在运行过程中实现远程遥控装矿，自动运行、卸矿、会车。运行状态通过视频信号，实时显示于调度室内。必要时也可通过远程实时调度操控，非常方便。这一技术可以适用于同时6列车运输的系统。根据在冬瓜山铜矿试验的实际情况，原来一个40人的运输系统，采用此项技术后，可将所需人员减少至8人，极大地提高了运输效率，降低了运输成本。

我在会上作了如下的发言：无人驾驶电机车运输系统是远程遥控和自动化采矿的一个重要环节，而远程遥控和自动化采矿（即采矿办公室化）是现代矿业发展的趋势。目前，世界上已有八九个矿业发达国家，建立了远程遥控和自动化采矿试验工程，有的已经正常生产了十多年。可惜在我们这样一个矿业大国，目前尚属空白。1985年，中瑞（典）合作进行金川镍矿二矿区扩产设计时，我有幸考察了瑞典基鲁纳铁矿的无人驾驶电机车运输系统，我觉得这一项技术具有许多突出的优点，它可以提高运输设备的效率和利用率，可以提高矿山的劳动生产率，降低生产成本，特别是对于大水矿山，由于电机车运输水平一般处于矿山最低水平，一旦遇到突水，水往低处流，因此可以极大地提高矿山生产人员的安全保障程度。另外，这对于弥补我国人口红利的逐步消失也具有重要意义。2005年我们开始编制白象山铁矿项目可行性研究时，考虑到这是一个水文地质条件比较复杂的矿山，便开始酝酿、安排、制定自主研发无人驾驶电机车运输的技术方案，以适应保障矿山生产安全的需要。在正式研发过程中，得到湘潭牵引机车厂有限公司的大力配合。后来由于白象山建设进度满足不了试验的要求，我们又得到老朋友冬瓜山铜矿领导的大力支持，在那里进行了成功的生产试验，形成我国首次在金属矿山应用该项自主研发的技术。在冬瓜山铜矿进行工业试验的过程中，已有几个矿山同我们联系，希望采用此项技术。今天的发布会是正式宣布，我们的这项技术已经可以推广应用。我们公司是一个科技型企业，工程设计是我们的主业，我们从事科研工作的特点是，针对承担工程设计项目的技术难题进行科研攻关，只有解决了这些技术难题，工程建设才能顺利进行，所以科研成果可以百分之百转化为生产力，不存在科研成果鉴定了，获奖了，却束之高阁的情况。过去我们已经创造了多项这样的国内第一，这是我们的优势。无人驾驶电机车运输系统的试验成功，是我们建设远程遥控和自动化采矿示范矿山的第一步。希望不久的将来再向媒体宣布我们新的进展。

二是为冬瓜山铜矿首采地段引进试用微震监测系统，实时监测、分析此深井矿山由于开采活动诱发的原岩应力场的变化，希望能对岩爆进行预报，确保生产的安全。这项工作将在下面南非考察中展开叙述。

赴南非考察学习

鉴于在铜陵有色公司冬瓜山铜矿的设计中，遇到了第三类型深井开采的技术难题，铜陵公司与中国恩菲、中南大学联合组团，于2003年9月15~30日赴南非进行考察学习，我作为中国恩菲的成员随团前往。我们经新加坡转机抵达约翰内斯堡，在南非考察了一座矿山、拜访了两个国际咨询公司和一家地震仪生产企业（ISS 公司），洽谈为冬瓜山铜矿的首采地段，引进微震检测仪的事宜。南非是有名的深井开采国家，我们参观的 ERPM（Eastern Rand Proprietary Mines）金矿，是维特瓦特斯兰德（Witwatersrand）盆地十大砾岩型金矿田之一，也是当时开采深度最深的矿井，其开采深度已达 3000m。到了 2008 年，Tautona 金矿的开采深度已达到 3900m，2011 年，Mponeng 金矿以 4350m 的开采深度成为世界第一，而 2018 年，开采最深的矿床是 Western deep level 金矿，已采深到 4800m。深井开采给井下工作人员安全带来极大地威胁。据统计，南非黄金矿山因岩爆造成矿石、岩石冒落，造成工伤人数占全部工伤事故总人数的 25%，其中 50%的死亡事故与岩爆和岩石冒落有关。

参观 ERPM 金矿主要是考查深井矿山热害。该矿矿脉为缓倾斜，厚度 0.8~1.0m，含金品位约 10 克/吨，采用长壁法开采，允许上下盘混入不超过 10cm 的废石。矿山 800 人，年工作 365 天，月产金矿石 55000 吨。热害是深井开采的一大难题，ERPM 金矿为降低采区的温度，在地面修建了庞大的制冷站。

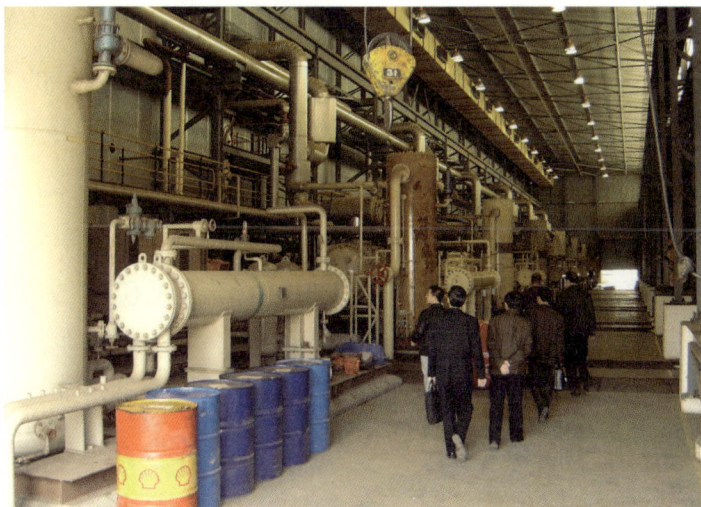

参观南非 ERPM 矿山制冷厂

站内装有 7 个系列的制冷设备，制成冰块，通过管道送往井下，制冷站内实行集中控制。我们去矿里参观属于"老外"，带我们去参观的采区，我想大概属于较好的地段。等我们走到采区，尽管地面有那么庞大的制冷站往井下送冰，我们仍是汗流浃背，感到工作面缺乏足够风速的贯穿风流。这提醒我们，在深井开采的通风工程设计中，保证作业面有足够的贯穿风流应当是第一位的。这就好像夏天扇扇子，并未制冷，但体感会舒服很多。因此，按需通风的设计，最重要的是需建立适应按需通风的采准系统，即希望能在采区或采场的回风侧，以变频风机控制风量，这样就可以保证工作面能有适合的贯穿风流。这成为后来我指导博士后研究按需通风的基本理论依据。

我们拜访的第一家公司是斯诺登（Snowden）矿业咨询公司，该公司成立于 1987 年，有 200 名咨询顾问和员工，由在澳大利亚股票交易所上市的 EDI 公司拥有。总部设在澳大利亚，在约翰内斯堡设有办事处。地球物理学家 Olaf Goldbach 咨询师为我们详细介绍了三种矿震检测仪：Prism、Impulse、GMM（Ground motion monitor）的性能、特点和使用情况。这三种矿震检测仪均由 M&M 制造。

我们拜访的第二家咨询公司 SRK 的 Awie Swart 先生，重点为我们介绍了有关南非金矿发生岩爆的情况。南非金矿最早的岩爆发生在 1886 年，地表有震感的岩爆是在 1908 年。开采深度并非发生岩爆最主要的因素，最主要的是应力集中程度。ERPM 金矿采深到三四千米时，其最大主应力是垂直应力，有一矿柱中应力集中到高达其垂直应力的 10 倍，于是发生了剪切破坏，从弹射到矿柱的破坏，到断层的滑移，到原岩中产生新的断层，十分严重。可见在高应力条件下留矿柱是很糟糕的想法。南非曾发生过 4~5 次 5 级矿震。当我们共同讨论到冬瓜山的情况时，Awie Swart 先生认为冬瓜山有可能发生应变形岩爆，要注意最大主应力的集中程度，注意矿柱发生沿连续节理的滑动，高应力区的支护强度要高但要有可塑性。

访问 ISS 公司，主要是探讨为冬瓜山铜矿首采地段，引进微震检测仪的设想。该公司是国际上高精度微震监测技术开发和应用的先驱，在南非、智利、澳大利亚等国的该领域市场中一直处于领先地位。微震监测技术可以对矿山开采引发的岩体内的微地震进行灾害评估，从而减少由于这种灾害导致的安全事故。该技术的原理是通过监测采矿活动引起岩体中应力重新分布过程诱发岩石破裂时产生的地震波，对地震波信息进行处理，获取微震活动事件发生的位置、大小、能量、非弹性微震体应变和震源机制等，并由此计算出所伴生的岩体中应力场、位移及流变等参数的改变，从而达到判断岩体稳定性的目的。经过技术交流，决定为冬瓜山铜矿引进 ISS 微震监测系统。该系统由 QS（Quake Seismometer）接收从与其相连的地震传感器传来的地震模拟信号，并将其转换成数字信号，然后再将其传输给控制中心。每个 QS 具有 6 个通道，其布设位置与其相连的传感器的距离应小于 300m。通过网络优化设计，冬瓜山铜矿首采区微震监测系统共设 16 个传感器、4 个微震仪、1 个转发器、1 个井下控制室、1 个地面主控制室及光缆等。软件部分包括时间运行系统（RTS）、地震波形分析处理系统（JMTS）和地震事件活动性可视化分析系统（JDI）。在 -670m 水平 53 号勘探线和 -730m 水平 57 号勘探线穿脉内，各安装一个微震仪 QS1 和 QS2。为了确保信号传输过程中的衰减不会导致信号失真，微震仪到井下控制中心的距离不宜超过 1200m。为此，在 -730m 水平，47 号勘探线措施井附近安装一个转发器 QS Repeater；在 -875m 水平的上下盘沿脉内各安装了一个微震仪 QS3 和 QS4；每个微震仪连接四个位于巷道顶板垂直上向钻孔内的地震传感器，各传感器拾取的地震信号通过 QS 采集后，传输到井下通信控制中心，再通过电缆和光缆传输到地表控制中心。信号的处理和分析以及系统运行状况的监测均在地表控制中心完成。微震监测系统的建立主要依据冬瓜山铜矿矿体的开采技术条件，从首采区开始建设，遵循由小到大和逐步扩展的原则。初始监测系统监测的范围限制在首采区（52～58号勘探线），根据系统运行和使用情况再决定系统覆盖范围扩大的具体方案。

微震监测系统检测到的事件一般可分为以下几类：掘进和生产爆破、岩体活动、机械震动和噪声事件。为了不影响后续分析结果，数据处理时应将机械震动和噪声事件去掉，并建立地震事件数据库，在此基础上进行地震事件数据的分析工作，以指导井下生产活动。

例如冬瓜山铜矿，微震监测系统自2005年8月安装运行以来，每天记录的事件大约有300个，其中首采区内岩体活动事件几十个，记录的最小事件震级 ML＝－2.0，最大事件震级 ML＝1.9，安装几个月后，已经存储了一定事件的数据。经过对地震事件波形的处理与分析，可将微震监测系统检测到的事件归纳为4种典型的波形。

矿山日常地震数据的分析工作，根据时间划分不同的分析阶段：短期如日分析、周分析，中期如月分析，长期如年度分析等；另外，也可进行井下特定事件及重点区域的分析，如典型较大震级的破坏事件，地质构造活化或爆破后分析等。

对于矿山日常地震数据的分析，应完成以下主要工作：

（1）基于三维可视化技术，圈定地震活动的集中区域。如断层、岩墙等地质构造活化区域，大的破坏事件发生区域，残留矿柱、底柱及其他等特定区域。

（2）地震事件时间分布规律及空间分布规律与采矿活动之间的关系。地震事件时间分布规律主要包括采场爆破后地震事件的时间分布，地质构造地震事件的时间分布和采矿工作区地震事件的时间分布等。地震事件空间分布规律主要包括地震事件平面分布、剖面分布及构造面分布等。

（3）基于地震事件的量化处理，进行地震参数曲线分析。如地震事件 ML 的大小及发生频率分析，以视在体积 VA、位移 D 与时间

T 曲线等为主的岩体变形规律分析，以能量指数 EI 与时间 T 曲线等为主的岩体应力场的变化规律分析。

最终对反映工作区域岩体应力及应变情况的地震事件进行归类，研究生产过程中岩体的变化规律，以便掌握井下应力场的状态，以及为风险预测做好准备。

冬瓜山铜矿是微震监测技术第一次在我国成功用于矿山生产监测的实例，属国家"十五"科技攻关项目内容。该系统于 2005 年安装，获得了成功，在矿山生产中发挥了一定的作用，可为日后的深井矿山开采提供有益的经验。

在约翰内斯堡还目睹了令人震撼的贫富悬殊景象。南非的约翰内斯堡是南非第一大城市，是一个由黄金开采而建立起来的大都市。市区被铁路分为南北两部分：北部为市中心区，分布有主要商业区、白人的别墅式居住区和高等学校。市中心巨厦林立，政府机关、银行、车站、证券交易所等都是非常漂亮的现代建筑。南部为重工业区。就在约翰内斯堡南部郊区不远的地方，便是一眼望不到边的贫民窟，据说还无电无水。这是白人统治时期留下的历史写照，在我们访问南非期间还未改变。

约翰内斯堡的富人居所

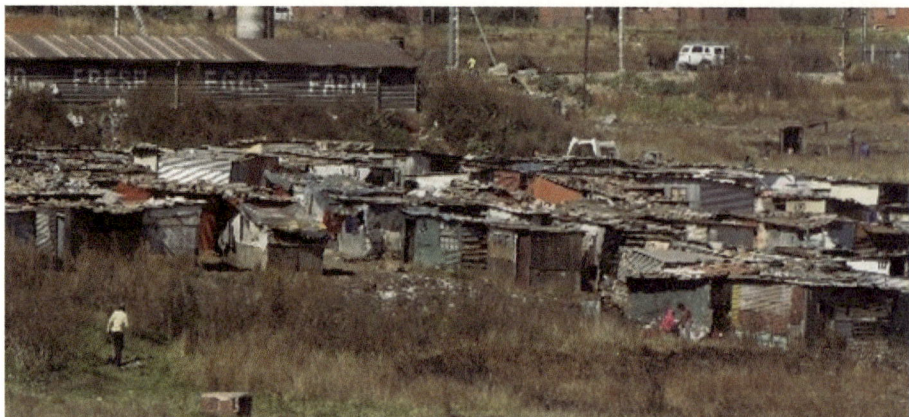

约翰内斯堡贫民窟

　　既然到了南非的开普敦，根据主人建议也顺便探访了地球最南端的好望角。

南非好望角

冬瓜山工程设计回访

　　2008 年 10 月，冬瓜山铜矿项目的总设计师张文荣，组织了一次主要专业全部参加的较全面的工程设计回访。我作为该项目的技术总监，对此次设计回访进行了系统地指导和总结。

设计回访应当是工程项目全生命周期中一个非常重要的环节，它对于及时调整设计欠缺之处，如有可能纳入新的技术创新成果，保证项目按时投产、达产，保证生产顺利、高效、安全运行具有重要意义。冬瓜山是我们遇到的第一个第三类型的深井开采项目，面临诸多技术难题，如地质勘探程度难以满足设计要求，高温、高地应力、高压大流量涌水等。基建期间做了一些设计必需的岩石力学方面的研究，"九五""十五"期间冬瓜山都被列为国家级科技攻关项目。经过各方面的共同努力，冬瓜山于 2004 年 10 月开始出矿，2006 年产量达到 6000~6500 吨/日，2007 年 10 月通过安全验收，2008 年 10 月达到设计能力 1 万吨/日。

我们的设计回访采用座谈和实地调研的方法，归纳出主要有三个方面的问题，经过综合研究，采取了一系列改进措施。一是设计不适应矿岩特点出现的问题：诸如支护问题、采场结构参数问题。依据微震监测系统对采区应力场变化的监测，调整了采场结构，解决采场按"二采一"布置时，隔离矿柱出现拉应力的问题，并建立采场台账，研究提高其综合生产能力的措施；改进水平巷道交叉点的支护方式；通过科研将两个充填系统改造成膏体充填；主运输水平通过科研改为无人驾驶电机车运输系统。二是进一步显现出深井开采的技术难点，最突出的是竖井提升首绳寿命短的问题，冬瓜山铜矿自投产以来，一套钢丝绳使用寿命仅 6 个月左右，通常提升矿石量 150 万~200 万吨，钢绳破坏形式大体相同。矿山的领导与国内外钢绳生产厂家进行了多次技术交流，后来决定组团去南非考察。他们考察了 Driefontein 金矿、South Deep 金矿、Haggie 钢丝绳厂与南非科学和工业研究委员会（CSIR）。Haggie 生产三角股钢丝绳和多层不旋转钢丝绳（"fishback" non-spin 型），后者在提升高度 800~1300m 范围内优于前者，在 Driefontein 金矿可使用 3 年左右。根据上述考察结果，希望设计单位进行提升系统验证，确认具体钢绳选择。三是科研单位的方案与设计脱节引发的采区通风不畅等问题。由于通风问题涉及采准系统布置，只能在下部水平改进采准巷道布置，研究实现按需通风的可能性。

这种回访使设计单位对自己的设计方案进行了系统的考核，对于设计者增长经验，提高设计质量，实属难得的机遇；对于企业改进生产环节，提高效益，降低成本也具有重要的意义。

第十五章 中国工程科技
中长期发展战略

1999 年，我被选为中国工程院院士，之后我开始投入更多的精力从事我国矿产资源可持续发展的战略研究，从 2003 年一直延续到 2011 年。

我国矿产资源可持续发展战略研究

2003 年开始的《中国可持续发展矿产资源战略研究》，是由中国工程院开展的重大咨询项目之一。咨询项目下设课题和分课题两个层次，其中 9 个课题分别为地质资源、煤、黑色金属、有色金属、建材、化工、铀、环境和矿业经济。众多领域和学科的 30 余位院士和 270 余位专家参与此项工作，并与政府综合部门、各行业协会进行了充分沟通和交流，共同研讨，更得到国务院领导同志的重视和指导，研究历时两年多。

项目综合报告：对各课题的综合报告进行了汇集和简介，重点研究了支撑国民经济发展具有代表性的煤、铁、铜、铝、水泥灰岩、磷、钾盐和铀八种矿产资源的安全和可持续供应的战略问题；对中国未来（2010~2020 年）矿产资源及加工制品的消费量做出了预测与展望，即未来 10~15 年我国矿产资源需求正处于高速增长期，必须坚持科学发展观，转变经济增长方式，大力发展循环经济，建立节约型社会，走新型工业化道路，克服资源和环境制约，争取用矿产资源翻一番（或略多）支撑 GDP 翻两番的宏伟目标；要通过加强国内资源勘查和实施全球矿产资源配置战略，来满足我国国民经济发展的需求。

我有幸同我的助手，教授级高级工程师唐建，组建团队于 2003~2005 年承担了其中《有色金属矿产资源可持续发展战略研究》课题。

这一战略研究系统地梳理了 50 多年来我国有色金属工业发展的历程。从新中国建立初期有色金属产量仅有 1.33 万吨，到产量增加到 1228 万吨，位居世界第一的历史性巨变，已初步形成完整的工业体系，满足了国民经济、社会发展、国防建设和高新技术发展对有色金属及其新材料需求的基本自给。此项研究还就资源保障程度进行了深入分析，在已探明有储量的 52 种有色金属矿产资源中，稀土、镁、钨、锡、钼等矿床规模较大，储量丰富，矿石品位较佳，在世界上占据要位；但用量较多的铜、铝、铅、锌等资源则比较紧缺，超大型矿床少，矿石品质不佳，采矿、选矿、冶炼均有难度，用量有赖进口，对外依存度会不断攀升。铜、铝、铅等再生金属虽已成为重要的二次资源，但企业规模偏小，过度分散，技术相对比较落后，环境问题堪忧。报告针对上述矿产资源及矿业生产状况，强烈呼吁国家必须制定包括国内国外两个方面的全球矿产资源战略的顶层设计，以适应我国经济发展的需求以及经济安全的保障。

研究报告还对铜、铝、铅、锌需求做出了预测，对保障程度进行了具体分析。作为研究报告的重点，提出了可持续发展的战略措施：第一，加强地质勘查和开发的总体思路；第二，在分析我国可利用有色金属矿产资源现状的基础上，提出了遵循合作共赢方针如何有效利用国外资源，建立可靠供应基地的设想；第三，强调强化立法、执法力度，优化产业结构，大力保护和有效利用矿产资源；第四，采用先进工艺和技术装备，高效利用资源，大力降低能耗，调整进出口品种，对采矿、选矿、冶炼、加工、新材料都提出了发展方向、实现目标和一些具体指标；第五，针对我国金属矿床有用成分复杂者居多的特点，强调搞好资源综合利用，以五大矿产资源综合利用基地和盐湖资源综合利用为主，提出了具体的要求；第六，加大二次有色金属资源的利用。与发达国家相比，中国在这方面还有较大差距，需要在健全法律法规、扩大产业规模、改善技术和装备水平、增加科研投入、加强宣传教育等方面作不懈的努力；第七，加强有色金属战略储备，对有色金属产品储备、有色金属矿产资源储备、有色金属矿山产能储备、有色金属工艺技术储备都提出了具体的要求；第八，强化生态环境保护，提出了构建生态矿业工程的设想和政策建议。

项目总体研究成果于 2004 年向国务院领导做了汇报，得到了充分的肯定，也对行业大发展起到了一定的推动作用。

关于实施全球矿产资源战略

2004 年底，中国五矿集团公司（以下简称"五矿"）企划部副总经理方启学等人找到我，谈及"五矿"为适应我国实现工业化、现代化面临的矿产资源特点，需要进行企业转型，提出实施矿产资源全球战略的思路和部署，希望得到工程院的支持。中国工程院在综合分析资源供应形势和对策基础上，接受"五矿"的委托。于是由我牵头，组织团队开展了"实施金属矿产资源全球战略，保障国民经济的可持续发展"以"五矿"为案例的战略研究，并提出了中国工程院向国务院汇报的咨询报告。

"五矿"实施矿产资源全球战略所面临的问题，对我国准备"走出去"的企业具有代表性。因此，该项咨询报告的主要判断和论点也具有统筹意义。

我国经济建设发展需要大量矿产资源，我国大宗消费金属矿产资源却严重短缺，全球矿产资源分布不均，这些特点决定了矿业发展具有跨越国家地理概念的基本特征。该报告从分析上述特点出发，从多方面论述了实施矿产资源全球战略的必要性和紧迫性，提出了以资源—经济—环境平衡发展为基点，建立资源节约型经济结构和紧缺矿产资源保障体系；立足国内，建立矿产资源战略储备；顺应经济全球化趋势，以平等互利共同发展为宗旨，推行矿产资源全球化战略；加强资源保护和综合利用，发展循环经济；按低限消费进行宏观调控的总体思路；论述了以培育大型跨国矿业公司，实现矿产品、矿业权、矿业资本市场三个层面的有机结合的实施方案；提出了实施金属矿产资源全球战略的政策建议。

既然是全球矿产资源战略，自然涉及国内与国外两个方面。

先说国内的矿产资源状况。记得小时候读书的时候，就形成一个概念：我国地大物博，物产丰富。我刚参加工作进入矿业领域之后，在我国建立初步工业基础的阶段，还感到矿产资源确实"物产丰富"。但在 20 世纪 70 年代后期改革开放之后，随着经济的高速增长，我国逐渐成为矿产资源的生产大国、消费大国。从产和消的角度看，截至 2012 年底，全国钢产量和消费量已连续 17 年居世界首位，有色金属产量也连续 11 年居世界首位，然而大宗消费的矿产资源的对外依存度却不断攀升。例如，铁矿石的对外依存度 2000 年为 36%，2002 年 44%，2010 年攀升到 64%，2015 年就达到了 84%；铜的对外依存度从 2013 年开始就超过了 70%，随后一直没有低于这个水平；就连产、销量不是非常大的镍也不例外，2013 年的对外依存度为 59.32%，2014 年为 63.71%，2015 年为 71.77%，2016 年就占领了 83.01% 的高地。这就暴露出我国大宗消费的矿产资源数量和禀赋不佳的特点。尽管我们如此长期大量地进口，不幸的是，我们却没有贸易定价的话语权。作为一个矿业人，心里总觉得很憋屈。

再谈"走出去"。纵观全球矿业发展的历史不难看出，没有哪一个国家，可以完全依靠自己国内的矿产资源实现高度工业化的，这就意味着实施全球矿产资源战略是很自然的事情。但问题并不是那么简单。从 20 世纪 70 年代后期我国实施改革开放战略之后，我在工作中便常常遇到涉及全球矿产资源战略这一复杂的问题。

过去的印象，帝国主义掠夺殖民地矿产资源的景象历历在目，我不会忘记，在大学读书实习时所了解到的、所亲眼目睹的日本对我国东北矿产资源抢掠的状况，以及被他们迫害的劳工的悲惨命运，例如抚顺那个万人坑，这不是中国要走的道路。但是必须警惕，总会有那么一些极端敌视中国的狂人，要把这顶帽子也扣在你的头上，把水搅浑。只要我们不折不扣地认真贯彻执行中国互利双赢、共同发展的战略方针，这种伎俩便蒙蔽不了当地实际受惠的人民。

问题是当我们"走出去"开采矿产资源，如何才能不折不扣地贯彻执行好我国这一战略方针，真正融入当地，也不是一件很容易就能办好的事情。从我接触的许多涉外矿业项目看来，所以出问题，似乎既有客观原因，也有主观因素。我不便举出具体的企业来加以说明，总体看来，有的项目遇到当地社区的对抗，难以推进；有的项目遭遇环境保护的诘难，打乱了原来的部署；有的项目迫于应付罢工的浪潮，打打停停；如此等等。从主观方面来看，有的企业把国内国企的管理模式生硬地搬到了国外，水土不服；有的企业并没有真正履行对当地社会的承诺，步履维艰；有的企业片面追求独资、控股，结果力不从心；更有不少企业吝惜认真的风险评估，一脚踏了进去，进退维谷。有时候还出现中国自己的企业相互角逐的场景。这些都归结为我们的企业未对项目的风险进行认真的评估，未对金融、市场的变化和机遇做出敏感的分析。到目前，"走出去"的矿业企业已不在少数，投入的资金据有关资料介绍也超过了千亿美元（1995~2012 年 560 亿美元，2013~2016 年 564.3 亿美元），但距离显著增强矿业企业的竞争力，建立基本满足国家需求的资源供应基地，差距还不好估量。谈到矿业企业的竞争力，我以为核心的因素是掌握资源，特别是优质资源的数量以及科技水平。我研究过有关全球一些大型跨国矿业公司的储（量）产（量）比，以淡水河谷（VALE S. A.）为例，首先它保有多种矿产资源，有利于应对市场的变化，而且其铁矿石（品位为 56.5%）、铝土矿（品位为 49.6%）、铜矿石（品位为 0.86%）、镍矿石（品位为 1.6%）的"储产比"基本都在 50∶1 以上。而且其储量仅包括探明、控制两极，而不含推断级别的资源量，也不含正在投资勘探、正在建设、正在作可行性研究的项目的资源。力拓（Rio Tinto）、必和必拓（BHP）、斯特拉达（Xstrata）等这些大型跨国矿业企业情况大体类似，不一一列举。相比之下，我国的矿业企业就有点捉襟见肘。

从战略的角度来看，我们似乎还缺乏实施全球矿产资源战略的顶层设计。这一顶层设计的宗旨是指导我国实现资源—经济—环境相协调的可持续发展，在国内，矿产资源开发之前的生态环境本底调查是构建生态矿业工程的基础；在增加勘探投入的基础上，实现资源储备、矿山产能储备、战略矿产品储备和占领新兴关键矿产的全球制高点，保证国家经济安全；大力发展循环经济，通过资源再生利用，缓解资源供应缺口；强化科技创新，提高单位储量的产能；创建智能化生态矿业工程，解决矿业生产的安全问题，解决矿业生产破坏生态和环境的问题；加强重组整合，努力提高我国矿业企业的竞争力。对于"走出去"，"一带一路"的宏伟战略，引领矿业企业走向世界，但矿业企业本身要对金融、市场的变化保持高度的敏感，能做出及时的决策反映，对比紫金矿业最近的发展，国企的难度可能要大得多。矿业企业的对外发展有多种多样的形式，从草根勘探、参股（也可加包销或多销）到收购（独资、控股、合资），如何选择，涉及多方面的因素，既有客观机遇，也有项目的具体情况，以及企业本身的融资、经营实力；无论哪种形式，经营策略也各不相同，但努力尽快融入当地，是极端重要的。再就是风险评估，我在前面已有详细的论述。这样的风险评估应当在国外矿产资源投资机会研究中完成。可惜我们所涉及的很多项目都没有认真地开展这项工作，因而遇到了形形色色的问题。有了认真的风险评估，才有可能制定抵御风险的适当举措，使企业立于不败之地。

这份报告根据利用全球矿产资源的总体思路、立足国内建立矿产资源战略储备、顺应经济全球化"走出去"寻求解决紧缺矿产资源稳定供应途径、加大金属再循环利用，来确定矿产资源全球战略的主要内容。面对实施全球矿产资源战略的严峻形势，需要培育大型跨国矿业集团，实现矿产品、矿业权、矿业资本市场三个层面的有机结合，并针对性地提出了实施全球金属矿产资源全球战略的政策建议，促使我国更快地从矿业大国发展成为矿业强国。

这份报告体现了按低限消费进行宏观调控的总体思路，论述了以培育大型跨国矿业公司，实现矿产品、矿业权、矿业资本市场三个层面的有机结合的实施方案，提出了实施金属矿产资源全球战略的政策建议。

2005年1月20日，我们向"五矿"周中枢总裁作了汇报，之后，中国工程院向国务院进行了汇报。5月25日财政部召开了研讨会，研究对海外开采矿产资源的优惠政策。

紧缺有色金属矿产资源可持续供应评价体系研究

接下来我们团队从2007年8月开始，开展了此项研究。

我国有色金属矿产资源虽然总量相对较为丰富，品种也比较齐全，然而大宗消费的主要矿产资源匮乏，禀赋不佳，对外依存度不断攀升。加之我国矿业企业集中度低，国际竞争力弱，缺乏市场定价的话语权，然而我国的消费需求对市场价格又具有举足轻重的影响。当前和未来能源、矿产资源和环境问题都将是国家发展的重要瓶颈。建立紧缺有色金属矿产资源持续供应评价体系，可以从资源禀赋、产业结构、社会经济需求、科技水平、市场状况、环境承载力等方面分析评价资源的可供性，找出供应链条中的薄弱环节，给出预测、预警，为制定抵御风险的政策措施提供依据。该评价体系具有如下功能：（1）分析预测需求量、影响供应的产量、贸易量以及供应的间接影响元素，并利用群组模糊层次分析法和主成分分析法确定各元素的权重；（2）评价供求的平衡状况以及削弱平衡状况的薄弱环节因子；（3）预警：按照预期的增速，判定对需求的供应保证度，当预期保证度可能降低时，按程度的若干薄弱环节，进行分级预警，找出警源。

紧缺有色金属矿产资源品种较多，反映其供需因子体系的理论框架虽有所区别，但大同小异，鉴于当时人力、时间以及数据获取难度等因素，仅以最紧缺的铜为代表，建立其可持续供应评价体系，并以附件形式提供如下专题研究报告：《基础数据获取评价》《铜消费平均年增长率及最低消费水平研究》《铜价变化预测及其影响分析》《矿产铜量增长预测研究》《冶炼产能与矿山产能适合比例研究》《再生金属发展趋势研究》《对替代产品发展的分析》《环境承载能力对矿山产量影响的研究》《铜转换出口量研究》《评价体系预测、预警模型》。该项研究历时两年，于2009年10月向工程院能源与矿业学部汇报结题。

中国工程科技中长期发展战略研究

2009年5月，中国工程院启动了《中国工程科技中长期发展战略研究》，得到国家自然科学基金委的相应支持。该项目包括32项重大工程和30项重大科技专项，其中与我的工作有直接关联的是"固体矿产资源—经济—环境相协调的探测与开发工程"，"远程遥控及自动化采矿示范工程"，还有"深海资源勘探开发与利用"。我参加了该项目矿业部分的课题研究，课题组请王淀佐院士担任特邀顾问，我作为课题负责人，参加课题组的还有陈毓川院士和尚福山、曹宝奎、李士龙、尚辉良、丁跃进、唐建、马文辉、唐洋、郝秀强、闫方宝等十位专家。

矿业是人类步入文明社会的奠基石，历史学家曾用器物的材料来标识历史时期，如石器时代、青铜器时代、铁器时代等。有色金属与人类的演化进步更具有密切的关系，有色金属及其合金已成为机械制造业、建筑业、电子工业、航空航天、核能利用等领域不可缺少的结构材料和功能材料，特别是电子计算机、大规模集成电路、核电站、高能电波、超导技术、宇航以及人工智能技术、生物工程等高新技术都需要有色金属及其合金，而且对品种、质量和需求量的要求也越来越高。20世纪90年代以来，我国经济由于受到能源、资源、环境的约束，都促使我们必须加快转变经济发展模式，探索中国式可持续发展的道路，步入一个全新的发展阶段。如果应对得当，未来20年中国的工程科技将会一马当先，绽放异彩。

在该项研究中，重点分析了本领域中长期发展形势及国家经济社会发展需求，其中包括五个方面：

第一，矿产资源形势及发展战略取向。全球矿产资源的消费长期以来一直呈不断增长的趋势，由于中国、印度等国工业化的加速，其消费增长速度明显加快。矿产资源虽然属于不可再生资源，但全球矿产资源丰富，人类发现、开发、加工、利用矿产资源的能力不断增强，在可预见的时期内，完全能够满足人类经济社会发展的需求。问题在于矿产资源分布的不均匀性，为其开发利用带来了诸多严重问题，甚至成为国家之间的矛盾乃至战争的诱因。我国政府提出互利双赢、共同发展的全球矿产资源战略，实为建立和谐世界促进可持续发展的良策。

第二，关于矿业领域国际工程科技发展及前瞻性分析。20世纪60年代以后，国际非煤矿业借助高新技术获得了迅猛的发展，打造了诸多世界之最，如千米深的露天采矿（智利的Chuqicamada铜矿），日出矿13.7万吨最大的地下开采矿山（智利的El Teniente铜矿），最大的采用"堆浸－萃取－电积"工艺年产30万吨阴极铜的矿山（智利的Radomiro Tomic铜矿），采矿深度3700m、开拓深度4500m最深的地下矿山（南非的Mponeng金矿），以及开启了"采矿办公室化"的日出矿 1 万吨的远程遥控和自动化采矿示范采区（智利的 El Teniente 铜矿）。支撑这些世界之最的是许多先进的工艺技术、智能装备，以及高超的通信、监测装置和科学的生产管理理念。

第三，矿产勘查与开发领域国内工程科技发展状况及面临的挑战。我国非能源矿业领域经过十一个五年计划（规划）的建设发展和科研攻关，取得了举世瞩目的成就，不仅诸多矿种的产量已跃居世界首位，满足了国民经济发展的需求，而且有一批重点大中型矿山，其生产工艺技术和装备以及矿产勘查技术也达到了国际先进水平，然而为实现可持续发展，我们还面临严峻的挑战。大宗消费矿产资源的对外依存度不断攀升，然而稳定的境外供应基地并未建立起来。矿产资源开发带来诸多生态和环境问题，尽管国家对环境保护极端重视，将其定为基本国策，出台了相应的法律法规，不少部门也做出诸多努力，已有无废矿山、花园式矿山，以及复垦植被的示范工程存在，但从全局看来，生态环境压力仍然沉重，尤其我国有色金属矿产资源增长的潜力主要又在生态环境脆弱的西部地区，欲使这片净土的经济得以可持续发展，不致形成环境灾难，必须从树立生态道德价值观开始，按照构建生态矿业工程的原则，进行矿产资源的开发利用。我国约有五分之二的有色金属矿山，正逐步转向深井开采，深井开采面临岩爆、高温、竖井提升等诸多技术难题，正成为新的考验。创建智能化生态矿业工程是矿业发展的方向，在这方面我们与矿业发达国家相比，还有较大的差距。未来 20 年，我国面临发展的关键转型期：工业化、城镇化、人口老龄化、能源及资源面对供应的不确定性和受制约性。如果我们在行业体制改革、培育具有国际竞争力的大型企业、制定和实施有效的全球矿产资源战略、发展循环经济等方面跟不上形势的发展，不仅会制约行业的正常运行，甚至可能影响国家经济的平稳持续较快发展。

第四，在战略研究报告中还重点论述了行业战略定位，主要包括以下几个方面的内容：（1）应当加强国内矿产资源尤其是紧缺资源的勘查，建立资源储备基地；依靠深部、贫矿、难采选矿、海洋采矿和提高现有矿山产能的技术创新，提升矿山现代化水平；同时配合再生金属、循环经济行业的发展和产品替代，保障国家经济安全。（2）实施深部金属矿探测科技创新工程和资源—经济—环境相协调的资源开发创新工程，实现矿业的可持续发展。（3）制定全球矿产资源战略，坚持以互利双赢的方针拓展境外矿产资源的开发利用，建立境外矿产资源保障体系，满足国民经济发展需求。（4）向矿山生产高效化、智能化、无废化，以及提高矿产资源综合利用水平方向发展，同时重视优质资源的保护和产品的深加工利用，打造矿山设备大型化品牌产品，为实现矿业强国奠定技术基础。

第五，对相应的重大工程与重大工程科技专项制定了研究重点和技术路线。针对以下重点内容提出了政策建议：制定全球矿产资源战略、设置非能源矿产资源统筹协调机构、抓紧制定矿业法、进一步完善生态环境保护的法律法规、破除条块分割的管理机制、解决科研成果转化率不高的弊端、培养引进高素质人才。

第十六章　参加世界采矿大会 国际组委会的活动

　　世界采矿大会（World Mining Congress，WMC）于 1958 年在波兰华沙成立，逐渐形成有 48 个国家参加的组织。其宗旨是推进矿物资源开发方面的国际科技合作；促进采矿科技、经济、采矿作业安全和卫生，以及环境保护等方面的发展；开展世界范围的信息交流，组织召开世界采矿大会。世界采矿大会设有国际组委会，由 1 名主席、8 名副主席、138 名委员和若干荣誉委员组成。国际组委会一般每年在一个选定的国家召开一次会议，了解这个国家矿业发展状况及经验，实地参观一两个矿山，同时研究下一次世界采矿大会的有关事项。到 2018 年，世界采矿大会已经召开了 25 届，具体情况如下。

　　第一届是 1958 年 9 月于波兰华沙召开，第二届是 1961 年 5 月于捷克布拉格，第三届是 1963 年 9 月于奥地利萨尔斯堡，第四届是 1965 年 7 月于英国伦敦，第五届是 1967 年 6 月于苏联莫斯科，第六届是 1970 年 6 月于西班牙马德里，第七届是 1972 年 9 月于罗马尼亚布加勒斯特，第八届是 1974 年 11 月于秘鲁利马，第九届是 1976 年 5 月于德国杜塞尔多夫，第十届是 1979 年 9 月于土耳其伊斯坦布尔，第十一届是 1982 年 5 月于南斯拉夫贝尔格莱德，第十二届是 1984 年 11 月于印度新德里，第十三届是 1987 年 5 月于瑞典斯德哥尔摩，第十四届是 1990 年 5 月于中国北京，第十五届是 1992 年 5 月于西班牙马德里，第十六届是 1994 年 9 月于保加利亚索菲亚，第十七届是

1997 年 10 月于墨西哥阿卡普尔科，第十八届是 2000 年 9 月于美国拉斯维加斯，第十九届是 2003 年 11 月于印度新德里，第二十届是 2005 年 11 月于伊朗德黑兰，第二十一届是 2008 年 9 月于波兰克拉科夫，第二十二届是 2011 年 9 月于土耳其伊斯坦布尔，第二十三届是 2013 年 9 月于加拿大蒙特利尔，第二十四届是 2016 年 10 月于巴西里约热内卢，第二十五届是 2018 年 6 月于哈萨克斯坦阿斯塔纳召开。

1990 年 5 月，我参加了在北京召开的第十四届世界采矿大会。1996 年 4 月，世界采矿大会的国际组委会在北京召开，有 23 个国家的 77 位代表参加，在这次会议上，由中国组委会主席、国际组委会副主席洪戈推荐，我被接纳为世界采矿大会国际组委会的委员。洪戈不再参加国际组委会的活动，改由煤炭部副部长范维唐担任国际组委会中国籍的副主席。当时国际组委会中有五个中国籍委员，其中四位来自煤炭系统，只有我来自有色矿业系统。此后，1997 年 9 月去捷克布拉格参加第 76 届国际组委会的会议，1997 年 10 月去墨西哥参加第十七届世界采矿大会及第 77 届国际组委会会议，1998 年 9 月去葡萄牙参加第 78 届国际组委会会议，1999 年 6 月赴德国杜塞尔多夫参加第 79 届国际组委会会议，1999 年 11 月又去伊朗德黑兰参加第 80 届国际组委会会议，2000 年 10 月去美国拉斯维加斯参加第十八届世界采矿大会和第 81 届国际组委会会议，2002 年 10 月同当时我们设计院的副院长彭怀生博士一同去土耳其安塔利亚参加第 83 届国际组委会会议，当时我已年过七旬，经与中国组委会主席范维唐商议，推荐由彭怀生接替我担任国际组委会委员。国际组委会给我颁发了荣誉委员证书。

通过这几年的活动，结识了许多国家的采矿工作者，了解了他们国家采矿业的状况。与矿业发达国家对比之下，结合法国关闭了全部矿山，芬兰实施了智能矿山计划，加拿大开展了采矿自动化计划等重大战略性的举措，我逐渐树立了日益明确的概念：矿山的发展必须走自动化采矿和构建生态矿业工程的道路。人口老龄化日益突出、安全事故频繁发生、生态环境状况不断恶化的中国，也自然需要依靠人工智能和生态矿业工程来疏解矿产资源开发方面的困局，拓展创新的可持续发展之路。难度很大，但我们只能也必须为此奋力拼搏。

第十七章　走出国门的矿山项目

巴基斯坦山达克铜金矿项目的谈判

中国改革开放之前，我国在阿尔巴尼亚、古巴、越南从事的矿山建设，皆属经济援助范畴。1988 年初，由中国冶金建设总公司（MCC）和有色金属工业总公司联合承包的巴基斯坦山达克铜金矿项目，是一个包括采矿、选矿、冶炼的联合工程项目，也是我国以纯属商业运作模式走出国门的第一个金属矿业项目。该工程采矿为露天开采，生产规模日产矿石 1.25 万吨，年产含有金银的粗铜 2 万吨，计划总投资 3 亿美元。从合同生效到工程建成投产共 47 个月，是一项采用中国全套设备及材料，由中国承包设计、施工、安装、调试和投产的交钥匙工程。同时中国还提供相当于合同总额 35% 的出口信贷，以生产的粗铜偿还，为国际上典型的承包模式。我们北京有色冶金设计研究总院承担了该工程的全部设计工作及施工服务。初期我作为设计院的代表三次赴巴基斯坦参与同承包方、同企业主、同中间商的谈判，以及到现场考察。

1987 年 8 月 20 日，第一次从北京乘波音 707 前往卡拉奇，飞行约 7 小时，从飞机上能够欣赏到美丽的雪景，实属难得的机遇。飞机于当地时间中午降落卡拉奇国际机场，地面温度 36℃，这样的"见面礼"，很够意思。MCC 和 CTL（MCC 在巴基斯坦的合作伙伴）到机场来接，乘车前往距机场 10km 的塔吉玛哈酒店（Taj Mahal Hotel）。卡拉奇给人的第一印象是比较土气，没有一眼望去满是高楼大厦的那种气派，但仔细观察一些建筑物，你会发现它别具风格。这里天气很热，可是除了个别小男孩，人们都是长衫长裤，没有穿裙子和短裤的。交通警就站在马路中间太阳地里指挥来往车辆，没有像我们这里设有岗亭，还配备电扇什么的。次日是星期五，星期五是这里的周日，也是休息日。晚间到街上逛了一圈，人行道显得很脏，街上还有一股特别的味道，卡拉奇靠着阿拉伯海，海风吹来，就把这股味吹向了四面八方。卡拉奇给人的初步印象是：巴基斯坦贫富相差异常悬殊，那些豪华的小洋房和如同地震棚似的无水、无电的贫民居屋便成为鲜明的对照。

8月22日开始和中间商 CTL 商谈山达克项目，交谈中，我们提出了山达克铜项目的经济效益问题，CTL 的穆希达克·阿赫麦德先生似乎异常惊讶。巴方 RDC（Resources Development Corp.）花了三亿卢比，请了那么多公司就地质资源储量计算、经济评价等做了大量的工作，连这样一个最基本的问题都缺乏明确的认识，确实难以理解，这也必然会增加今后谈判的难度。

此后便集中时间审阅资料，就一些具体问题交换意见，准备建议书。这期间也遇到了不少麻烦事，比如 RDC 请 SIG 公司提供的储量计算资料出入就很大，RDC 同他们讨论了两三个星期，他们才重新出了一个修正本。

8月30日，我们开始前往山达克铜矿现场踏勘。首先乘坐飞机飞行1.5小时到达俾路支省的省会奎达。俾路支省是巴基斯坦四个省中最大的一个，土地面积占42%，但人口只有3%。奎达是一个有着50万人口的城市。因为第二天路途比较艰辛，所以当天下午就休息，带我们去奎达的一个旅游景点汉那湖（Hanna Lake）游览，那一天正好遇上拍电视的，甚是热闹。

第二天一大早6:10就乘汽车出发，由"民兵"警车陪同。1.5小时行40英里到达第一站 Shiekh Wasil，这里是冶炼厂的一个厂址。第二站到 Hushki，已行100英里，加一些饮料，继续前进。第三站

Padugh，距离山达克还有 254 英里，已行 5 个小时。第四站 Dalbandin，13：00 到，14：10 离开，在这里用午餐。从此处往北 43 公里是第 9 号铜矿点。第五站 Yakmach，距离山达克所在地 Taftan 还有 150 英里。第六站 Nukundi，17：00 到，加饮料，稍事休息，继续前进。第七站 Juzzak，是一个要塞，增加了一辆警卫车，继续前行，约晚上 9 点到达目的地。这一天沙漠里的行军，车厢里如蒸笼，吹进来的风也像是火炉里的风。和我们同行的 RDC 的总裁 S. A. Bilgrami 是一位虔诚的穆斯林，一路上到了他该祈祷的时候，汽车便停下来，他拿着一块小毛毯下车，朝着选定的方向铺在地上，跪在那里进行祈祷。多么坚定的信仰的力量。

到达现场后，首先参观了他们的办公室，有模型，有图表，档案资料摆放得整整齐齐。据介绍，这里已经有了可以住三四百人的住宅区，俨然是一个小村镇了。从办公室出来，便驱车查看矿区地形、南矿体、北矿体、选厂厂址、尾矿库、岩芯库里的岩芯。然后又邀请我们去参观山达克老城，和他们在沙漠中培植起来的"山青水秀"的地方。最后的安排是去相距 40 公里的 Taftan 考察水源地。Taftan 是巴基斯坦与伊朗接壤的边境小镇，我们的到达受到小镇主席的热情接待，先是水果、汽水，然后到另一个房间又是糕点、咖啡。之后便带着若干"民兵"陪我们去水源地察看。所谓水源地就是沿着巴基斯坦和伊朗边界的一条狭长地带，在这里可以打井取水。目前，已有一口水井。这口井距巴伊边界线也就是数百米，从此处眺望，伊朗一侧铁丝网后面是柏油公路，路边有树，还有漂亮的路灯，每一公里一个碉堡；而巴基斯坦这一侧，好像什么也没有。他们说过去的 40 多年，边境平安无事。看来他们好像对边界很放心。参观完水源地，小镇的主席还带我们参观了小镇的商店。在这样一个边远的小镇商店里，大部分布匹、绸缎竟然全是日本货。中国是其邻邦，不知当时在贸易上因何还不如日本。

花了三天时间，我们基本完成了现场考察，对照资料改变了原想先采北矿体的设想。按计划次日返回奎达，早上5∶30出发。因为走得早些，还算凉快，但当天又遇大风，一路上都是飞沙走石，长途跋涉颇为艰苦。返程车子开得很快，中途基本没有休息，一站就到了Dalbandin，用过午餐，直奔奎达。9月5日乘飞机返回卡拉奇。然后集中精力完成建议书，17日正式提交给RDC，第一次赴巴基斯坦的工作任务圆满结束。

同年11月第二次赴巴基斯坦，主要任务是参与报价讨论。一开始就卡在总图的道路和土石方量上。由于当时我方MCC向国外报价还缺乏经验，暴露出不少问题，如项目划分的粗细，单项价格应对竞争力的调整，总项报价与分项是否报价的取舍应逐项严格检查等。经过反复协商，最后，双方对对方的意见都有了明确的理解。

1988年12月5日，第三次去巴基斯坦，主要任务是参与合同谈判，实质是如何应对业主方对合同草案提出的修改意见。由于种种原因，谈得异常艰苦，尤其对设备、财务、交钥匙工程概念等，一时还未取得共识，谈判暂时告一段落，22日我返回北京，因有别的安排，1989年初由陈登文同志接替了我的工作。

该工程于1991年开始建设，1995年采矿、选矿、冶炼相继投产，并一次投产成功，做到了投资不超标，进度不拖期，质量有保证。1995年底通过巴方考核，全部达产达标，遂将项目交付巴基斯坦。由于巴方缺乏技术力量，1996年之后实际停产。2003年中冶集团（即原中国冶金建设总公司）再次介入接管生产，于2004年采矿、选矿、冶炼的生产又全部恢复，一直运行顺利，矿山生产能力达到15000吨/日，取得了很好的经济和社会效益。该项工程建设全部采用中国标准、中国技术和装备，成为中国设计、技术和装备走出国门开发资源的先驱型项目。在这一项目中采用了多项当时的新技术，设计和建设人员克服了当地建设条件极差、物资供应缺乏、干旱缺水等困难，在南亚荒漠上建设了一座曾被国外视为奇迹的特大型包括采矿、选矿、冶炼的联合工程，也是巴基斯坦第一个有色金属矿业项目，为增进中巴友谊做出了重要的贡献。北京有色冶金设计研究总院通过这一项目，经当时的外经贸部批准，在卡拉奇建立了其在国外的第一个常设办事处，为拓展海外项目奠定了基础。

中非矿业合作的标志性项目——谦比希铜矿

1996年3月，我们设计院接受了赞比亚的谦比希（Chambishi）铜矿恢复生产的工程设计任务。赞比亚这个非洲中部的内陆国家，1964年宣布独立当年便与中国建交。中国援建的坦赞铁路使中国、坦桑尼亚、赞比亚三国建立了密切的联系。谦比希铜矿项目，是1995年当时的国务院副总理朱镕基访问赞比亚时提出来的，那时赞比亚的总统正好要安排访华，于是这便成为了中非合作新的标志性项目。另一方面，国务院专门为此项目召开了办公会，所有的副总理（除钱其琛在国外）和财政、金融方面的领导都参加了会议，国家计委计划用15亿美元支持非洲资源开发，对谦比希铜矿项目，国家将注资8000万美元资本金，这是极为罕见的。谦比希铜矿项目的特殊性可见一斑。

矿业在赞比亚国民经济中占有重要地位，其中铜矿业是支柱。赞比亚铜矿带长约150km，宽约50km，在卡弗（Kafue）背斜的两侧分布着康克拉（Konkola）、恩昌加（Nchanga）、谦比希（Chambishi）、齐布卢玛（Chibuluma）、恩卡纳（Nkana）、巴鲁巴（Baluba）、卢安夏（Luanshya）、布瓦纳库布瓦（Bwana Mkubwa）、穆富里拉（Mufulira）等铜矿。

谦比希铜矿是一个停产的矿山，但仍具有500万吨含铜品位2.19%的资源储量。不过复产并非简单地恢复生产，而是要进行深部开拓建设，因为上部资源在停产时已基本采完。1996年3月末，在团队去现场调研之前，根据当时已有的地质资料，我们举行了第一次技术讨论会，研究了生产规模、开拓系统、采矿方法、充填工艺、矿井通风等主要问题。1997年正式开展了恢复生产的初步可行性研究，年底对其中的关键问题进行了内审，确定了以下重大原则：生产规模定为6500吨/日；下盘侧翼混合井开拓；采用两类采矿方法，采掘设备要大型化；全员劳动生产率从6吨/（人·日）提高到8~10吨/（人·日），年经营费可降低10%；矿区距离城市基特维（Kitwe）仅29km，矿区不设住宅区；铜价对经济效益最为敏感，应求出临界值；安排建设进度，要研究有无可能提前出矿；考虑用堆浸法处理地表堆存的氧化矿。在此基础上，开展了可行性研究的工作。

1998年6月，中国有色金属建设集团公司开始参与收购谦比希铜矿的相关工作，组建了中色非洲矿业有限公司，中方出资本金5000万美元，占85%股份，另15%为赞比亚的干股。同年9月，中色建设非洲矿业公司正式接管了谦比希铜矿的全部资产，其中资源包括主矿体、西矿体、东南矿体和下盘矿体，并决定首先开采主矿体，建设资金除资本金外，由公司贷款。主矿体开发，按合同承诺9000万美元，超过部分按股份分担，如赞比亚方无法承担其15%的超资部分，则按稀释其股份计算。初步确定按精铜对外委托加工，粗铜运回国内计算企业效益。各方领导对于这个项目都十分关注，1998年8月，举行了两次有关可行性研究和恢复生产技术的研讨会，之后委托中国国际咨询公司对可行性研究报告进行了评估，1999年4月，国家计划委员会主持对可行性研究报告进行了审查。审查会用了三天时间，这是很少有的，充分体现了该项目的重要性。审查会重点提出以下几个方面的问题：

（1）露天坑有1平方千米的汇水面积，上盘有含水层，疏干实施效果对建设和生产都具有突出的影响。

（2）资源比国内的好，但停产时上部矿体已采完，需重新开拓下部矿体，虽为复产，但和新建比，没有多大优势，不过经济效益尚可，抗风险能力不强，需进一步研究化解因素。

（3）提高出矿品位，比选产品方案，优化投资结构，提高劳动生产率等，这些方面可作为进一步研究的重点。

从 1999 年 7 月到 2000 年 3 月完成了该项目的基本设计。根据评审意见和建议，在基本设计中，进行了多方面的优化。与可行性研究对比，基建期从 3 年缩短到 2.6 年；采矿贫化率从 14.5% 降至 11.53%，显著提高了入选品位；铜精矿产量也从每年 117718 吨提高到 125051 吨；采矿成本由每吨 11.78 美元减少至 10.55 美元；总投资大体保持相同水平，可行性研究为 15255 万美元，基本设计稍降至 15195 万美元；销售收入由 7755 万美元提高到 8238 万美元；税后利润从每年 813 万美元增至 1231 万美元。采选劳动定员 642 人，劳动生产率达到人均 10 吨的水平。

谦比希铜矿于 2000 年 7 月正式开工建设。同年 11 月 25 日至 12 月 18 日，我赶赴该矿对建设中存在的问题进行了短暂的考察，后来也一直在追踪着一些问题的进展。截至 2006 年，中色建设非洲矿业公司共投资 1.8 亿美元，于 2003 年正式建成投产。矿山投产后，还没有达到设计能力，由于公司经营管理层的不同理念，对非常关键的采矿方法，究竟应该采用充填法还是崩落法也有争执，疏干排水处理尚不够得当，生产并不十分顺利，但正好赶上铜价总体上升的时期（以伦敦 LME 三月期铜而言，2003 年，大体在 1555~2300 美元/吨；2005 年，3000~3300 美元/吨；2006 年，4400~6500 美元/吨；2007 年，7000~8000 美元/吨；2011 年涨至 10000~6635 美元/吨），谦比希铜矿的经济效益还是如日中天，这一机遇不仅使中国有色集团建设公司在赞比亚站稳了脚跟，而且也为日后的强劲发展奠定了坚实的基础。

到了 2012 年，谦比希铜矿迎来了新的发展。中国有色矿业集团公司与多家国内外知名矿业企业、设计院及科研单位合作，在其东南矿体开展"探建结合"工程，拟将其建设成为生产过程自动化的现代化矿山，生产规模为采选矿石 330 万吨/年。中国恩菲承担自动化信息化融合控制系统的设计及相关建设工作。

与中国有色进出口公司的"一面之交"

1991 年年初，我突然接到加拿大有色金属有限公司（NMIC）寄来的一封邀请函，希望去帮助他们研究处理一位借贷人希望用将来的矿产品偿还 60 万美元贷款的债务问题。这是一项暂时还摸不着深浅的任务。有设计院领导的支持，还是应承了下来。经过几番传真交流，我去北京机场宿舍区，取来加拿大有色公司为我买的往返机票（当时的含税价为 1627 加元）和 100 加元现金，2 月 24 日我登上从北京经上海、温哥华飞往多伦多的航班。在上海虹桥机场办理出关手续，要停留一个半小时。出关手续很简单，办得也相当迅速，可惜候机室内椅子太少，多数旅客只能站立熬过一个半小时。16：30 从虹桥机场起飞，上海到温哥华距离 9500km，飞行了 9.5 小时。机上满员，主要是中国人，除少数几个西方人外，还有一个北朝鲜的体育团队，是去温哥华的。从温哥华起飞后，飞机上人少了很多，可以躺在椅子上睡两个小时，解解疲乏。这是我第三次去北美，不知什么原因，每次到北美都会遇到些不顺利的事情，下飞机后等了一个多小时，才得知所有从北京登机乘客的行李都没有来。最后只好排队领表填写，等候通知。对于有些还要换乘的人，就更麻烦了。特别是正好有一位河南口音的妇女带着两个小孩，一句英语也不懂，真叫困难。尽管机场有会讲华语的工作人员，但也难以全听懂她的河南口音。也许是中国人来得太多了，还是因为海湾战争，机场对行李检查得特别严格。我托运的行李未到，算是简便了，但对手提小件，同样也要翻个底朝天。我替前面那个河南妇女翻译了几句，也许是出于对此举的"回报"，海关人员没有检查我随身的小件。

出了关，加拿大有色公司的总裁刘粤及夫人周小青开车来接。外面飘着雪花，还不算太冷。他们这个公司总共只有三个人，除总裁夫妇二位外，还有一位名叫杨枫的工作人员。他们在 Bay Street 购有一套公寓，我和杨枫便住在这里，刘粤夫妇住在附近租的一套公寓里。办公室也在 Bay Street，走路也就十多分钟，倒也方便。正是在刘粤接我的汽车上，我第一次见到他使用的第一代手机"大哥大"，算是开了眼界。

这里再说行李的事。26 日行李送到办公室，纸箱原封未动，皮箱大概是摔开了，幸亏在箱外有打包带，否则不堪设想，东西倒是一点也没有缺少。

接下来书归正传，谈工作进展。首先了解到由于大雪覆盖，近期难以去矿山现场考察，这对接下来与还贷人福斯（La Fosse）的谈判甚为不利。只能从 26 日起先看相关资料。主要涉及三个问题：作为还贷对象，锰矿项目行不行，金矿项目行不行，有无可能寻找到新的项目。看来寻找新项目并不那么简单，时间关系，这一次恐怕不会有什么结果。3 月 5 日和福斯第一次接触，同时还有他的三个助手：Fenton Scott、Terry Ryan 和 Kok-Kwan Tang，了解相关矿山进一步勘探情况并索取相关地质资料。从阅读资料看来，锰矿的资源品位偏低，没有多少发展前途，60 万美元的还贷恐怕只能依靠鲁维柯特（Louvicout）金矿了。3 月 8 日，Fenton Scott 很热心地进一步介绍了金矿的情况，并带来了许多资料。通过 Fenton Scott 的介绍，为我接触这个项目时的第一个疑问找到了答案：像锰矿那样的资源和勘探程度，他们是不可能从银行获得贷款的。金矿所以能获得250 万三年期的贷款，正是因为该矿具有出矿品位高达 8 克/吨的探明和证实级别的储量，按生产规模可以满足三年的需求，而且还有潜在的发展远景。3 月 11 日，La Fosse 又送来了一份用金矿收入还贷的计划。应变真快！还贷的日期已经拖延了两次，这次预定的日期又快到了，加拿大有色金属有限公司，系中国有色金属进出口总公司纽约分部派驻加拿大的单位，纽约的肖同颖总裁有点急了。怎么处理？我陪刘粤总裁会见了两次 NMIC 的律师，研究要不要、有没有可能、是否适合把贷款本息转为金矿的股份？律师分析了情况，也说 Fenton 十分狡猾。为了更进一步落实风险，第二天会见 Fenton 又索取了金矿向银行贷款的合同、股份持有协议等资料。

我仔细研究了金矿的图纸和 Fenton 提出的成本计算资料，发现金矿的储量也不见得可靠，在剖面上连不成矿体，勘探一点见矿，便往外推，这种算法误差会很大。此外，品位的化验也无法检查，从 47 年采矿的历史来看，出矿品位并不高。至于 Fenton 提出的成本计算，若非故意造假，那就是特大的错误，每月用于购置炸药的费用为 30000 加元，炸药的单价是 4 加元/吨，那就是每月要用 7500 吨炸药，而采矿只有 6600 吨，结果是采一吨矿石用了一吨多炸药，天大的笑话！于是就出来 73 加元/吨的采选成本。这些都是需要认真仔细核实、研究的问题。3 月 25 日，我陪刘粤总裁去拜访金矿领导 Ronrico 副总裁等，并决定月底去金矿现场考察。

3 月 31 日，由杨枫开车，我们沿着高速公路途径 North Bay 前往 Val d'Or，即金矿所在地。一路上多是北方的原野景色，光秃秃的树木，荒芜的土地，偶尔也能看到些积雪，可土质看上去是黑黝黝的，应是相当肥沃。十多年来，加拿大的人口增加不多，仍然是 2000 多万人，个体经营的机械化大农场大体也还是过去那个样子，不过有的农户屋外增加了卫星接收站。到达 Val d'Or 时，金矿的经理 Bert Bourgoing 和负责地质工作的副总裁的儿子以及另一个协助管理生产的经理来接，看来这三位便是金矿的主角了。Bert 是从 Brunswik 矿转来的，也曾在 Noranda 矿工作过。

鲁维柯特金矿是一个每月生产 6600 短吨矿石的小矿山，地面设施很简单：办公室、更衣淋浴室、维修和仓库。全矿 45 人，两班作业，人员有的住在距离矿山 3.7km 的 Louvicourt，有的住在距离矿山 33.7km 的 Val d'Or，最远的车程不到半小时。副总裁的儿子首先给我们介绍矿山的情况，然后带着下井参观了两个采矿场，全部是采用电耙出矿的留矿法开采。从井下上来后又和两位经理进行了详细的座谈。总的印象是矿山并不是一个先进的矿山，资源条件一般。60万元的还贷，与经营状况和金价有直接关系。返回多伦多后，到办公室介绍了考察的情况，大家进行了议论。之后，Fenton又来谈了些情况。看来他还是有些想法，但要把品位提上去，把成本降下来，恐怕还得做艰巨的工作。

从矿山回来之后，我写完了锰矿和金矿的咨询报告，同时还提出了几个可供研究的项目，请刘粤总裁给BC省写信，去查询和更新信息。后来BC省能源矿产部也给刘粤寄来些资料，倒是有很好的项目，但能否进入，还有待研究。最后，我给该公司写了一份进一步调研提纲和综合咨询报告。在完成了这些任务之后，4月19日我离开多伦多回国。至于是否将贷款本息转为金矿的股权，我建议刘粤总裁可依据我的咨询报告，同他们的上级研究确定。

到了7月，福斯又提出想让我参与金矿的管理，同时杨枫也把近几个月金矿的生产资料寄给了我。从资料上看，5、6月份生产的矿石含金量，都难以满足福斯提出的7月份应开始还贷的要求，而且月报中也并未反映成本分析和选矿厂反馈的信息。我回传真说明了这些情况，请他们关注。关于要我参与金矿管理一事，我说明了两点：其一，目前矿山的经理是副总裁的人，地质师是副总裁的儿子，作为福斯的代表去进行技术管理，复杂的人事关系是难以处理的；其二，如果是你们公司的矿山，设计院派人去管理，我看是可行的，但目前的情况是福斯欠你们的钱，又要用金矿的收入来还贷，如由中国人去管理，他正好推脱，对你们并不利。要是作为你们公司的技术顾问，一定时期去检查了解情况，提出建议，也许比较合适，而且还可协助开发一些别的项目，但这样一来，就不是福斯出钱了，经济上是否允许，那就只能由你们来考虑了。

这一反映中国初期矿产资源外贸的点滴事件，就此也就告一段落。

巴布亚新几内亚的"技术旅游"

在 20 世纪 90 年代，我们设计院有一个工程承包部。1993 年，有熟人介绍，建议我们去巴布亚新几内亚投资开采金矿，那里"遍地是黄金，人人干黄金"，并给我们提供了联系人——国际技术有限公司的刘宏毅先生。设计院领导便决定派工程承包部副主任王玉国、地质专业的工程师黄西昆和我三人去做一番试探性的调研。当时去巴新的首都莫尔兹比港须经中国香港转机。Air Nugini 在中国香港委托国泰航空代办。登机后发现，偌大的一架"空中列车"，从中国香港只上了 20 多人。马尼拉中途停留 45 分钟，又上了一些人，达到 100 多人，也只是定员的三分之一。我在中间四个座位上睡了三个小时，休息得不错。当地时间早上 6∶30 到达莫尔兹比港，出关检查得很严，"翻箱倒柜"。出关后，刘宏毅和夫人陈松来接，我们也就住在他们家里。一经聊天才得知，原来陈松是我的山西老乡，是海航董事长的妹妹。和我们同机下来的一位胖胖的老者，遇见熟人握手交谈，刘宏毅告诉我们，那是巴新的国父。噢，原来国父也可如此和普通人一样独自一人乘机旅行，既无保镖、随从，又无隆重的迎接，不是亲眼所见真的难以相信。

到莫尔兹比的当天下午，刘宏毅就约了福财先生来谈。福财先生来自中国台湾，已入籍巴布亚新几内亚。他说确实还有比较详细的地质资料，在马来西亚一个朋友的手里，并答应打电话让他的朋友尽快寄来。福财还说他对当地人有一套办法。若果真如此，也是有用的线索。但很多疑团仍有待逐步澄清。

莫尔兹比这个热带雨林地方，很长时间没有下雨了，水电站缺水，因而不时停电，我们住的院子里，土地也开始出现干裂。

第二天上午，便抓紧时间去中国使馆经参处拜会参赞周晓明和小徐，参赞介绍了些一般情况，建议我们去投资促进局（IPA，Investment Promotion Authority）索取些有关投资税收等方面的资料。下午即去 IPA，一位项目官员负责接待，询问了来访意图，作了一般性政策介绍，给了一叠资料，看来有关政策性资料已经基本齐全了。晚间刘宏毅又约了对巴新金矿比较熟悉的朋友嘎斯夫妇（女方为华人）来谈金矿开采情况。接下来商参处的小徐陪我们去拜访巴新政府采矿石油部，接待我们的是该部的秘书（黑人）和采矿局长 Tom Welsh（白人），局长告诉我们，在当地采矿已是成熟的产业，现已无优惠，进口设备也要征收关税，深加工行业还有优惠，至于砂金开采，一般规模都比较小。当日晚间又去拜访一位马来西亚的经纪人，姓李。他确实像个经纪人，你要了解什么情况，他都可以告诉你。从他那里了解到，巴新的森林采伐实际是由马来西亚人控制，掠夺性采伐，并不想发展深加工业，因为巴新没有钱，所以你对他也没有办法。从这位经纪人处以及阅读的一些资料了解到，对于小规模经营，"先贸后工"也许是捷径，因为这里很需要小型风力发电设备、轮胎翻新以及生活日用品等。

等到 10 月 19 日，终于可以去现场了，是乘坐飞机，飞往瓦岛（Wau）。生平第一次乘坐 8 人小飞机，甚觉新奇，登机前人和行装一起过磅，飞机内驾驶员与乘客如同坐在汽车内一样，没有遮挡。

瓦岛，是一个只有两万人的小城市，与国内的一个矿山村类似。由于 5 个月没有下雨了，也显得十分干旱。飞机抵达后，派瑞（Pewry Anton）到机场来接。先到他家中拜访，他和妻子经营着一个小公司（WAPATranding Pty Ltd），主要经营咖啡及收购黄金，收购的黄金卖给嘎斯。经过一番叙谈，随后他送我们去到酒店住宿。这是当地唯一的一家酒店，共有 12 个房间，其中的 2~3 间还是酒店人员占用，据说这里很少有外人来，除了小飞机司机。房间里除了一张床和一个小柜子，再没有别的东西了。

派瑞还给我们介绍，这里有两处开采证，都是属于 Rewdy 的，其中 Kaindi 现在就可以采，而 Kakoro 属于处女地，首先需要探矿，原来是属于 RGC 的，可作为远景，这次就不去了。晚间又来了一位马来西亚的华侨钟先生，他是法国人当老板的一家公司的生产经理，他劝我们不要搞矿业，很难搞；另外还劝我们不要接近两个人，其中之一就是派瑞，说他是地头蛇，为人很凶。第二天去看现场，地块编号 ML1002，面积是 $600\times200m^2$，为残坡积砂金，粒细，有棱角，在 6 个点取样淘洗，都有金粒，多少不一。看来品位还算不错，只是量少了一点，只适合采一年多时间。另外，由于干旱，开采规模大了，水可能有问题。第二块地块地势为陡坡，有的地方达 30°，范围虽较前者大，水也较为丰富，但开采条件差很多。下午约好进一步商谈，不料派瑞说他身体不适，没有谈成，倒是他妻子送来了希望要中国日用品的货单。看来回到莫尔兹比还有许多问题需要落实：核对 ML1002 的开采证，该证已到期，需了解延期是否困难；要到 PA 的号后复印地质资料；从官方了解 leave holder 和 landowner 的关系。派瑞好像有点往回缩，是否需要通过嘎斯，约他到莫尔兹比再谈。晚上派瑞夫妇带着儿子还是来了，结果同钟先生及其老板碰到了一起。钟先生大概好不容易遇到了讲汉语的人，海阔天空聊个没完，只好由同我们一起来的地质工程师黄西昆去同派瑞商谈，派瑞又说明天还会带些资料过来。不知谁在传说我们是来收购黄金的，下午来了两个黑人，要洽谈卖黄金事宜，其中的 William Yakamsa 是产权所有者（landowner）又有开采证，他现有的 GML 是 1109 和 1221，各 20 公顷，将来还可以申请 1222～1225。也许今后还可与之进一步联系。

10 月 21 日返回莫尔兹比港，仍然是那架小飞机，仍然是那位驾驶员，仍然只有五个乘客。

回到莫尔兹比港后，又去拜访了国家航空公司的一位经理，他也办了一个采矿公司，也做黄金生意。这真是"遍地是黄金，人人干黄金"。从他那里进一步弄明白了一件事情：在巴新，资源是国家的，土地是私人的。按采矿法规，你只要拿到了采矿证，就有权开采，一旦遇到地主来捣乱，政府也无能为力。

写完考察报告，与刘宏毅的公司签订了全面合作意向书，如果想搞"工贸结合"，也算有了点基础。这次巴新之行便告一段落。将近一个月的活动，大开眼界，经历了许多从未想到过的事情，接触了许多从未遇见过的人物，看来要"走出去"，还真有不少功课需要去应对。不过总的说来，这次活动并无实质性的后续成果，因此冠名"技术旅游"。但对巴布亚新几内亚有了一个初步的了解。丰富的矿产、清澈的海水，这应当是一个很有发展前途的地方。

到了 2005 年，中国冶金科工集团投资、中国恩菲提供技术服务和核心装备供货的巴布亚新几内亚瑞木镍钴项目（红土镍矿资源量1.43 亿吨），作为世界级的镍钴资源开发和利用项目，正以世界上最具现代化技术水平的红土镍矿开采和冶金联合企业形象，傲然于世。2018 年该项目凭借"建设周期短、投资省、标准高、达产速度快、经济指标好"等诸多优势成为红土镍矿开发的典范，荣获中国工业大奖表彰。

瑞木镍钴项目现场俯瞰图

关于矿业企业"走出去"之再议

在第十一个五年规划期间（2006~2010年），我们公司（中国恩菲工程技术有限公司）接触了许许多多涉外的设计项目，如玻利维亚矿业项目，加拿大BC省的红晶（Red Cris）铜矿项目，阿富汗艾纳克（Aynak）铜矿项目，西澳大利亚艾斯坦逊（Estensen）铁矿项目、乔治帕尔玛（George Palmer）铁矿项目、吉布森（Gibson）铁矿项目，巴布亚新几内亚瑞木（Ruimu）红土镍矿项目，老挝钾盐项目，秘鲁El Galeno铜、金、钼矿项目，马达加斯加苏阿拉拉（Soalala）铁矿项目，南澳Hawks Nest铁矿项目，肯尼亚Kwale钛矿项目，巴西Tokomocho铜矿项目，利比里亚铁矿项目，厄瓜多尔米拉多（Milador）铜矿项目等。这种现象表明，中国矿业企业已开始迈出实施全球矿产资源战略的步伐，然而仔细研究，有的项目后来已建成投产，发挥了资源基地的作用；也有的项目资金投入了，但由于种种原因，搁置在那里；不少项目没有什么结果。总体看来，在"走出去"的初期阶段，这是难免的，但需要认真总结其中的经验教训。因为文化的差异、经济水平的差异，宗教理念的差异、风俗习惯的差异等都会带来诸多问题。要做到真正"融入当地"，恐怕还要经受重要的考验。正如芮成钢在《虚实之间》所言，从李鸿章时代直到今天，东方和西方的对话，从未真正和谐过，未来也很难，就像二胡和小提琴难以产生琴瑟共鸣的效应。李鸿章一个世纪前蹙眉思考的问题，今天依然没有完全解决。

我们曾经和国家开发银行共同研究过海外项目风险评估的问题，认为这是矿业企业要想顺利"走出去"的第一关。可惜当时不少企业不愿或认为不必要在"这一关"投入更多的关注，结果一脚踏出去了，却由于"水土不服"骨鲠在喉。我们总结经验教训，拟出了风险评估的提纲，它包括：（1）资源风险评估：资源的可靠程度，勘探程度，品位分布情况，初期有无可能开采高品位矿段，远景资源的希望；矿床中含有害杂质情况，有无可选性试验，目前有无条件做可选性试验；有无不利的开采技术条件，预期生产规模的可行性和合理性，基建期的长短，可能影响基建期的因素；勘探过程所提供的地质、水文地质、矿岩岩石力学性质资料深度。（2）建设条件评估：交通运输状况及价格水平；供电、供水情况；气象条件；地震级别；厂址选择的难易程度；有无泥石流、飓风海啸等影响；周边工业发展状况，有无采矿业，劳动力来源；辅助材料可供性；对生态环境本底的初步了解，根据当地对环境保护的要求，满足环保要求的难易程度。（3）经济风险评估：市场基本供需状况；金属价格变化周期及预期；项目"赢亏平衡点"的价格水平，可采储量消耗掉一半之前收回全部投资的价格水平；利率、汇率变动；通货膨胀及金融危机；企业或项目竞争能力分析（生产规模、产品质量、成本优势，销售渠道，物流控制）。（4）政策风险评估：东道国政府的财政、税务、货币、外汇、环保、劳工等政策；资源政策的调整；国有化征收。（5）政治风险评估：政局变化；资源民族主义；贸易保护主义；社区动态、战争或武装冲突；恐怖袭击或绑架；社会动乱；民族、宗教冲突；治安犯罪状况。只有进行了认真的风险评估，才会有抵御风险的理念和对策。

风险评估基本满意后，还应当不折不扣地贯彻互利双赢、共同发展的方针，推行和熟悉属地化管理，不仅要"走出去"，还要"走进去"，融入当地的社会。对企业来讲，这是很强的内功，是软实力和国际竞争力的体现。

矿业企业"走出去"的可喜成果

如前所述，中国大宗消费矿产资源缺口很大，"走出去"实施全球矿产资源战略势在必行，也符合一般规律。只是我国矿业企业的矿产资源开发的技术、管理水平，风险管控能力，与矿业发达国家相比，还有较大差距。因此企业"走出去"，必须遵循合作共赢，融入当地的原则，根据自身的特点，选择适合的境外合作模式（参股、参股包销、控股、独资收购），始能取得双方都满意的进展。

在"一带一路"伟大战略方针的指引下，经过多年艰辛的努力、探索，我国矿业企业在海外市场的并购已经取得了一些可喜的成果，下面以三种不同所有制企业海外并购为例加以展现。

国有企业五矿集团旗下的五矿资源有限公司（MMG）于2014年8月1日以70.5亿美元完成收购委内瑞拉拉斯邦巴斯（Las Bambas）铜矿项目的股权交割。由五矿、中国国新、中信集团三方联合投资105亿美元进行建设，2016年1月28日该铜矿正式投产运营。2017年该矿铜产量45万吨，占中国矿山铜产量的1/4。该矿成本低于全球80%的铜矿山。这一项目成为我国实施"走出去"战略的重大突破。五矿集团还通过建立关键矿产资源长期稳定供应渠道，有力地支持了国内相关产业的发展。

紫金矿业是国有持股占48%、其他国有法人和民营多种所有制股东组成的现代股份制企业。紫金矿业作为金、铜、锌的生产企业，是我国拥有该三种矿产资源储量最多的企业之一，其中铜的资源储量4952万吨，接近国际一流矿业公司。紫金矿业2015年收购了艾芬豪矿业公司旗下刚果（金）的卡莫阿卡库拉铜矿47%的股份。到2018年2月，通过进一步勘探，该矿的铜资源量，从收购时的2400万吨增加到了4249万吨，进入全球第四大铜矿之列，是非洲大陆发现的最大铜矿。最新评估结果表明，该项目最高可年产铜70万吨，有望跻身世界第二大铜矿。截至2018年底，紫金矿业共有探矿权195个，面积2279.90平方公里；采矿权233个，面积874.45平方公里。

洛阳栾川钼业集团股份有限公司（简称洛钼集团）是在引入有市场经验的上海鸿商产业控股集团（简称上海鸿商）作为战略合作

伙伴，经过两次"混合所有制"改革，由国有独资转型为"政府引导、民营主导、股份制架构"的混合所有制跨国公司。2007年实现H股上市，2012年实现A股上市。该公司把握住全球大宗商品价格下降的周期谷底，2013年12月以8.2亿美元成功从力拓集团手中购买了澳大利亚的Northparkes（北帕克斯）铜金矿80%的权益，该矿年产铜约4万吨；2016年4月27日以15亿美元收购Anglo American plc（英美资源）所属的巴西铌、磷矿项目，晋升为全球第二大铌生产商，巴西第二大磷肥生产商；2016年5月9日又以26.5亿美元从美国矿业巨头Freeport-McMoRan（自由港集团）手中收购所属的刚果（金）Tenke Fungurume（TFM）铜钴矿56%的权益，2017年4月获得了TFM另外的24%权益，最终持有80%的权益。

这些成就为实施全球矿产资源战略提供了可资研究、汲取的经验。

第十八章 复杂地形长距离的 矿浆管道输送

大红山铁矿精矿管道输送是我参加过的工程项目评审中最值得赞许的一个，它为中国矿业发展成就增添了浓重的一笔。

21世纪初，在祖国西南边陲建起的大红山铁矿，是一座著名的矿山。矿区属构造剥蚀中山地形，地势陡峻，河谷深切，相对高差大，海拔为600～2000m。其开采条件甚为复杂，矿体是难以高效开采的缓倾斜-倾斜、多矿段、厚度变化很大的矿体，矿石品位不高，而且已进入1200m的深部开采，在当时疲软的矿业市场环境中，它仍然能屹立于盈利企业行列之中，实属不易。其中必然凝结着一些值得特别关注的精心设计、勇于创新的成就，美国PSI管道系统工程公司与昆明有色冶金设计研究院合作完成的精矿管道输送杰作，便是其中最引人瞩目的亮点。

大红山铁矿是昆明钢铁集团有限公司（简称昆钢）主要的自产矿石基地，余南中教授级高级工程师是该项工程的设计总负责人。该矿分三期建设，一期的生产能力为230万吨/年，二期增至350万吨/年，三期扩能至500万吨/年。大红山矿区位于云南省玉溪市新平县嘎洒镇，到昆钢本部公路距离240km，一半为三、四级路面，一半为乡村公路，且经过多个自然保护区。铁精矿采用公路、铁路运输，无论在投资上、环境保护上、建设工期上都难以承受，经过反复研究，管道输送成为最佳选择。然而管道输送也并非易事，首先线路经多次选线比选，选定的最佳线路管路全长171km，跨越崇山峻岭，需开凿 10 个隧道，终、起点高差 1230m，最大高差达 1512m。由于地形复杂，沿途出现三个大 U 形地形，4 个小 U 形地形，U 形管的最大落差 784m；矿浆输送压力 24.44MPa，管线的复杂程度与秘鲁安塔米娜（Antamina）铜锌矿的并列世界第一。全程设有三个加压泵站，输送料浆浓度 65%，流速 1.5m/s，精矿细度−325 目（−44μm）的平均达 80%。1 号泵站是大红山泵站，2 号、3 号泵站按管线长度分别距离大红山为 12.5km 和 67km 处。三个泵站内各配有三台主泵，2号泵站设有一个事故池，3 号泵站增加有一矿浆搅拌储存槽。在全线关键位置设有四个压力监测站，通过 SCADA 监控和数据采集系统，监测管道运行过程中矿浆运行状况，用管道顾问软件操作（Supervisory Cotrol and Data Acquisition，SCADA），使管道按严格的程序运行。在各泵站和终点站均设有泄漏监测系统，可向 SCADA 提供管道沿线站点的流量、压力和密度数据。为保证管道的正常运行，设有两套通信系统，主通信系统为光纤系统，实现数据、视频、音频通信，备用通信系统采用当地的移动电话空中宽带实现通信，及传输低速数据。对这样一个复杂的系统，主要输送设备的系统维护和全线控制难度也达到了世界的顶级水平。

大红山的一期工程已于 2007 年初竣工并顺利运营，并于 2010 年超产 16 万吨，截至 2010 年，已产生利润 6.56 亿元。大红山铁矿精矿管道输送的二期工程增加了 4 号、5 号两个泵站，站内各设主泵一台。在 1 号泵站增加 φ32m 浓缩池一台、搅拌槽 2 台以及相应的喂料泵。在 2 号搅拌站增加一台搅拌槽和两台喂料泵。二期工程在 2010年下半年投入运营，在不改变管径的条件下，有效提高了输送能力，2011 年创利润 2.6 亿元。三期工程扩能到 500 万吨/年，新增加了一条 339.7mm 的管道以及相应的设施。这一艰巨的工程大大拓展了人们的思路。

随后，中国恩菲也在巴布亚新几内亚的瑞木红土镍矿项目设计中，选用了矿浆管道输送技术。该管路总长 133km，起点标高 680m，终点为冶炼厂标高 6.42m，沿途穿、跨河流 86 处，穿越公路 17 处，地面敷设 44km，埋地敷设 86.43km。不良地质灾害治理，包括抗滑桩加排水沟、挡土板、挡土墙、钢架桩、锚索等供需 6244 万元，接近工程建设总费用的 10%。根据对矿浆的流变学研究，为管道运行安全和降低能耗，采用料浆浓度小于 20% 的紊流输送。管道外径 610mm，壁厚分别为 10.5mm、11.1mm、12.7mm。正常运行时，最大含水量为 1950m³/h，事故冲洗每次需水 84000m³，约需冲洗 40h。这一管道输送系统也为我国矿业技术发展增添了光辉的一页。

第十九章 从三山岛金矿 发展到海下采矿

三山岛的海边采矿

　　三山岛金矿三面环海，一面与大陆相连。矿床赋存于蚀变岩带内，倾向内陆，倾角 40°，走向长 1000m 左右，地面有露头，垂直深度达 600m 未尖灭，是国内特大型金矿之一。我们设计院承担了该矿的设计任务，由于矿体和大海相连，绝大部分矿体埋藏在海平面以下，而且其上盘有 F₁ 断层，水文地质和开采技术条件均较为复杂。为此 1980 年和 1984 年两次委托加拿大莱特公司进行可行性研究，另外我查到广东省阳江县南鹏钨矿曾经有过进行海底采矿的经历，因此 1982 年年底，我便和李鹰二人到那里进行了一次考察、调研，看对三山岛海边采矿有何经验可资借鉴。南鹏也许是我国最早的海下采矿的矿山。我们去该矿考察时，受到广东省冶金工业局聂伯高处长和该矿副矿长岳之岱的热情接待，岳副矿长为我们做了详细的介绍，下面是值得记下的一点可贵的历史资料。

　　南鹏钨矿位于广东省阳江县东南面的南鹏小岛上。南鹏岛分为南鹏头和南鹏尾两部分，中间有宽约 120m、标高为 2～10m 的一片沙滩。南鹏头长 1000m，宽 360m，最高海拔 75.86m；南鹏尾长约 1500m，宽约 1100m，最高海拔 212.3m。1938 年 8 月，一艘外国商船在此避风，一名葡萄牙传教士登岸后偶然发现岛上矿体的露头，后为附近的百姓所闻，于是 1939 年 1～5 月约有 200～1000 人开始盲目开采。1939 年 6 月，当地为日寇侵占，他们对上部厚达 1～2m 的富矿体进行了掠夺性开采，1945年日本投降前，他们将矿山全部设施破坏殆尽。抗日战争胜利后，又恢复了民采，1954年将矿山收归国家经营，1956年组建南鹏钨矿，实行机械化开采，直至1973年6月全部采完闭坑。

1949年后，先后有三个地质队上岛勘探，查明工业矿体20条，其中2号、3号矿脉为主矿脉。3号矿脉南端延伸入海，在海底分为两个支脉，延伸部分一直到－130m处，其长度达246m，矿脉厚度0.8~1.0m，倾角87°，矿脉为含矿石英脉，主要矿物为黑钨矿。20条工业矿脉的平均品位为2.19%，3号矿脉的品位稍高，为2.9%。根据29号钻孔资料，海底地层自上而下共分7层：－4.4m以上为堆积的选矿废石及海边坡积物，其下为致密坚硬的黑云母片麻岩、含矿石英脉、黑云母片麻岩、花岗片麻岩、黑云母片麻岩、花岗岩。总体而言，矿石和围岩均较稳固，裂隙很少，未发现张性断层。在2号、3号矿脉处，测得4个海底剖面，查明海面距基岩线最深为25m。基岩上面有一层堆积物，厚3~4m，上部为砾石和砂，下部则为细沙和淤泥，堆积物随着向海内延伸而加厚。岩层中含水为裂隙水，但是坑内涌水是咸水，说明系海水渗透而来。通过实地观察，当向海底延伸掘进巷道时，坑内涌水达300立方米/日，一旦开拓下部中段，上部中段涌水消失，下部中段涌水达到700立方米/日。此外，在掘进巷道打超前探水钻孔时，涌水量较大，但一两天后，涌水量减少1/3。以上这些现象说明，岩层中无导水裂隙，岩层渗透系数很小。不过海水涨落潮对坑内涌水量的影响明显，涨潮时高于落潮时，表明靠近海岸处存在着导水裂隙。另外还有一个现象，在－93m中段，打了一个180m深的下向钻孔，其中120m为花岗岩，涌出淡水，流量30立方米/日，一直到闭坑，仍在不断外溢。这都是一些很值得我们重视的现象和规律。

为了海下采矿的安全，该矿采取了一系列的防护措施。除在矿坑口（+7m）设有防水门，应对涨潮时水位高于平常水面3m的情况，台风袭来时关闭防水门停产。此外，还采取了四项重要的防护措施：一是在靠近海底处留 20m 厚的保安矿层；二是掘进时必须施工 20m 深的超前探水孔，向上偏斜 10°~12°，向左右偏斜 6°~10°，以有效揭露与矿脉呈各种交角的断层和裂隙；三是当涌水量超过 100 立方米/日时，必须打注浆孔进行注浆，之后还必须打检查孔，检查注浆效果；四是采取自下而上的回采顺序，使上部涌水可以流入下部，起到缓冲的作用。海水对坑内金属件的腐蚀是非常严重的，该矿未在这方面采取措施，因此水泵、水管只能用一年左右，钢筋混凝土支护会发生爆裂，选矿厂设备也腐蚀严重，采用了混凝土槽。食用水从陆地运去。这些经验对海下采矿颇具借鉴价值。

三山岛并未直接进入海下采矿，因此只是采用了自下而上的回采顺序和机械化点柱充填采矿法，有利于保护地表，防止海水侵入，使生产安全得到保障。此外，由于三山岛金矿难于找到生产所需的淡水水源，因而采用了海水选矿工艺，这在国内大中型选矿厂生产中尚属首例。选矿厂的主要设备、金属结构和建筑物均采取了防海水腐蚀的措施。

在三山岛南 1km 处存在一新立矿区。该矿区地表水体非常发育，西、北两侧被渤海海水覆盖，东侧濒临王河，其河床宽 300~500m、全长 50km、流域面积达 720km²。王河属于季节性河流。渤海成为该矿区最主要的地表水体。47 勘探线以西的矿体完全进入渤海。因此，新立矿区的开发已成为真正的海下采矿。

新立矿区的海下采矿

山东黄金矿山在世纪之交经历了重大的整合变革。据 1999 年底的统计资料，全国 80 个地下开采的岩金矿山，矿石产量在 1000 吨/日以上的仅有 8 座，小于 500 吨/日的 59 座。2000 年之前新城矿区属于仓上金矿，2000 年山东黄金集团有限公司等五单位发起成立山东矿业股份有限公司，经过整合，公司下设新城金矿、焦家金矿、金仓矿业、玲珑金矿、三山岛金矿、沂南金矿、鑫汇金矿及山东金洲矿业集团有限公司。其中三山岛金矿则包括三山岛、新立、仓上和平里店四个矿区，成为中国 100 家最大有色金属采选企业之一。目前，生产主要在三山岛和新立矿区进行。三山岛矿区承担 1200 吨/日的产量，新立矿区的生产能力为 6500 吨/日，其他两矿区只有 300 吨/日的生产能力。

新立矿区的资源量随着勘探工作的发展在不断扩大，1999 年提交的 C+D 级矿石量为 260 万吨，金属量 9.17 吨，当时矿山的设计规模只有 700 吨/日。2001 年 B+C+D 资源量增加到 857 万吨，金属量 30.73 万吨。矿山生产规模也随之增加到 1500 万吨/日。到了 2007 年 7 月，新立矿区 24~115 勘探线、-80~-700m 范围内估算的资源储量达到矿石量 2888 万吨，金属量 74.2 吨。2008 年，我们设计单位提交了该矿的"探建结合"初步设计，新立矿区的生产规模又提高到 6500 吨/日。新立矿区共有 5 个矿体，其中 1 号矿体是主矿体，资源储量占 91%。这些矿体皆赋存于三山岛-仓上主断裂带之下盘。1 号矿体又分为 6 个支矿体，展布于 24~115 勘探线、-30~-710m 标高之范围内，走向长 1145m，沿倾向延伸 900m，趋于尖灭，沿走向北东侧尖灭，西南侧则尚未封闭，还有发展前途。

新立海下采矿的状况怎样呢？新立矿区表层第四系松散层厚度变化很大，东南部 30~35m，西北部 25m 左右。浅部 5~8m 粗沙砾层与海水存在直接水力联系，无疏干可能。之下为厚度变化很大的海泥及含粗砂亚黏土层，连续性较好，可视为隔水层。再下为含砂粒、黏粒的粗砂砾石层，富含水，地下水具承压性质。第四系与基岩接触面分布着一层较连续的粉质黏土层，厚度 0.8~10m，亦可视为隔水层。总体来看，第四系含水性强，地下水与海水有直接联系，其水质与海水相近。新立开采设计采取了包括多项防治水措施的总体方案：一是矿体最上部（-105m 以上）留 70m 厚的护顶矿层，暂不回采；二是采用上向水平分层胶结充填采矿法，-200m 以上采区的顶底柱亦暂不回采；三是设立能力较大的排水系统，排水能力按正常涌水量 5000 立方米/日，最大涌水量按 7000 立方米/日设计，设计水泵最大排水能力实际达到 10000 立方米/日，这样的系统能力远超过预测的数百立方米/日的水平；四是在每个中段设防水门，防止突然涌水进入水泵房和变电所，以及车场、主副井等，以便争取时间撤离井下人员；五是巷道掘进时必须超前探水，以防不测；六是建立水害预警系统，健全安全撤离通道，实行矿长负责责任制。以上这些措施保证了新立矿区开采至今的生产安全。

探索海下超深井采矿方案

2016 年，中国恩菲又承担了山东招金矿业股份有限公司（简称"招金"）瑞海金矿的设计任务。瑞海金矿是一个海下深井采矿项目，面对海水、高地应力、高温等的威胁，应当说极具挑战性。瑞海金矿是"十三五"的项目，现在还处在"探建结合"和科技攻关的阶段。为了能更好地开展工作，在"招金"建立了院士工作站。

瑞海金矿地处三山岛金矿的东北部渤海海域，三山岛-仓上断裂带的北段，是目前我国发现的最大的单体岩金矿床，根据目前勘探的进展，矿石资源量 1.14 亿吨，平均品位 Au 4.12 克/吨，金属量 469 吨。矿床赋存于海平面以下，延伸深度超过千米。2017 年的初步设计确定的开采范围为 -160～-1780m 之间的矿体，其矿石资源量占总量的 94%，金属量占 96%。-160m 以上为保安矿层，开采自下而上进行。对于瑞海金矿的开采，还需要在"探建结合"的施工过程中，开展大量的科研工作。一是借鉴新立金矿海下采矿及其他深井矿山的生产经验，以智能化开采为发展方向，最大限度地减少井下作业人员，进行安全、经济、高效开采，努力提高单位储量的实际产能，为企业带来最优的经济效益；二是依据构建生态矿业工程的原则，解决充填之后剩余尾矿资源化处理问题。这将是一项以超前的思维实现工程设计和科研融合的精心设计。能否迈开这个步伐还有不少客观条件的制约，需要我们披荆斩棘，奋勇向前，完成突破性的创新。

瑞海金矿矿区位于山东省莱州市北部，距城区约 26km 处。矿区地处渤海海湾，位于三山岛北部海域，渤海海水覆盖整个矿区。矿区南部与陆地相连，海底地形由岸边向海中倾斜，地面标高为 -5.80~2.00m；矿体全部埋藏在海平面 50m 以下，矿区南侧的地面标高 2~3.5m，其最高点高出渤海高潮水面不足 1m。矿区陆地水系主要有王河、朱桥河两条。王河为一间歇性河流，河流干枯期较长，夏季连续水流不超过 10 天。朱桥河位于矿区东侧，距矿区 8km，发源于东部山丘，自南向北流入莱州湾，属季节性河流。

瑞海矿区地处沂沭断裂带东侧，地震频发，据历史记载，自公元 945 年以来，胶东地区共发生地震近百次，其中 6 级以上破坏性地震 6 次，多发生在蓬莱以东、即墨以南；6 级以下小震、微震时有发生。对莱州市影响较大的地震有两次：一次是 1668 年 2 月 25 日发生的莒县、郯城地震，震级达 8.5 级，烈度达 12 度，莱州烈度为 8 度；另一次为 1969 年 7 月 19 日发生的渤海湾大地震，震级 7.4 级，莱州烈度为 6 度。

矿区附近大、中型矿山密布，有三山岛、仓上、寺庄、新城、焦家、马塘等矿山，采金业十分发达。瑞海金矿矿床规模大，品位高，全矿地质资源量（331+332+333）为 11388 万吨，金的平均品位 4.12 克/吨，金属量 469 吨。设计开采范围考虑海水的影响和勘探的深度，定在 -160~-1780m 之间的矿体，按照探明、控制两个级别的资源储量全部利用、推断资源量按规程规定利用 60% 计算，设计可利用资源储量有 8227 万吨，金的平均品位 4.23 克/吨，金属量 348 吨。

面对这样一项海下、超深井、生产规模达 12000 吨/日的特大型金矿床开采项目，技术难度可想而知。

首先，地质资料在满足设计要求方面还存在不少缺陷。地质报告虽已为勘探级报告，但将矿区主要矿体划分为第I勘查类型，从矿床构造、矿体形态及产状控制程度看，随着探矿工程的增加，矿体形态、产状等的变化趋于复杂；矿体一般均有膨大、收缩、分支、复合现象，部分矿体有夹石或夹层，甚至有多层夹石、夹层，按照第I勘查类型最大网度布置勘查工程比较冒进。另外作为勘探报告，探明储量的比例很低，仅占15%。如按国外的标准，他们的设计仅依据探明级别的储量，那就无法开展设计。开采深度大，首先开采部位为-1240m和-1420m两个中段，那里的矿岩稳定程度、地应力和地温等情况均不十分清楚。此外，更重要的是矿体全部位于海底，地下水水压高，断裂构造极可能造成坑内突水，对矿山安全生产造成直接威胁，是矿山地下开采的最大隐患。因此，这一项目必须依据周密的总体规划，按照"探建结合"的原则谨慎进行建设。在施工建设过程中，利用生产井巷加密勘探，提升探明级别的储量，同时开展岩石力学研究，使进一步设计能获得较可靠的依据，对水文地质状况坚持"预测预报，有疑必探，先探后掘，先治后采"的方针。

根据地质资料介绍，关键断裂构造F4、F5的导水性质，尚不完全明确，有可能成为矿坑突水的重大隐患，这是必须要探明的，探明了才能制定相应的防治措施。按照"探建结合"原则，利用竖井及必要的巷道来探明该两断裂构造导水特性的申请，得到省安监局的批准。竖井正在施工中，暂时还没有结论。在工程院的一次技术报告会上，了解了何继善院士的广域电磁法有望从地表对上述关键断裂构造提供精确的探测，这将对瑞海金矿的建设给予极有利的支持。因此通过招金院士工作站，向公司领导提出聘请何继善院士团队承担勘察任务的建议，以便能为设计提供比较可靠的依据。何院士团队广域电磁法技术尚无海上作业的经验，需要研究实施方案，再加上需用的经费数量较大，暂时处于搁浅状态。如无可能，就必须依靠井巷工程去探明。

其次，尾矿处理的生态化建设。金矿由于金属含量低，以克/吨计，产出的尾矿，除用于采空区充填外仍有大量剩余。再建新尾矿库已不符合保护生态环境的要求，但黄金矿山的尾矿由于其成分复杂，实现资源化的技术难度极大。有的矿山将其部分地利用于制作建筑材料，但受到市场范围的制约。瑞海金矿临近处有废弃的露天矿坑，用尾矿将其回填并形成新的景观将是一种选择，尽管只能容纳少部分尾矿，但这也要经过一系列较复杂的审批手续，需要耐心，需要时间。对于企业来讲，时间就是金钱。从长远发展来看，通过多途径解决经济上可接受的、市场容量可承受的尾矿资源化问题，将是矿业生态化建设面临的极重要的科技创新课题。当地由于环境保护的要求，在地表开采建筑石材已很困难，所以井下的某些废石已有很好的市场需求。如果从井下选择性地开采部分可做建材的废石，为多余的尾矿储存腾出空间，未尝不是一种可资进一步研究的课题。

水文地质和尾矿处理有了头绪之后，接下来便是矿山的智能化建设。从技术发展的状况，从国外矿山智能化建设已有的经验看来，我国地下矿山建设，必须走智能化、生态化的道路。

我为此于 2019 年 10 月 10 日草拟了如下的《关于招金院士工作站创新工作的建议》，呈交给"招金"和恩菲双方领导：

"招金"院士工作站已经续签。由于年龄及体力的关系，我难以赴现场工作，最近院士团队对院士工作站下阶段的创新工作进行了多次研究，现已将研究的综合意见报请两公司领导考虑。

"招金"院士工作站是围绕瑞海金矿建设项目设立的，瑞海金矿是一个海下超深井开采项目，属于第三类型深井开采，即直接开采深埋矿床。因此，地质、水文、地应力、地热等多方面都存在许多不明确的、需要不断探明的因素，通常我们对此以"探建结合"（即在总体规划方案的指导下，利用生产井巷进行补充勘探，并同时开展有针对性地科研工作，边完善设计，边施工，边建设，总体上采用最合理、最先进的工艺技术，缩短总基建时间，提高项目的经济效益）的方式，开展设计和建设，这也就注定了设计工作"以变求适应"的特点，需要不断完善。自然也就极大地增加了设计的难度。目前，瑞海金矿项目正是以这种方式在顺利地进行着施工建设。

由于瑞海金矿海下超深井开采的特点，建设中和将来生产过程中的安全就成为极端关键的问题，而智能化采矿不仅可以解决安全问题，而且有利于提高设备效率，降低能耗，节约成本，实现扁平化管理，大大提高项目的市场竞争力。针对瑞海金矿项目，我们为智能化开采规划了如下内容：全部固定安装设备均实现无人值守，远程监控；深入研究改进采矿方法，尽可能使设备大型化，提高单位可采储量的产能，使回采过程依靠智能设备完成；无轨、有轨运输系统均实现自动化运转；建立按需通风系统，研究采用局部制冷，争取比通常设计节能 40%～50%；建立设备预防性维修制度和相关设施；实现供配电系统与各生产系统高度融合；建立全矿信息化管理体系，包括矿区地表及矿床模型可视化信息系统，矿山工程地质、水文地质及岩石力学数据采集、处理、传输、存储、显示与探采工程集成系统，矿山规划与开采方案决策优化系统，矿山环境变化及灾害预警信息系统，矿山生产经营管理及经济活动分析信息系统，实现扁平化管理，大大提高管理效率。使瑞海金矿真正成为现代化的矿山。为了实现这一目标，围绕上述各项内容，需要院士工作站牵头，推动开展大量的研究工作。

矿山开采给生态和环境带来极大地损害，目前各级政府都为保护生态环境出台了日益严格的法律、法规和各种制度，自然也给瑞海金矿的建设增加了不少难题。我们反复研究，瑞海金矿如何实现无废开采，关键是尾矿资源化的问题。为此也有过一些设想，都需要通过科研工作的探索来求解，来落实。

综上所述，院士工作站的主要工作设想，就是在山东招金矿业股份有限公司和中国恩菲工程技术有限公司领导的关怀和指导下，为将瑞海金矿建设成为一个智能化生态化的示范工程出谋划策，牵头推动科研，完善设计，并在将来建成由中国恩菲负责的远程技术诊断和远程技术服务系统，更好地、更及时地为瑞海金矿的生产提供服务。

第二十章 一份述职报告

虽然我在 1991 年已经按规定办理了离休手续，但仍未能真正离职，一直返聘继续工作。到了 2013 年，我 83 岁时，考虑到年龄和精力，我开始不再"坐班"了，即不再按时上下班。我家住在院区宿舍，与办公室离得很近，有事时，一个电话，便可很快去到办公室，倒也方便。这样不再"坐班"的考虑，主要是我可以不再插手日常的工程设计工作，而能够集中剩余的一点余热，希望对推动科技创新的发展助一臂之力。下面是当时我给公司领导写的一份述职报告。

2012 年底我曾经写过报告，鉴于年事已高，记忆力衰退，精力大不如前，因此从 2013 年开始我希望将不再"坐班"，同时请求停发返聘费。然而实际情况是虽然不再坐班了，但返聘费一直未予停发。在这种情况下，我只能尽最大的努力，做些力所能及又不惹人讨厌的事。这两年，主要围绕以下几项内容做一些"筹划"和"推动"工作。

一、创建远程遥控和自动化采矿示范工程

这是中国工程院《中国工程科技中长期发展战略研究》中 30 项重大科技专项之一。远程遥控和自动化采矿是矿业发展的方向，是解决矿山生产安全，提高劳动生产率，降低能耗和生产成本最有效的途径，对深井、大水等特殊矿山项目尤为重要。目前全球已有七、八个国家有了示范工程，运行时间已有十多年历史，而我国仍属空白。我们根据业主的积极性、中等矿山规模易于全矿实施、采矿方

法又是最难实现自动化的下向分层进路式充填法等条件，选择了山东莱芜矿业公司的谷家台铁矿，按照远程遥控和自动化采矿的理念和要求进行设计、建设。其中采场出矿系统的智能设备、导航、定位、通信设施依靠引进，全矿的综合信息化管控平台包括全矿的地下和地上通信系统、电机车无人驾驶运输系统、固定安装设备无人值守远程自动监控、按需通风等，为我们自主研发的技术。建成后可以实现铲运机从采场运矿、卸入溜矿井、电振装矿机将其装入矿车、电机车将矿石运至破碎站、破碎机破碎矿石、胶带运输机将破碎后的矿石装入箕斗、箕斗将矿石提升到地表卸入矿仓的全过程自动化运转。原来计划 2016 年可以建成投产，但由于近年来铁矿石价格连连下挫，我国铁矿资源的品位远赶不上国外几大巨头保有资源的品位，因此铁矿山承受着巨大的压力，资金紧张，工程可能要推迟两年。莱矿已与我们公司签订了自动化采矿的承包合同。

二、建立虚拟矿山

同上海同岩公司合作，以谷家台铁矿为样板建立虚拟矿山。目前先按设计参数建立虚拟矿山，待谷家台投产后，转换为矿山实际参数，运用多媒体、模拟、仿真、虚拟技术，使真实矿山整体及其相关现象在地面中控室屏幕上实现数字化再现，在这个人工环境中使人具有身临其境的感觉。通过它可以直观地了解矿山系统所涉及的动态信息过程，以及多源信息之间的关联，从而为生产经营管理决策、开展科学研究等创造更有利的条件。虚拟现实技术不但能用于动画演示，而且在以后的管理人员和地面遥控操作人员的培训、甚至在实际的安全生产调度指挥管理方面，都会有用武之地。真实矿山整体及其相关现象同样可传输到我们公司的"矿业信息化创新中心"（如果能在新建大楼中建这样一个中心的话），随时了解该矿实际生产情况，也可实现在办公室为矿山提供远程技术诊断和远程技术服务，类似医疗的远程诊断。

三、超大规模矿山充填系统的创新

这两年公司承担了多项超大规模深井矿山的工程设计，面临多项技术难题之一，就是原有充填系统单系统小时充填能力只有 80m³ 左右，难以满足大产量的要求。采用国外大直径深锥浓缩机可以勉强应付，但投资费用昂贵，运行中也存在一些不确定因素。我们公司在冬瓜山矿利用传统锥形底立式砂仓，对其内部结构按照控压助流原理进行适当改造，研发成功底流放砂浓度能满足高浓度全尾砂充填和膏体充填要求的新型料浆制备装置，并且做到了边给料边放砂，成本费用大为降低。现在的问题是需要将这一装置放大到能满足超大规模生产的要求，因而涉及一些基础理论问题的研究，我们从日本聘请一位博士作为技术顾问，利用他们公司的条件，进行了"尾矿流动的模拟试验"，为将单系统充填能力提高到每小时 200～250m³ 左右的设计提供理论依据。此项工作正在顺利进行中。待将来通过工业试验后才能作定论。如能成功，将使充填工艺技术发生重大变革。我们也希望将新的充填系统装置（包括料浆制备、输送、剩余压头处理）解决方案，定型成为我们的一种产品。

四、推广矿井按需通风系统

从国外资料看到有矿山实现按需通风的报道，立即意识到这是提高通风效果，降低矿山能耗的重要途径，因为通风设施能耗在矿山总能耗中占相当大比重，有时达到矿山总电耗的三分之一左右。我们现在的设计已基本采用多级机站通风系统，比较有利于实现按需供风，当采用自动化采矿模式时，更可做到锦上添花，更大幅度降低通风能耗。我为此极力在深井开采项目中推广采用按需供风原则，设计通风系统，同时指导了一个我们公司在职攻读特殊矿井条件下通风的博士研究生，希望他在这方面能起到引领和推动作用。

五、尾矿资源化创新研究

尾矿资源化是解决矿山环境问题的大课题，也是难度极大的研究课题。有些矿种不含重金属，有希望在这方面首先获得突破。安徽沙坪沟钼矿即属于此种类型，而且该项目的尾矿库选址极为困难，已选尾矿库下游有一水库，很难保证绝对不会对该水库造成威胁。因此，就以沙坪沟矿的尾矿为对象，在马明生主任的支持下，由郭素红博士牵头和北科大合作，在我们公司立项开展尾矿资源化研究，希望通过尾矿再选、提纯回收价值高的非金属矿物，剩余尾矿能够转为农用（包括制作农肥及改良土壤），从而消灭尾矿，停建尾矿库。此项工作有了一些进展，但还需克服不少困难。

六、其他工作

此外，有些采矿项目的评审工作邀我参加，一般都尽量满足他们的要求，认真听取介绍，提出自己的看法，或者写出书面意见，通过这些点滴工作也是对我国矿业发展尽绵薄之力。

第二十一章　创建智能矿山示范工程的前前后后

创建智能化矿山示范工程，是我最热切的一个理想。前面已经说过，智能化是矿业发展的方向。我已经为祖国的矿业发展辛勤工作了60多年，多么期盼我的祖国能尽快在这个领域竖起自己的旗帜。然而看来这又是一项最难推动的工作。事情还得从结识莱芜矿业公司谈起。

莱芜矿业公司是"莱钢集团"参股的子公司，是集采矿、选矿、钻探、机械加工和汽车运输、建筑安装为一体的，以地下采矿为主业的股份制公司，其前身为始建于1958年的莱芜铁矿，是"莱钢集团"的原料生产基地之一。2000年6月，原国有莱芜铁矿经公司制改造，设立了多元持股、国有控股的有限责任公司，注册资本金4500万元。从2005年5月起，按照"莱钢集团"主辅分离、辅业改制工作的统一部署，莱芜矿业有限责任公司积极稳妥地推进改制工作，于2007年1月27日成立了多元持股、国有参股的有限责任公司，注册资本20000万元。

2011年3月，中国恩菲在莱芜矿业公司山东济宁铁矿招标时中标。这是当前规模最大的一个深井开采铁矿工程，要求每年的铁精矿产量1000万吨，这就相当于每年需要生产3000万~3500万吨铁矿石，而且几个矿体都赋存在1000m以下，地面还有村庄和河流。应当说，这样一个项目的设计、建设、生产都具有极大的挑战性。中国恩菲于同年8月完成了济宁铁矿项目的可行性研究报告，并与业主方进行了结合。估计是由于所需投资和技术问题的难度，项目暂时搁浅未能向前发展。到了次年5月，莱芜矿业公司又委托中国恩菲承担谷家台铁矿深部开拓工程的设计。考虑到谷家台铁矿项目生产规模不大，所用采矿方法为难度较大的下向分层进路充填法，国外也还没有采用此种方法实现自动化采矿的先例；也考虑到股份制企业决策过程比较简单，该公司董事长亓俊峰思维又比较前卫，因此我提出了在该矿深部设计中采用全矿自动化采矿方案的设想，以使该项目获得更好的经济效益，同时也可填补我国在这方面的空白。这算是一种大胆的设想，但得到了亓董事长的赞许。接下来的工作便沿着这一思路展开了。

这里首先需要介绍一下谷家台铁矿开采遇到的特殊条件，才容易理解在这里实施自动化采矿的意义和必要性。谷家台铁矿区位于山东莱芜市城区西北莱芜断陷盆地内，北、东、南三面为泰山、鲁山、徂徕山环绕。矿区地势较为平坦，地面海拔在170~190m之间。第四系含水层分布在河床及两岸阶地。矿区内地表水系发育，水文地质条件复杂。在矿区南侧有汶河自东向西纵贯全区，是一条主干河流，最大洪峰流量达2920m³/s；矿体中部有嘶马河通过，西端有方下河通过，两河向南汇入文河。在嘶马河上游建有青杨水库，方下河上游建有大冶水库。矿区内地层比较简单，大部分地段为石灰岩。灰岩岩溶裂隙发育，富水性强，是最主要的含水层。富水性随深度递减，大体可分为三带：-150m以上岩溶裂隙十分发育，113个地质勘探钻孔中有36个遇见岩溶，总计溶洞数达125个，最大者直径5.31m，大部分未被充填。钻孔单位涌水量3~15L/(s·m)。-150~-300m岩溶裂隙发育强度相对减弱，钻孔单位涌水量1~2L/(s·m)。-300m以下钻孔单位涌水量已降至小于1L/(s·m)。矿床位于灰岩与闪长岩的接触带，其直接顶板灰岩由于经受热变质、接触交代变质等作用，主体成为大理岩，蚀变带最大厚度可达200m以上。矿床底板的闪长岩坚硬致密，富水性弱。从这些开采技术条件可知，矿山建设、生产中，防治水将成为突出的技术课题。

我们接手该项目时，-150m 以上正在生产，实际规模为 60 万吨/年，采用近矿体顶板预注浆堵水和全尾砂胶结充填采矿法相匹配的防治水方案。预注浆形成的人工隔水层厚度达 20m 左右，达到了生产期堵水又保护地表不塌陷的效果。这是莱芜矿业公司与东北大学联合创造的科研成果。-150m 水平设有排水泵站，安装有 250D60×6 型水泵 20 台，水仓容积 16559m³，最大排水能力 12.5 万立方米/日。

我们设计的范围是-150~-350m，形成 200 万吨/年的生产能力，含-150m 以上现有系统矿、废石一起提升。根据与矿方商定的原则，在我们设计的范围，以"高效、安全、自动化、信息化"的设计理念，除防治水措施大体按照-150m 以上行之有效的科研成果，根据实际情况再增加必要的措施外；主要是建立矿山综合信息平台，实现矿山开采过程自动化，形成高效智能化凿岩与自动化出矿系统、无人驾驶运输系统、自动控制提升系统、多级机站矿井按需通风远程监控系统、高浓度自流输送全尾砂胶结充填自动化控制系统、井下自动排水系统、井下环境与安全监（检）测系统、井下人员设备定位与通信（讯）等子系统。在地面设中控室，负责生产的全面指挥与管理，并配备必需的系统和装备的维护检修人员。我们于 2013 年底完成了初步设计，同时针对一些关键技术问题，设立了科研课题。鉴于国内还难以提供所需大型智能采掘设备，建议与山特维克（Sandvik）公司合作，由他们提供相应设备和盘区内的门禁系统、导航、通信方案及相关接口。为此，邀请山特维克公司到矿山进行技术交流。

我们也于 2015 年 3 月陪同莱芜矿业公司董事长亓俊峰一行参观了芬兰 Pyhasalmi 铜矿、山特维克的试验室和试验矿山。

谷家台铁矿开始施工建设以来，遇到两大问题：一是资金问题。铁矿石价格从 2003 年到 2013 年大涨了 5 倍之后，2014 年骤跌了 28%，进口矿与国产矿的价格反转。国内由于产业链低迷，钢厂采购

山特维克专家 Taina 来矿山进行技术交流

与莱矿董事长亓俊峰（右二）一行在芬兰参观

上由大单、高库存转为小单、低库存，需求锐减，直接体现着对价格的打压，低成本的进口矿使高成本的国产矿陷入尴尬境地。谷家台铁矿由于资源品位较好，还可以支撑。然而国际上四大铁矿业巨头在集中扩产之后，2015年又有1亿吨新增产量投放市场。更使要想生存的矿山雪上加霜。二是竖井掘进期间出水问题，特别是副井掘进连连出水，掘进到500m深时，涌水量达到25m³/h，副井多次被淹，进度一拖再拖。

正在这时，看到了工信部征集行业技术改造工程实施方案的通知。鉴于我们合作双方一方属于有色行业，一方属于黑色（钢铁）行业，当时从哪个行业上报申请材料都遇到困难，我便欣喜地约莱芜矿业公司的亓俊峰董事长，共同给当时的部长写了一封求援的信，说明当我们看到工信部征集行业技术改造工程实施方案的通知，极为振奋！我国是一个矿业大国，然而大宗消费的矿产资源如铁、铜、铝、镍等对外依存度不断攀升，在境外，还未建立起资源供应保障体系，我们深为可持续发展担心。国内矿山又面临越来越多地转入深部开采的局面，中国恩菲目前承接的工程设计项目中已有若干设计采深达1500m左右。深井开采将遇到高地温、高水压、高地应力引起的岩爆、高成本的威胁，使本来安全事故多发、竞争能力不强的矿山又雪上加霜。习近平总书记在中央财经领导小组第七次会议上指出，全球科技创新呈现出的发展态势和特征，新技术替代旧技术、智能技术替代劳动密集型技术趋势明显，并且强调，主导国家发展命运的决定性因素是社会生产力发展和劳动生产率提高。山东莱芜矿业公司（业主方）与中国恩菲工程技术有限公司（设计与科研方）合作提出建设远程遥控和自动化采矿示范工程，符合习近平总书记的指示精神，由于铁矿石价格持续下滑，业主方在实施中承受着很大压力，非常希望得到工信部的支持，能够使这项工程继续下去，并随信附上《金属矿山远程遥控和自动化采矿示范工程》的申报材料。

我们接获微信通知，工信部已收到此信，不过结果如泥牛入海。2014年10月，莱矿公司负责工程建设的总工程师冯国奎来我们单位交流谷家台自动化采矿示范工程建设的有关问题，主要谈及铁矿石价格下滑，建设遇到很大压力，但分析大小环境，均认为继续推动工程发展比停下来有利，因此对争取在亓董事长再有四年退休之前完工，达成共识。

到了2015年8月，冯国奎总工程师等人又来恩菲，主要是告知，由于铁矿石价格连续下挫，目前已难于支付所欠设计费。他们安排先停掉已掘进到底的主井段的施工，待副井及斜坡道掘进到底后再考虑自动化控制系统。2016年初，我和恩菲矿山事业部的朱维根副总经理前往谷家台现场，进一步商谈建设问题，副井仍是一大难题，已经施工了四个年头，经历了多次突水淹井，虽然只剩下数十米的工程量，当时仍处于被淹状态。请多家单位协助治水，采用过多种防治水方法，效果均不理想。他们作为混合所有制企业（国企莱钢占股35%），为应对市场的压力，在优化管理方面也下了很大功夫，2015年自然退休和辞退临时工已减员450人，同时压缩管理层，突出技术管理，简化管理体制。但这些都不足以抵消市场变化的压力，最后施工基本陷入停顿状态。看来我们在这里建设智能矿山的示范工程也不得不搁浅了。

到了2018年6月的一天，亓董事长给我回信说："谷家台建井中多次出水淹井，最后副井留了30m，今后再想办法。到8月底副井完成装备，转入平巷开拓。估计尚需一年半建成主提升系统。现智能化开采已成业内共识，可惜莱矿已无法走在前面了。主副井施工中十几次被迫工作面注浆，三次淹井，极其复杂的矿岩和水文地质条件拖了后腿。很可惜您倾注心血的谷家台智能化开采至今未获推进，可欣慰的是您的倡导已成行业共识，谷家台矿后来必定实施。"

这一回复给我带来了莫大的欣慰，于是我告诉亓董事长："矿山智能化建设现在仍然是声浪高，落地难。谷矿虽然进度慢了点，但如能按原计划实现，它将是在最难实现自动化开采的采矿方法中实现全矿智能化，从全球来看，它仍然是领先的独一份。希望谷矿坚持，坚持，再坚持！"让我们拭目以待吧。

第二十二章　再次来到智利

为参加第 6 届世界铜业大会，时隔 17 年，第二次来到智利。这次飞行是北京—马德里—圣保罗—圣地亚哥，途经西班牙马德里转机。我们中国恩菲一行 6 人（尉克检、刘育明、邓朝安、颜杰、崔宏志和我）于北京 2007 年 3 月 25 日凌晨一点起飞，北京至马德里 7500km，要飞行 11 个多小时。飞机上的晚餐不错，沙拉、水果、虾仁鸡蛋炒饭。北京时间 12：45 飞机降落在马德里机场。西班牙国家不大，马德里的机场却颇具规模。在机场要休息 2 个多小时，下机后需转到 B20 登机口，要经过严格的安检，包括把皮带解下来，女旅客穿的长筒靴也要脱掉检验等。在候机室和家里通了电话，转了转 Duty free shop，照了两张照片留念，当地时间 9：20 起飞经巴西圣保罗前往圣地亚哥。马德里到圣地亚哥相距 8540km，也要飞行 11 个多小时。这趟飞机上人比较多，我的前后左右有 4 个小孩。当地时间 23：30 飞机降落在圣地亚哥机场。30min 后入住 Caesar Business Hotel，躺在床上已是 26 日凌晨 1：30 了。利用这次机会详细记录了一下出国的行程。我对时差不太敏感，睡了一夜，倒时差的任务好像基本完成了。

圣地亚哥属于干旱地带，每年只冬季降雨 350mm 左右，用水全靠安第斯山脉的雪水，但城市绿化很好，全靠人工浇灌。智利 1500 多万人口，约 600 万人居住在圣地亚哥 1000 平方千米的土地上。次日安排休息一天，我和几个同伴相约去参观总统府。据说智利的总统府可以随便参观，参观时没准还能碰见总统，到达总统府时正好赶上换岗。

换岗的仪式与斯德哥尔摩皇宫的换岗仪式相比，逊色多了。当天不幸又碰上一帮记者围堵在总统府门口，好像有什么活动，因而不但无遇上总统的福气，也未能进入总统府参观，很遗憾。

智利总统府换岗

27日和Intec公司进行技术交流，这是一家私营工程咨询公司，据他们介绍，活动领域很广，承担过不少项目，50%以上在中美洲，同中国恩菲合作的愿望很强烈，但这次没有涉及具体合作内容的谈判。

28日，世界铜业大会开幕，上午是大会报告。有两点非常深刻的感受：其一，智利年轻的女矿业部长讲话，处处着眼于为服务对象服务好。智利拥有丰富的矿产资源，全球发展有需求，但智利水有问题，能源有问题，所讲重点在如何为企业的发展解决好这些问题。要讲公仆思想，此其例也。其二，中国市场的重要性在这里凸显出来了，具体表现在安排中国有色工业协会副秘书长、铜业部主任尚福山第一个发言；本来大会只用两种语言，即西班牙语和英语，到开会时宣布改用三种语言，增加了华语，而且特地从美国聘请来了两位华语同声翻译，据说每人每天费用1000美元，虽说翻译得并不太理想，但在 2007 年，在距中国这么遥远的地方的国际学术会议上也采用了华语，许是第一次吧。这充分体现出智利对中国的友好和重视。下午同 CRU 国际咨询公司进行了小范围的交流，他们讲了几点分析性的看法：从长期看，铜价会回落到 1.25 美元/磅，但会有波动，近期还会保持较高水平；估计今后 5~8 年会有 40 个铜矿山投产，矿产铜含量都能达到 10 万吨/年，因此供需关系会有变化，能满足消费增长的需求；TC/RC 目前的长期合同已突破 50/5，掉到 35/3.5，目前铜精矿还较紧缺，恢复到 50/5 都比较困难，但合理的应当是 80~90/8~9。

第二天与 CODELCO 公司的三位负责人商谈去智利北部考察的日程安排，看来他们迫切希望中国引进他们的 Teniente 炼铜技术，提出希望与中国一家铜企业签订长期供应铜精矿（比如每年 10 万吨）的合同，用于建设一座利用 Teniente 炼铜技术的冶炼厂的建议。这天发生了学生游行示威，反对新的减少车次影响他们上学的公交政策，在我们住的宾馆附近学生与警察发生冲突，学生向警察扔石块，开始警察人少，聚成一团用防护板挡着，不断后退，后来开来两辆装甲警车，施放了催泪瓦斯，把学生轰散。结果我们也轻微领略了催泪瓦斯的滋味。当天晚上我们便乘飞机前往 Calama，开始了对智利北部矿山的考察。

首先参观的是丘基卡玛塔（Chuquicamata）铜矿。这是一个海拔高约 3000m 的矿山，可能是由于靠近大海，我这个高血压患者，并没有感到显著的高原反应。丘基卡玛塔是世界上开采最深的、规模在当时也是世界上最大的露天矿。铜矿资源储量 39 亿吨，硫化矿铜的平均品位为 0.86%，工业生产开始于 1915 年。露天坑的设计长度 4.5km，宽 2.8km，最终采深达 1000m，台阶高 15~18m，边坡角 43°~42°，生产规模为 65 万吨/日，年产铜 60 万吨。所用主要设备有 58 立方码电铲

（装矿）、73 立方码电铲（装剥离废石），小松 930E 卡车、卡特皮勒 793E 卡车，另有 4 台小松自动卡车在南边单独区域试用。1990 年该矿建成了坑内破碎、连续运输的排土系统，由一台半移动式破碎机和 6 条全长 7km、带宽 1800mm 的胶带运输机、一台卸料车、一台臂长 60m 的排土机组成，平均能力 9000 吨/时。这样的露天矿高边坡稳定性是非常关键的。据资料介绍，1969 年 2 月 18 日，该矿曾发生了 150 万立方米的滑坡。由于滑坡前已进行了一年的监测工作，滑坡发生前做了及时成功的预报，确保了人身、设备安全。滑体滑落时作了高速摄影、微震仪监测等项观测，整个矿山生产仅中断了 48 小时。参观这样的露天矿，真是感到开阔眼界，由衷盛赞矿业工作者的智慧和业绩。目前丘基卡玛塔已开始转为地下开采，正是我前面所说，标准的第二类型深井开采。

参观的第二个矿山是罗道米若·托米克（Rodomiro Tomic）铜矿（简称 RT 矿），这是坐落在沙漠中的世界上最大的溶浸采矿的矿山，2006 年的阴极铜产量已突破 30 万吨。到达矿区首先进入视线的是矿办公区的建筑，非常漂亮，室内布置也给人一种很舒适的感觉，尽管它是坐落在沙漠中。用溶浸法处理的铜矿石是氧化矿，RT 矿山的氧化矿，赋存深度达 300m，次生硫化矿的厚度，远不能和丘基卡玛塔相比，但深部原生矿有多少，尚是未知数，到目前为止，除实施了极少量钻探外，还没有进行原生矿开采的研究。矿山采得还不算太深，但也存在边坡稳定性问题。我们参观了 GPS 调度控制室，但这里仅管理原有设备，在另一采区的自动化卡车运输系统仍由小松公司负责管理，没有让我们参观。离开矿山到了碎矿厂控制室，听取了有关碎矿过程的详细介绍。午饭后安排参观堆浸场和电积厂。最大的收获是实地观察了在国内看不到的大型布料设备、浸渣回收以及运往永久堆场的布料设备。

在参观现场

参观团队与矿方接待人员的合影（前排右三为我）

参观的先进设备之一

参观的先进设备之二

参观的先进设备之三

　　总的来说，这次考察得到了 CODELCOD 的高度重视，特别是陪同人员热情、负责、情况熟悉，英语讲得也好。在这样短暂的时间里能够让参观人员感到如此满意，很不容易了。晚饭前顺便逛了一个相当大的超市，三层楼，好像很多商品都是 made in China。对于我这个当年 77 岁的老者，总算经受住了 3000m 海拔的考验，结束了高原地带的考察，除了血压略有升高、心跳稍有加速，自己感到很满意，同伴们也感到有点出乎意料。

　　接下来是乘飞机返回圣地亚哥，重访 El Teniente 矿。根据主人的安排，从机场出来，直接送我们去参观一家比较有名的葡萄酒厂 Conchay TORO，毕竟智利也是著名的葡萄酒生产国。这个酒厂葡萄种植园的葡萄种是从法国引进的。参观的重点是酒窖，葡萄酒要装入橡木桶，在温度 14～15℃、湿度保持 70% 的条件下，在地窖里存放一年半，才能出售，每桶可装 300 瓶。美国橡木桶 500 美元一支，可用 5 年，然后以 10 美元卖掉，一些小酒厂便买去使用。法国橡木桶 1000 美元一支，也是使用 5 年，最后同样以 10 美元卖掉。虽然智利从法国引进了葡萄种，也采用了法国的橡木桶，可智利葡萄酒的售价要比法国的便宜多了。

现在还是来谈矿山的参观吧。阔别十多年，El Teniente 矿发生了巨大的变化。最突出的是建设了宽敞的斜坡道。350 辆交通车运来的工人，过去是下车后以电机车列车通过平硐将他们运到竖井底，然后用可以装 60 吨自翻车的大罐笼再将他们提升到各个中段，然后步行走到自己的工作地点。如今工人们则是乘坐 BUS 从斜坡道进入坑内直接到达自己的工作地点，大大提高了效率。斜坡道中的交通信号系统也十分先进。其次是井下增设了 700 台计算机，5 个通信系统，使地下矿的生产指挥和数据传输达到了非常先进的水平。我们这次主要是参观 Pipa Norte 自动化采区。该采区是自然崩落法采区，采用山特维克公司的 Atomine™ 系统，有四台 17 立方码的智能铲运机出矿，采区设计生产能力为 1 万吨/日，地面控制室内有两人负责操控。这样高效率、低成本的智能化作业必然会成为矿业发展的方向。

之后前往 CODELCO 公司总部，同 CEO 在董事会会议室会见，他详细询问了我们对中国铜消费增长的预测，然后由研发部主任为我们介绍该公司的技术创新和面临的挑战。他们所采用的创新模式包括与高校合资的基础性研究、项目的合作改造（应用技术）和突破性新技术研究。在地下矿，由于越往深部开采矿岩的稳固性越强，因此需要以水压致裂技术进行矿石自然崩落前的预处理，以使崩落下来的矿石块度，能适合铲运机装运。预裂孔垂直 σ_1 布置，裂隙将

沿 σ_1 发展。采用 20ms 微差爆破，特别需要注意不能破坏底部结构。水压致裂的费用约为 10 美元/吨矿，预期出矿成本可降低 1 美元/吨矿。该采区采用南非 ISS 微震监测系统，共设有 300 个站点，实时监测应力场的变化，以预防岩爆。对预防岩爆也要注意拉底爆破时间和区域间隔的控制，放矿速度也会对岩爆产生影响。而水压致裂技术既改善了矿石崩落块度，也有利于控制岩爆。

另一值得关注的是当时正在 El Teniente 矿建设第二个自动化采区 Esmeralda，其设计规模为 40000～45000 吨/日。该区采用前进式拉底技术，即提前进行上部拉底层的爆破拉底，使前方地应力降压，然后再掘进下部生产水平的巷道，以避免支撑压力对生产水平的巷道造成破坏。该采区仍采用 17 立方码的铲运机出矿，设有 500 个放矿点。在每个溜矿井的上口，都设有远程遥控的碎石机，处理不合格大块。CODELCO 安排我们参观了 Esmeralda 的调度和碎石机遥控中心、井下一个放矿点、碎石机的现场操作、ISS 微震监测站，以及交通自动调度中心。然后去 Rancagua 的乡村俱乐部参加与 CODELCO 合作备忘录的讨论。

这次参观考察，无论是露天开采还是地下开采，以及溶浸法采矿，似乎都为我们展示了矿业发展的方向，我们也深深意识到我国矿业发展和世界先进水平的差距。所以，我们必须强化创新，只争朝夕。

2007 年 4 月 6 日，正赶上西方的复活节，大家都放假，连女总统也驱车前往海滨别墅度假去了，我们也只好消闲，安排别样参观。第一站是 VALPARAISO，智利第三区的首府，中国人称其为"瓦市"。这里有 6 所大学，保留着许多百多年前的古老建筑，有世界文化遗产，智利文化部就设在这里。智利国会也在皮诺切特执政后迁到该地。"瓦市"也是一个港口城市，在巴拿马运河开通之前，曾是国际上最重要的港口城市之一，十分繁荣。智利的海军部、海军系统、海关总署均设于此。然后前往 VINA DE MAK，中国人称其为

"维市"。"维市"背山面海，风景美丽，气候宜人，傍山建设了密密麻麻的度假别墅和高层公寓楼，给总统盖的别墅也在此处。返回圣地亚哥时，可喜总统府还允许参观，复活节参观人数又不多，我们很顺利的补了参观总统府这一课。

在总统府门前

可惜我仍然未能见到总统。不过我和总统府的高个子警卫拍了一个合照，也很惬意，就这样度过了一次西方的复活节。

总统府门前与警卫合影

这次智利之行，是我多次出国中感到最满意，也是感到收获最大的一次。它对我后来思维的扩展、关注的技术重点都产生了重要的影响。

第二十三章 创建中国矿业信息化协同创新中心

我们设计院采矿室，曾经有过一位姓孟的年轻人，他是学采矿的，但业余爱好是天体物理，后来他跨专业考取了加拿大的天体物理研究生，离开了设计院。多少年后，一个偶然的机会，这位年轻人又突然出现在我面前，使我感到很突然又十分惊喜。他简单叙述了几年来的经历，最后峰回路转，又转回到了矿业领域。我们聊的话题涉及诸多方面，如矿山信息化建设、矿山项目的真三维设计、矿山全生命周期的远程技术服务、虚拟矿山的研究等。看来我们的兴趣、目标颇为一致。

他回国后，开始与同济大学合作，创建了上海同岩公司，以此名义开展工作。在此期间，我们曾与他合作，共同开展了创建山东省谷家台铁矿虚拟矿山的研究。后来他又介绍了他们的天河道云（北京）科技有限公司与国家超级计算天津中心（天津超算）合作的情况，启发我们产生了决定探讨与"天津超算"联合成立"中国矿业信息化协同创新中心"的想法。后来经过走访、交流、洽谈，于2016年8月19日中国恩菲与国家超级计算天津中心正式签订了创立"中国矿业信息化协同创新中心"的合作协议。

2017年我们又获北京市发展改革委员会正式批准，建立了"中国矿业信息化协同创新北京市工程研究中心"。2017年春节前，五矿集团总经理、中国冶金科工集团董事长国文清前来中国恩菲调研、慰问，当时我向他汇报了建立中国矿业信息化协同创新中心的创建

中国恩菲总经理伍绍辉与国家超级计算天津中心主任助理孟祥飞签字仪式
（后排中央为我）

情况，他表示赞许，为此特让中国冶金科工集团为中心的建设资助1000万元。这对我们是极大的鼓舞，也体现了集团领导对我们的支持与期待。因此，我们为中心提出了"引领矿业发展，创新只争朝夕"的奋斗要求。在中国恩菲领导大力支持，"中心"年轻同志们的辛勤奋战下，仅用了不到一年的时间，"中心"已基本建设就绪，并于恩菲这个设计研究院建院65周年之际，正式举行了揭牌仪式。截至2018年10月底，已先后接待了国内外来宾858人次前来参观。

"中心"基于协同创新与开放共享的理念，搭建中国矿业信息化技术创新和综合应用平台，促进云计算、大数据、物联网、移动互联网、人工智能等新一代信息技术在矿业领域的应用，推动我国矿业数字化、信息化、自动化、智能化发展，为矿业企业提供智能矿山整体解决方案。为此，"中心"建立了多项综合服务平台。

一是矿业信息模型（Mining Information Model-MIM）体系研发平台。该平台是以三维数字为基础，集成矿山工程项目各种相关信息的数据模型。可实现矿山全生命周期动态变化过程的数字化表达，解决分布式、异构数据之间的一致性和全局共享问题。MIM 的第一

252

五矿集团总经理国文清（右四）与"中心"部分人员（右三为我）合影

五矿集团总经理国文清（左六）观看"中心"的远程技术诊断和
远程技术服务（左五为我）

参观者利用 VR 技术察看地下矿山车辆运输情况

个字母除指 Mining（采矿）外，还可延伸到 Mineral（矿物）、Metal-lurgy（冶金）和 Meterial（材料），成为一个完整的大矿业产业链。下面列出 MIM 系统的结构。

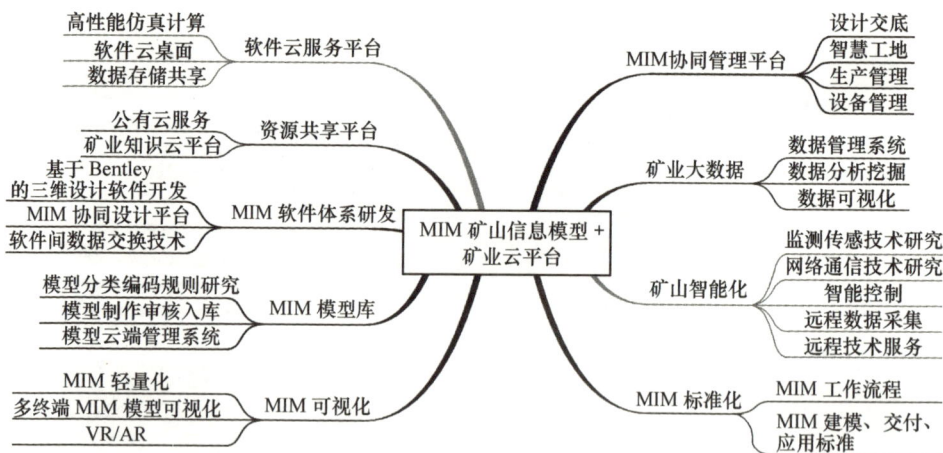

MIM 系统的结构

二是矿山真三维协同设计平台。所谓真三维设计，即是在集成矿床模型、岩石力学模型等一系列信息的基础上，进行的三维设计。

使工程布置与矿岩特性有机吻合，显著提升设计的质量和水平。基于矿业云搭建一个设计与管理一体化的多方（地质勘查、岩石力学研究、工程设计、施工建设、生产经营）集成协作平台，通过系统整体优化，降低项目投资和企业运营成本，提升矿山建设质量和效率。

三是高性能仿真计算平台。与"天津超算"合作，依托天河超级计算机及国际流行的矿业软件，搭建 SaaS（Software as a Service）平台，推广高性能计算在矿业领域的应用，使过去难以处理的复杂问题，可以得到仿真解算。同时，利用天河可视化系统，将产品设计与优化过程中所涉及的 CAE 模型处理、仿真计算以及结果分析等操作全部集中在云端。

四是矿山远程技术服务平台。通过对项目的远程数据采集，开展实时远程技术诊断和技术服务，提升技术服务的时效性，提高技术服务的水平，特别有利于偏远、高海拔等特殊地区的项目。

五是 VR/AR 技术研发与应用平台。基于 MIM 技术和 VR/AR 技术，实现项目的三维交付和运营维护，提升用户直观体验，并可实现图纸承载信息的无限扩充。

六是矿业智能化技术研发平台。围绕矿山固定安装设备无人值守、远程监控，按需通风系统，物流自动运行系统，不同采矿方法回采过程自动化，高低压供配电融合系统，设备预防性维修系统，全矿信息化管理系统，以及建设示范工程，开展以人工智能技术促进矿业发展的研发。

"中心"还有两项基础服务：一是依靠天河矿业云，建立矿业生态圈，面向专业技术人员、矿业企业、设备制造商，提供全面实用的矿业资源、软件资源和服务，搭建供需对接平台、研发平台、应用平台、协同和共享平台；二是大数据研发与应用平台，整合多源异构数据资源，构建矿业数据词典和数据库，实现基于大数据的矿山系统优化、企业资源管理、市场分析预测、矿山灾害预警、重大关键设备故障诊断等的数据增值服务。

"中心"要与重点工程项目对接，针对项目中的技术难题，推动组织科技攻关，促进中国矿业向智能化、生态化方向发展，为中国从矿业大国进入矿业强国领域不懈奋战。

第二十四章　明天的矿山

矿业，这个曾经引导人类步入文明社会的古老行业，如今也插上了人工智能的翅膀，朝着伟大的中国复兴梦展翅飞翔。在矿业领域，我们已经比矿业发达国家落后了 20 多年，如今在这个使矿业大国转变为矿业强国的奋战中，我们要把落下的时间抢回来。因此，当我们面对工程项目中的技术难题与科技研发立项，首先要十分明确我们的创新方向，即矿山全生命周期智能化、生态化、高效化，提高企业经济效益，极大地提升矿业企业竞争力。

智能化矿山的内涵在前面已有较详尽的论述，智能化的全面实施，带来的是安全、节能、低成本，将彻底改变矿山的面貌，实现所谓"采矿办公室化"，实现矿山生产的数字化转型。

近年来，绿色发展"创新、协调、绿色、开放、共享"的五大理念进一步推动了生态矿业工程的建设。充分认识矿产资源开发对环境带来的影响，做到生态环境科学治理与矿产资源开发同步进行，成为我们遵循的准则。矿山生态化建设首先需要对矿区进行全面的本底调查，包括野生生物资源及水生生物调查与分类评价，环境空气质量现状评价，土壤环境质量现状调查，植物区系及特点调查分析，地下水现状监测与分析，土壤浸湿和水土流失现状调查，生态系统类型及特征调查，地表水环境质量现状调查与评价，土地利用现状调查，声环境调查，放射性调查，地质环境调查与评价。在本底调查的基础上构建生态矿业工程，首先要研究实现无废开采的可能性，即立足于循环经济、强化资源综合利用（包括非金属矿物）

及废料资源化，做到不建尾矿库，不设废石场，无外排不达标废水、废气等。所有矿业项目都必须依据法律法规，在规划、立项、设计、施工建设、生产、闭坑的全过程，将生态环境保护和环境治理、生态修复融为项目的有机组成元素，保证各阶段的资金投入，落实各阶段的社会责任和有效监督。参照国外的经验，可以通过编制和实施闭坑规划（设计）体现生态矿业工程的思路。构建生态矿业工程，资金来源是一个关键，可以从产品销售收入中按一定比例提留专用基金，或者由政府返还部分资源税，建立矿业生态环保基金。

矿山生态化建设涉及一个非常关键的问题，就是尾矿如何资源化。目前，比较成熟的途径是利用尾矿生产建筑材料，但这类产品受到产地市场容量和远途运输成本价位制约。某些不含重金属的尾矿，如钼矿、铁矿的尾矿，有可能通过再精选、提纯，使某些非金属矿物如 SiO_2 等可以成为高附加值产品，其余大部分尾矿可作农用。有些矿山如前面提到的金矿，由于尾矿所占比重较大，如有可能，亦可开采部分可作优质建材的围岩，为尾矿回填留出空间。

关于高效化我在前面也提到过，其核心就是最大限度地提高单位地质储量的产能。这可以给企业带来显著的经济效益的增长。提高单位储量的产能需要综合研究诸多因素，首先是针对矿岩特点、地应力状态选择最适合的采矿方法和支护形式；其次是选用大型的采掘设备，这是十分关键的；此外还要考虑单中段生产还是多中段生产，矿山产量与保有储量的服务年限是否匹配；如何最有效地缩短建设周期和达产时间；如何应对第三类型深井开采，选择适合的"探建结合"方案等。

这些原则构成了我们的现代矿业工程设计理念，并逐步应用到我们目前承担的工程项目设计之中，为创建明天的矿山不懈努力。

这里值得记载一件大事，即中国矿产资源与材料应用创新联盟的成立。该联盟由专家委员会、理事会及秘书处构成。联盟专家委员会由中国科学院、中国工程院等科研院所及其他企事业单位的 80

余位院士、专家组成，第十届全国政协副主席、中国工程院原院长徐匡迪担任名誉主任，中国工程院原副院长、国家新材料产业发展专家咨询委员会主任干勇担任主任；联盟理事会由中国工程院能源与矿业工程学部、国家能源投资集团、中国鞍钢矿业集团、中国五矿集团、中国铝业公司、中国黄金集团、紫金矿业集团股份有限公司、山东招金集团、湖南黄金集团、北京矿业研究总院、中国恩菲工程技术有限公司、中国地质大学、中国矿业大学等 100 余家矿业与材料行业的单位组成。其宗旨是为努力构建可持续发展的现代矿业经济体系，这也是我对明天的矿山的期待。

附　录

- 附录一　于润沧大事年表
- 附录二　于润沧主要论文作品目录

附录一

于润沧大事年表

1930 年 3 月 20 日，出生于当时的察哈尔省张家口。

1937~1941 年抗日战争时期，在四川省璧山县的小学学习。

1942~1948 年，在山西省进山中学学习。

1949 年 3~4 月，奉派前往山西大同劝父亲实现大同和平解放。

1949 年 9 月至 1952 年 7 月，就读于哈尔滨工业大学俄文预科班和本科采矿系。

1949 年 10 月，经吴锡存同学介绍参加中国新民主主义青年团（后转为共青团）。

1952 年 7 月，院系调整转至东北工学院（现东北大学）采矿系学习。

1954 年 7 月，大学毕业，分配到北京重工业部有色金属管理局设计公司工作，担任实习技术员。

1955 年 8 月，经实习一年之后，转为技术员。

1956 年 4 月，由韦思超、尹新华介绍加入中国共产党。

1958 年 12 月，任设计院采矿室的试验研究组副组长。

1962 年 5 月，开始任采矿专业组组长及杨家杖子矿务局岭前矿深部开采工程设计的工程负责人。

1962 年 11 月~1963 年 5 月，任湖南锡矿山矿杆柱房柱法试验组副组长。

1964 年，升为工程师。

1964 年 3 月~1965 年 1 月，任白银厂设计中队指导员、副队长。

1965 年 6 月~1966 年 8 月，担任寿王坟铜矿小型机械化样板矿山会战 9 个设计院联合工作组组长。

1973~1985 年，担任金川工程采矿工程负责人。其中，1975~1977 年还同时担任设计院采矿室采矿二组组长。

1978 年，被任命为采矿室主任工程师，并于 1978~1983 年兼任新成立的岩石力学组组长。

1980 年 12 月，国务院技术干部局颁发采矿工程师证书。

1981 年 8 月，晋升为高级工程师。

1986~1991 年，任院副总工程师兼总工程师室主任。

1986 年，国家人事部授予有突出贡献中青年专家证书。

1987 年 7 月，被聘为教授级高级工程师。

1991 年 7 月，开始享受政府特殊津贴。

1991 年，办理了离休手续，但（到目前为止）仍被返聘担任院高级顾问专家、院专家委员会副主任、名誉主任等职。

1999 年，被评选为中国工程院院士。

2019 年 12 月，中共中央组织部授予"全国离退休干部先进个人"荣誉证书。

在这 60 多年期间，先后参与、主持、指导各种非煤矿业工程设计和科研项目 60 多项，在开采条件极为复杂的大型矿山设计和科研中，创造性地解决了许多关键性技术难题，形成系统的现代矿业工程设计理念。在创新采矿方法、扩大矿山产能、发展胶结充填技术、进行深井开采设计等方面创造了多项国内第一，达到了国际先进水平。

1985 年，"铜绿山金川胶结充填料浆管道输送新工艺"项目，获国家科技进步奖二等奖（证书号：85—DK—2—010—2）。

1985 年，"金川有色金属公司采选冶联合设计及其二次铜镍合金中提取贵金属新工艺"，获国家科技进步奖一等奖（证书号：85—SJ—1001—2）。

1989 年 7 月，"金川资源综合利用"项目，获国家科技进步奖特等奖（证书号：矿—特—001—R04）。

2001 年 1 月，"膏体充填新技术研究与工业化"项目，获国家科技进步奖二等奖（证书号：J—231—2—01—R02）。

2011 年 12 月，"复杂难采深部铜矿床安全高效开采关键技术研究与应用"项目，获国家科技进步奖二等奖（证书号：2001—J—252—2—07—R04）。

主要兼职：北京科技大学兼职教授、博士生导师，中国有色金属学会资深常务理事，中国黄金学会理事会顾问，以及一些不要待遇的企业兼职高级顾问。在山东招金矿业股份有限公司建有院士工作站。1996 年 4 月~2002 年 10 月曾担任世界采矿大会国际组委会委员。

附录二

于润沧主要论文作品目录

1. 关于胶结充填工艺设计中的若干问题，1982 年 7 月，中国金属学会充填采矿法学术交流会。

2. 料浆浓度对细砂胶结充填的影响，1983 年 10 月，第一届全国采矿学术会议，《有色金属》，1984 年第 2 期。

3. 深化改革 转换机制 摆脱困境，1994 年 8 月，在中国矿业协会组织的华北西北地区团体会员（单位）关于工程设计单位逐步实现企业化座谈会上的发言。

4. 关于工程设计可行性研究的思考，1994 年 9 月，北京勘察设计行业科技进步工作研讨会。

5. 用新技术开拓改善矿山经济效益之路，《矿业研究与开发》，1996 年第 16 卷增刊。

6. 硬岩地下采矿发展特点及前景展望，《有色金属采矿》，1998 年第 1 期。

7. 我国铜工业的潜在危机和发展战略探讨，《世界有色金属》，1998 年第 2 期。

8. 全尾砂膏体充填料泵压管输的流变特性，于润沧、刘大荣、魏孔章，1998 年 3 月，金川公司科研报告。

9. 再议我国铜工业发展的若干战略问题，《铜业工程》，2001 年第 1 期。

10. 采矿业发展知识经济的思考，《中国工程科学》，2001 年第 3 卷第 1 期。

11. 论当前铜矿资源的危机和对策，于润沧、唐建、李有余，《有色金属工业》，2002 年第 8 期。

12. 地下金属资源开发的科学技术前沿，《中国工程科学》，2002 年第 4 卷第 9 期。

13. 从日本的铜工业崛起看其发展之路，于润沧、唐建，《铜业工程》，2003 年第 1 期。

14. 矿山设计与企业经济效益，《有色矿山》，2003 年第 1 期。

15. 略论我国有色金属矿山科技发展战略，于润沧、唐建，《中国工程科学》，2005 年第 7 卷第 10 期。

16. 微震检测技术在深井矿山中的应用，杨志国、于润沧、郭然，《岩石力学与工程学报》，2008 年第 27 卷第 5 期。

17. 国外矿产资源项目投资机会研究，2008 年 11 月 5 日，与国家开发银行合作研究项目终稿。

18. 金属矿山深井开采工程设计之管见，2008 年 11 月 28 日，公司内部科技报告。

19. 采矿工程师手册，于润沧主编，冶金工业出版社，2009 年。

20. 发展矿业决策理念的探讨，2009 年 5 月 11 日，给建新集团发展矿业的几点建议。

21. 金属矿业发展的经济技术前沿，2009 年 5 月 26 日，北京科技大学工程教育讲座上的报告。

22. 紧缺有色金属资源可持续供应评价体系研究（中国工程院咨询项目，课题负责人于润沧），2010 年 1 月 5 日，项目结题报告。

23. 我国胶结充填工艺技术发展的技术创新，《中国矿山工程》，2010 年第 5 期。

24. 我国充填工艺创新成就与尚需深入研究的课题，《采矿技术》，2011 年第 3 期。

25. 信息化建设彻底改变矿山面貌，2011 年 9 月 20 日，在有色金属工业第二次科技大会上的报告。

26. 现代矿山工程设计理念试诠释，2012 年 1 月 11 日，在公司内部采矿研讨会上的报告。

27. 中国矿业现代化的战略思考，《中国工程科学》，2012 年第 4 卷第 3 期。

28. 关于有色矿业发展的几点管见，2012 年 7 月 5 日，在全国有色金属矿业大会及 2012 年第十届有色金属矿业高层论坛上的报告。

29. 非能源矿业领域工程科技中长期发展战略研究（中国工程院科技中长期发展战略研究课题之一），2012 年 9 月 29 日。

30. 关于第三类型深井开采设计几点设想的建议，2013 年 2 月 5 日，给公司制定工程可行性研究内容的建议。

31. 关于设计院开展科研工作的一点议论，2015 年 7 月 25 日，在公司采矿年会上的发言。

32. 对新疆发展有色金属工业的几点看法，2013 年 11 月 29 日，在新疆参事、院士行的发言。

33. 开发矿产资源的博弈与创新，2013 年 12 月 30 日，为北方工业集团下属万宝矿产有限公司作的报告。

34. 中国金属矿业技术发展的亮点和面临的挑战（中国工程院 2014 国际工程科技大会学部分会场报告），2014 年 5 月 16 日。

35. 中国恩菲工程技术有限公司在矿业领域的突出技术发展成就，2014 年 2 月 2 日，为《科技日报》两会期间特别采访准备的资料。

36. 略谈数字化矿山，2014 年 3 月 6 日，在清华矿业高级研修班的讲课。

37. 有色金属工业转型战略探讨，2014 年 8 月 26 日，为有色金属工业协会写的材料。

38. 自动化采矿的安全与经济效益，2016 年 8 月 23 日，在黄金科技会上的发言。

39. 中国恩菲工程技术有限公司应对矿业面临的挑战，2016 年 9

月 15 日，在 2016 矿业科技创新论坛上的发言。

40．中国矿业现代化的战略思考，2017 年 4 月 18 日，在中国五矿智能矿业技术交流会上的发言。

41．膏体充填技术发展的中国经验，于润沧、施士虎，2017 年 6 月 16 日，在第 20 届国际膏体充填及尾矿浓密会议上的报告。

42．关于我国矿业现代化的战略思考，《科技导报》，2017 年 7 月。

43．构建智能化矿业工程，引领矿业大国向矿业强国奋进，2018 年 10 月 16 日，在 2018 矿业前沿与信息化智能化科技年会（首届智能矿业国际论坛）上作的报告。

后 记

进入耄耋之年，花了几年时间，"打打停停"，锱铢积累地浇注出这样一个东西，很累。老舍先生说"自传难写"，确也如此。不过回顾这半个多世纪里，在我眼前闪过的我国矿业飞速发展的一幕幕景象，又感到无限鼓舞和欣慰。我没有多大的才能，也未位居高位，但我尽心尽力地把自己融入到了祖国矿业发展的事业中，尽了最大的努力。所幸，我的思想还没有随着年龄的增长而迅速老化，虽然从2013年开始我便不再坐班（即按时上下班）了，但居住在院区的宿舍里，一个电话，便可很快出现在办公室，因此，还有条件继续做些力所能及的工作，即所谓发挥点余热。在这份自传的结尾，我想说，我们这一代人，深深经历了祖国的苦难，如今又迎来了她日新月异、震惊世界的高速度高质量发展，虽然我已年届九旬，仍不敢丝毫懈怠，我一直在奋力追踪着时代的步伐，尽管很吃力，尽管效果也并不理想，但由于有两种力量一直在支持、鼓励着我，一种力量是我的体力在老年行列里尚属基本硬朗，另一种力量是年轻时接受宗复校长的长期教诲和进山精神的哺育，始终鼓励着我，鞭策着我，使我在自己的具体工作中，很自然地想到的是如何把自己的努力融入到使国家富强和人民幸福的伟大事业之中，让我牢记把自己的青春，把我的一生无保留地献给我们伟大的祖国，追逐中华民族的伟大复兴梦。回想我这一生，经历过了那么复杂的历程，让我领会了多少难得的人生哲理，丰富着我的思维，调整着我的心态。对我这一生，似乎可以用16个字加以概述：得享机遇，秉承义责，略有建树，人老未朽。写下这篇自传，希望能为祖国矿业发展的历史留下一点可资记忆的痕迹。感谢工程院给予的机遇，没有工程院组织出版院士传记丛书之举，大概不会诞生这本传记体回忆录。感谢不断督促着我尽力完善这一小传的老伴，也感谢老伴在校阅全文过程中增删勘误之累。

最后我想特别说明，承蒙中国工程院前秘书长葛能全先生认真、细致地审阅了这份自传，提出了宝贵的意见，使它能以现在这样的面貌呈现在读者面前，我万分感激，谨致以衷心的谢意。

后

记

271